Vanessa Rampton

·

Liberal Ideas in Tsarist Russia

From Catherine the Great to the Russian Revolution

Cambridge University Press

2020

Ванесса Рэмптон

·

Либеральные идеи в царской России

От Екатерины Великой и до революции

Academic Studies Press

Библиороссика

Бостон / Санкт-Петербург

2024

УДК 94(47)
ББК 63.3(2)5
Р96

Перевод с английского Ильи Нахмансона

Серийное оформление и оформление обложки Ивана Граве

Рэмптон, Ванесса.
Р96   Либеральные идеи в царской России. От Екатерины Великой и до революции / Ванесса Рэмптон ; [пер. с англ. И. Нахмансона]. — СПб.: Academic Studies Press / Библиороссика, 2024. — 312 с. — (Серия «Современная западная русистика» = «Contemporary Western Rusistika»).
ISBN 979-8-887195-93-3 (Academic Studies Press)
ISBN 978-5-907767-53-9 (Библиороссика)

Либерализм — критически значимая тема в современном мире, поскольку либеральные ценности и институты сдают позиции даже в тех странах, где им, казалось бы, ничего не угрожает. В своем исследовании Ванесса Рэмптон обращает внимание на важный российский сюжет в истории мирового политического либерализма. Автор рассматривает взаимодействие российской дореволюционной общественности с либеральными идеями, уделяя особое внимание их высшей точке — периоду с 1900 по 1914 год. Именно тогда в стране сформировалось полноценное либеральное движение, за которым последовало создание первой либеральной кадетской партии.

УДК 94(47)
ББК 63.3(2)5

ISBN 979-8-887195-93-3
ISBN 978-5-907767-53-9

Благодарности

Я с большим удовольствием выражаю признательность всем тем людям и организациям, которые помогали мне и поддерживали меня во время написания этой книги.

Я благодарна сотрудникам издательства Academic Studies Press за то, что они взялись за реализацию этого проекта, а также Илье Нахмансону за его старательный перевод и внимательное чтение. Издание этой книги на русском языке стало возможным благодаря средствам кафедры философии с особым акцентом на практическую философию ETH Zurich. Я глубоко признателена профессору Лутцу Вингерту за его открытость к философским традициям за пределами западной. Часть работы над этим переводом проходила во время моей работы в Университете Санкт-Галлена, за что я благодарю свою дорогую подругу и коллегу Анну Элзнер.

Более, чем кому бы то ни было, я обязана Эйлин Келли: ее научная добросовестность и любовь к российской философии сформировали меня как ученого. Мне бесконечно повезло, что она была моим научным руководителем и внесла ценный вклад в мою работу. Я благодарна Андре Либиху, который первым познакомил меня с историей российской философской мысли и поддерживал меня все эти годы. Рэндалл Пул благословил меня на написание этой книги и внес в нее много правок, его работы высочайшего качества стали для меня источником ценного материала. Большое спасибо Робину Эйзлвуду, посоветовавшему мне заняться этой темой, и Светлане Макмиллан за ее искреннюю поддержку. Я признательна Саймону Франклину и Эмме Уиддис за содержательные и полезные замечания к этой книге. Я также благодарна Патрику Лилли Михельсону, Александру Литвинову,

Аните Шлюхтер и Елене Прибытковой, которые оказали мне большую помощь, прислав материалы для этого исследования.

Я бы хотела поблагодарить организаторов и участников различных конференций и встреч, на которых я услышала много ценных комментариев по поводу своей работы, в том числе Бристольский, Кембриджский, Лиссабонский, Лондонский и Оксфордский университеты, Университет Санкт-Галлена, Висконсинский университет в Мадисоне, Цюрихский университет и Швейцарскую высшую техническую школу Цюриха. Мне невероятно повезло получить гранты от фонда Кембриджского университета для граждан стран Британского Содружества, Кембриджского университета и Королевского колледжа, а также стипендии для молодых ученых от Швейцарской высшей технической школы Цюриха и Бранко Вайса. Более того, я выражаю признательность Кембриджскому университету, Швейцарской высшей технической школе Цюриха, университету Макгилла и университету Санкт-Галлена за предоставление мне жилья на время работы над этой книгой.

В Цюрихе мне необыкновенно повезло ощутить на себе исключительную мудрость и огромную доброту Лутца Вингерта, а также погрузиться в созданную им комфортную интеллектуальную среду. Я благодарна Виктории Ласло за ее неоценимую помощь во многих вопросах. Спасибо Фрэнсису Ченевалу и Урсу Марти, которые помогли мне в работе над этим исследованием в Монреале, и я признательна Дэниелу Вайнштоку за его гостеприимство.

Я благодарна Дженнифер Питтс из издательства Cambridge University Press, которая помогла мне понять, почему история российского либерализма так важна для либеральной традиции в целом. Спасибо Ричарду Бурку за приглашение посетить Институт исторических исследований и полученные там отзывы о моей работе. Благодаря Лиз Френд-Смит и Атифе Джива все административные вопросы, связанные с изданием этой монографии, были решены легко и без усилий. Наконец, я хочу выразить признательность всей команде, участвовавшей в работе над изданием этой книги, и ее соредактору Мартину Барру.

Я благодарю Мартина Бекштейна, Изабель Корнас, Роми Данфлуса, Рашель Делукки, Надю Эль Кассар, Флорина Ивана, Лару Койк, Ванессу Коган, Жерома Лешо, Мурин Магуайр, Кару Макмиллан, Надин Майснер, Рафаэля Майера, Сильвана Мозера, Младена Остоича, Луизу Сэйдж, Ромилу Сторйоханн и Веру Вольф за их дружбу и поддержку.

Вся научная деятельность оказывается возможной благодаря усилиям огромного количества людей, часто остающихся за кадром, которые обеспечивают доступ к информации, питание, проживание и многое другое, и я бы хотела отметить их заслуги: моя признательность — Франциску Хольцегеру, Фабьену Мюллеру, Ванаю Нантакумару, Коринну Штеклу и персоналу образовательных учреждений Güxi Kinderkrippe, Kindergarten Erismannhof, Schule Sihlfeld, école Lajoie и CPE Frisson de Colline, которые дали мне возможность не отвлекаясь заниматься своими исследованиями.

Особая благодарность — моей семье: матери, отцу, Николасу, Эйдриану и Алексис. В заключение хочу поблагодарить тех, с кем моя жизнь связана особенно тесно: Майю, Нур, Анук и Романа. Я посвящаю эту книгу им.

Введение
Концепции либерализма в царской России

Российский либерализм, о котором идет речь в этом исследовании, является сравнительно малоизученной, но важной частью интеллектуальной истории либерального движения. Сейчас, когда эта книга готовится к публикации, международное обсуждение идей либерализма вышло за рамки научного сообщества. Судя по всему, интерес к этой теме будет только расти. С одной стороны, мы все более ясно начинаем осознавать хрупкость либерально-демократических практик и институтов (в том числе в странах с давней либеральной традицией), с другой — либерализм утвердился в качестве «лучшей из худших» политических идеологий. Обращение к истории российского либерального движения в десятилетия, предшествующие Октябрьской революции 1917 года, позволяет проникнуть в самую суть этих внутренних противоречий.

Эта книга рассказывает о том, как развивалось российское либеральное движение в течение «долгого XIX века», а точнее от царствования Екатерины Великой (годы правления: 1762–1796) до Октябрьской революции 1917 года. В ней говорится о российских мыслителях, поддерживавших идеи либерализма, и об их спорах с консерваторами и социалистами, хотя границы между этими течениями, как и во всем остальном мире, были размыты. В рамках этого исследования я нередко привожу мнения людей, которые критически относились к либерализму или даже полностью его отвергали, выступая за социализм (в его российских

Концепции либерализма в царской России | 9

версиях) или самодержавие. Хотя в этой работе достаточно подробно рассказывается о различных либеральных течениях в России в XIX веке, особое внимание я уделяю кульминационному периоду в истории российского либерализма, пришедшемуся примерно на 1900–1914 годы. Именно тогда он стал общественно-политическим движением, а в 1905 году была учреждена первая в России либеральная конституционно-демократическая (кадетская) партия. В этот короткий, но очень насыщенный период небольшая группа российских мыслителей, политиков и общественных деятелей, опираясь на либеральные идеи Запада, попыталась создать собственно российскую демократическую идеологию и изменить политический ландшафт Российской империи; таким образом, ответственность за трагические события Революции 1905 года частично лежит и на этих людях.

Если исходить из вышесказанного, особое внимание в этом исследовании уделяется важнейшим в последние десятилетия существования царской России фигурам российского либерализма: самому известному либеральному политическому деятелю П. Н. Милюкову (1859–1943), философам П. Б. Струве (1870–1944), С. Л. Франку (1877–1950), П. И. Новгородцеву (1866–1924), Б. А. Кистяковскому (1968–1920) и социологу М. М. Ковалевскому (1851–1916). Будучи выходцами из академической среды, эти люди стояли у истоков российского либерализма как социально-философской концепции; при этом, активно участвуя в различных политических движениях, они на собственном опыте имели возможность убедиться в том, что идея личной свободы нередко вступает в конфликт с такими понятиями, как «общественное благо», «порядок» и «справедливость». Для всех этих людей переломными моментами стали такие, как Российская революция 1905 года с ее хаосом и насилием и последовавшее за ней создание первой — пусть и несовершенной — парламентской системы в истории России. В течение этого периода их взгляды на то, как именно могла бы воплотиться в России либеральная модель общественного устройства, постоянно эволюционировали. Как мы увидим далее, именно тогда усугубились противоречия между мыслителями, считавшими, что необходимо искать баланс между личной свободой и общественным благом, и теми деятелями, которые пытались преуменьшить важность этого конфликта, свято веря, что прогресс осуществим только при достижении личной свободы через индустриализацию, демократизацию и европеизацию.

Парадоксальным образом Россия является своего рода лакмусовой бумажкой либерализма именно потому, что российское политическое устройство исторически было авторитарным. В силу исторических причин в XIX веке в России царил самый абсолютистский режим в Европе, а бо́льшую часть населения составляли крепостные крестьяне, освобожденные только в 1861 году. Все это, безусловно, тормозило развитие либеральных идей в российском обществе. Если на Западе либералы в основном были противниками революции, то в России риторика создания правового государства нередко подразумевала под собой свержение существующего строя; иными словами, либералы оказывались в одной лодке с революционерами. Тот факт, что какие-то реформы, инициированные сверху, были успешно претворены в жизнь, а конституционализм и либеральная экономика, по мнению многих, не сулили улучшения положения российского крестьянства, убеждают нас в правоте Д. Филда, утверждавшего, что «доктрины, которые в Западной Европе естественным образом складывались в единое целое, в России конфликтовали друг с другом» [Field 1973: 60]. В силу исторического контекста российские либералы боролись за обретение гражданских и политических прав, которые, по их мнению, могли защитить общество от тирании и произвола царского правительства, но при этом, опасаясь за судьбу крестьянства, настороженно относились к таким либеральным ценностям, как индивидуализм, материализм и свободный рынок. Грубо говоря, эти мыслители всегда выступали за те свободы, которые, как они надеялись, должны были уменьшить экономическое неравенство и сплотить разрозненное российское общество.

Находясь в оппозиции к существующему режиму, российские либералы должны были защищать свои идеи и ценности особенно убедительно, четко и аргументированно. Оставленное ими интеллектуальное наследие — многогранное, разнообразное и в высшей степени содержательное — показывает, как многого они добились на этом поприще. Вместе с тем, если говорить о чисто практических результатах, здесь возможности российского либерализма оказались сильно ограниченными. Вероятно, это можно объяснить тем, что в контексте российской истории достижение желаемого либералами разумного компромисса между соблюдением личных свобод и общественным благополучием являлось неосуществимой мечтой: так, в 1920-х годах философ Н. А. Бердяев охарактеризовал попытки кадетов установить общественный строй, основанный на верховенстве права и соблюдении гражданских свобод, как «бессмысленные мечтания» и «неправдоподобные утопии» [Бердяев 1924: 62–63].

Хотя слова «либерал», «либеральный» и «либерализм» появились в России еще в 1820-х годах, в политическом дискурсе они стали широко употребляться только во второй половине XIX века; горячим сторонником того, что эти западные идеи могут прижиться на российской почве, был видный деятель российского либерализма Б. Н. Чичерин (1828–1904). Однако с середины 1860-х годов термин «либерал» главным образом употреблялся вместе с такими словами, как «дворянский» или «буржуазный», и имел уничижительный оттенок. Главный герой романа И. С. Тургенева «Отцы и дети» Евгений Базаров говорил о представителях этого сословия: «Аристократизм, либерализм, прогресс, принципы... подумаешь, сколько иностранных... и бесполезных слов!» [Тургенев 1950: 47]. В какой-то степени именно из-за этого пренебрежения, испытываемого российскими радикалами к тем, кого они называли «либералами», либерализм оформился в общественное движение только к концу XIX века[1]. Даже тогда явно сочувствующие идеям либерализма кадеты — представители крупнейшей в начале XX века конституционно-демократической партии — не стремились наклеивать на себя ярлык либералов[2].

---

[1] Эта точка зрения расходится с популярным в последнее время представлением о том, что российский либерализм уходит своими корнями в начало XIX века. См., например, [Berest 2011; Shneider 2006; Шнейдер 2012].

[2] Впрочем, они постоянно использовали этот термин, говоря о своих политических взглядах с иностранной аудиторией.

Однако другой причиной, по которой эти мыслители и общественные деятели не спешили называть себя либералами, была их разница во взглядах относительно того, как именно трактовать такие понятия, как «свободы», «правовое государство» и «конституция», в условиях существования внутри автократического и бюрократического государства. Поддержка инициированных сверху реформ делала их невольными союзниками деспотического режима и самодержавного монарха, а идея о том, что создание правового государства требует свержения существующего строя, означала переход на сторону революционеров. Если под либерализмом подразумевается некий набор пришедших с Запада идей, включающий в себя принцип верховенства права, уважение частной собственности, либеральную экономику и ограничение роли государства, окажется, что российских либералов в традиционном понимании этого термина не существовало вовсе.

Эта трудность с переносом либеральных концепций на дореволюционную российскую почву проливает свет как на причины Революции 1905 года, так и на противоречивую природу либеральной философии как таковой. Пример России замечательно иллюстрирует фундаментальный недостаток либерализма, а именно то, что различные ценности, в защиту которых выступают либералы, например соблюдение порядка и законности, могут конфликтовать (иногда самым решительным образом), что становится очевидным, когда эти идеи реализуются на практике. Данное исследование эволюции российского либерализма (и как философского направления, и как политического движения) следует рассматривать как часть более широкого обсуждения того, как именно такие основополагающие либеральные идеи, как свобода, прогресс и права человека, находят свое воплощение в тех или иных политических обстоятельствах. Эта работа опирается на новейшие академические исследования, в которых либерализм трактуется как смешение различных недогматических концепций и стремление разрешить практически непреодолимые противоречия (например, между уважением прав человека и принципом невмешательства или между общественным благосостоянием и индивидуализмом); при этом принимается, что реализация либеральных идей на практике неизбежно обусловлена культурно-историческим контекстом эпохи. Такой подход дает возможность проникнуть в суть российского либерализма глубже, чем подход тех исследователей, которые недооценивали важность этих внутренних противоречий между различными либеральными ценностями. Кроме того, благодаря этому можно понять, насколько тонкой является нить, связующая все эти либеральные идеи и понятия.

Как уже говорилось выше, Россия традиционно не ассоциируется с либерализмом; напротив, принято считать, что российские мыслители были, скорее, носителями идей социального утопизма и враждебно относились к концепции правового государства. Однако, как показывает это исследование, при всех трудностях с переносом идей либерализма на российскую почву, связанных в том числе и с появлением новых слов, многие течения российской общественной мысли и дискуссии, возникавшие между их представителями, в значительной степени испытали влияние либеральных теорий, проникших с Запада. Несмотря на то что в России мало кто из философов и общественных деятелей открыто называл себя либералом, именно либерализм играл ключевую роль в российской политической деятельности дореволюционного времени. Горячо обсуждалась основополагающая либеральная идея о признании за всеми людьми равной моральной ценности, однако оппонентам так и не удалось договориться о том, какой именно должна быть исходящая из этого принципа социально-экономическая модель государства[3]. Либеральные идеи прогресса и совершенствования завораживали российских мыслителей, спорящих о том, следует ли России гнаться за Западом[4]. Российские либера-

---

[3] О последних исследованиях российской интеллектуальной традиции в отношении концепции человеческого достоинства — еще одного из важнейших аспектов либерализма — см., например, [Hamburg, Poole 2010; Kelly 1998].

[4] Под Западом здесь понимаются Западная Европа и Северная Америка; именно в таком значении этот термин использовался российскими мыслителями и общественными деятелями, о которых идет речь в этой книге.

лы пытались использовать такие связанные с либерализмом институциональные практики, как конституционализм, верховенство права, демократия и свобода прессы, для усиления своего политического влияния, однако в итоге именно они приблизили крах Российской империи. Рассматривая либерализм как набор концепций, одни из которых могут быть при определенных условиях принесены в жертву в угоду другим, можно лучше понять, как именно те или иные либеральные идеи и практики то теряли свою значимость, то вновь ее обретали в российских реалиях того времени.

Эта книга является своего рода анатомическим исследованием специфического российского либерализма и попыткой вписать его в мировую историю либерализма. Идеи западных интеллектуалов, воспринятые и переработанные российскими мыслителями, иногда приводили к неожиданным результатам. Так, в 1840-х годах западники использовали западные либеральные теории как доказательство правоты Гегеля, утверждавшего, что «всемирная история есть прогресс в сознании свободы» [Гегель 2000: 72]. Другой пример — народники, в частности П. Л. Лавров (1823–1900) и Н. К. Михайловский (1842–1904), которые интересовались либеральной теорией, в основе коей лежало представление о позитивной и негативной свободе, однако считали, что социальная несправедливость в России того времени была так велика, что противостояние ей представлялось им более важным делом, чем борьба за личные и политические свободы. Кроме того, на мой взгляд, некоторые направления российской либеральной мысли заслуживают большего внимания со стороны мировой общественности, в частности, я имею в виду таких столпов неоидеализма, как П. И. Новгородцев (1866–1924) (ему до сих пор не посвящено ни одного масштабного англоязычного исследования) и Б. А. Кистяковский (1868–1920), которые не только внесли большой вклад в теорию права, но и пытались реализовать некоторые ее положения в государстве, каковое вряд ли можно было назвать правовым. Их интеллектуальное наследие, с одной стороны, является для нас ценным источником информации, с другой — показывает, что догматическое следование либеральным теориям приводит к их слабой реализации на практике.

Наконец, показывая внутреннее устройство сложной и фрагментированной природы либерализма, эта книга вносит вклад в такое стремительно развивающееся научное направление, как интеллектуальная история. На примере России хорошо видно, сколь неоднороден либерализм как таковой: российские мыслители, обращаясь к трудам западных философов в поисках теоретических и практических истин, находили в них массу противоречащих друг другу мнений относительно того, в чем заключается первоочередная задача государства: обеспечении и стимулировании социально-экономического благополучия своих граждан, защите принципов демократии или гарантировании гражданам свободы, природу которой (позитивную или негативную) еще предстояло установить, при этом они брали из традиционных либеральных идей то, что казалось им полезным. Одной из причин, по которой они считали вправе так поступать, была их основанная на опыте стороннего наблюдателя уверенность в том, что, если концепции либерализма, относившиеся к человеческой природе, правам и свободам, имеют универсальный характер, эти идеалы или формы, такие как «естественное право», могут быть реализованы только в рамках конкретной историко-культурной традиции. Это привело к тому, что некоторые из этих мыслителей примкнули к тому течению либеральной мысли, которое провозглашало своей целью борьбу за права и свободы в сложившихся политических условиях и настаивало на том, что не существует универсального метода разрешения конфликта между личной свободой и общественным благополучием.

Однако эта гибкость в вопросах теории приводила и к практическим трудностям. Из-за политического устройства России невозможно было одновременно культивировать и поддерживать такие важнейшие либеральные идеи, как ограничение власти правительства, неприкосновенность частной собственности и личная ответственность; в результате российское либеральное движение с самого начала было лишено единства и цельности.

1. Западные теории

Хотя внутренние противоречия, содержащиеся в самом определении такого явления, как либерализм, иногда представляют для исследователей чисто академический интерес, в случае России различные виды и конкурирующие концепции либерализма играли важнейшую роль в развитии общественной мысли[5]. Все то, что Дж. Грей назвал «неоднородными, случайными, различными и обусловленными историческим контекстом идеями многих мыслителей, безо всякого разбора объединенными общим словом "либерализм"», чрезвычайно волновало российских философов и общественных деятелей, пытавшихся применить эти теории в российских реалиях [Gray 1989: 262].

В самом деле, любая попытка перенести западный либерализм, то есть набор идей, прочно ассоциирующийся с Западом, на другую почву неизбежно приводит к трудностям терминологического свойства. Отчасти это связано с тем, что философ Б. Уильямс назвал «постоянным риском» конфликта ценностей, который возникает из-за того, что такие понятия, как «свобода» и «равенство», понимаются людьми по-разному [Williams 2001: 95][6]. В течение двух последних столетий многие мыслители, чьи имена ассоциируются у нас с либерализмом, прилагали огромные усилия для того, чтобы разрешить противоречия между уважением прав человека и принципом невмешательства, а также коллективными и личными интересами и понять, как именно все это влияет на формирование тех или иных общественных практик и институтов. В результате везде, где получили распростра-

---

[5] Статья в Стэнфордской философской энциклопедии, посвященная либерализму, начинается со следующих слов: «При ближайшем рассмотрении становится очевидным, что либерализм представляет собой фрагментированный набор взаимосвязанных, но иногда конкурирующих концепций» [Gaus et al. 2015]. URL: https://plato.stanford.edu/entries/liberalism/ (дата обращения: 19.01.2024).

[6] Разделяемая меньшинством исследователей точка зрения, что различные либеральные ценности могут гармонично дополнять друг друга, представлена, например, в [Dworkin 2001].

нение либеральные идеи, либерализм сформировался под влиянием того или иного политического и культурного контекста.

Хотя в последнее время о либерализме принято говорить, как о «по существу оспариваемой концепции» [Gallie 1956], а не единой доктрине, все же можно вычленить несколько повторяющихся в той или иной форме у различных мыслителей постулатов, которые позволяют говорить о существовании единой традиции либерализма. После Великой французской революции сформировалась фундаментальная идея либерализма о том, что главенствующая роль в политической жизни общества принадлежит отдельным личностям, а не социальным группам; сторонники этого течения, убежденные в том, что каждый человек должен иметь возможность полностью реализовать свой потенциал, выступают за узаконенное юридическое и политическое равенство (позднее возникло движение и за экономическое равенство); эта либеральная модель выстроена вокруг идеальной фигуры самостоятельного субъекта, который не нуждается в указаниях сверху и сам принимает все решения, определяющие его жизнь; терминология этой концепции универсальна, так как предполагается, что универсальны и сами либеральные и моральные человеческие ценности; как правило, этими ценностями объявляются такие, как толерантность, автономия и делиберативность. Если выбирать чуть менее позитивистский подход, можно сказать, что либералы выступали за равенство, социальную и политическую эмансипацию угнетенных слоев населения в обществах со схожими запретами и иерархией. Кроме того, они склонны были утверждать, что сформировавшиеся в их культурной среде представления, ценности и практики должны лечь в основу общечеловеческой цивилизации, что история доказывает правоту их концепции свободы и что все, кто не разделяет их утверждения, либо заблуждаются, либо лишены морально-нравственных ориентиров[7]. Некоторые направления либерализма подвергались

---

[7] Об этих малоприятных аспектах истории либерализма см. [Losurdo 2005]. О концепциях либерализма см. [Gray 1986; Ryan 2007: 361–362; Pitts 2011; Lilla 2012].

критике из-за их нежелания учитывать социальную и эмоциональную зависимость людей друг от друга, чрезмерного индивидуализма и оторванности от реальной жизни[8], при этом, какими бы ни были расхождения между теми или иными либеральными идеями, либерализм всегда антропоцентричен, то есть всегда ставит во главу угла интересы и благополучие человека (а не, скажем, животных) [Wissenburg 2006]. По всем этим причинам, хотя и невозможно свести идеологию либерализма к какому-то единому набору теоретических постулатов и их применению на практике, все равно понятно, что подразумевается под термином «либерализм», и не составит труда перечислить те идеи, которые А. Вольф называл характерными либеральными «концепциями мироустройства» [Wolfe 2009][9].

Что касается российских либералов, хотя они в целом сходились друг с другом в оценке фундаментальных либеральных принципов, между ними были сильные разногласия относительно того, какими должны быть социальные, экономические и культурные условия, необходимые для самореализации и преуспевания человека, поскольку здесь речь идет уже не о догматических установках, а о «по существу оспариваемых концепциях», то есть о балансе между позитивной и негативной свободой. Российские мыслители изучали историю либеральных идей во всей ее полноте и, как и сторонники, а также противники либерализма на Западе, находили ее истоки в самых разных политических учениях прошлого, вычленяя либеральные концепции в трудах даже тех философов, которых трудно причислить к числу подлинных либералов. Они читали книги тех, кого, хотя это совершенно несхожие между собой авторы, принято называть основоположниками «либеральной традиции»: Дж. Локка, А. Смита, И. Канта, Дж. Милля и Т. Грина, но все

---

[8] Обзор коммунитаристской критики либерализма (в частности, со стороны таких фигур, как А. Макинтайр, М. Сэндел и Ч. Тейлор) см. в [Neal, Paris 1990]. Феминистскую критику либерализма см., например, в [Nussbaum 1999; Okin 1994].

[9] Цит. по: [Pitts 2011: 8].

равно не могли решить одну очень важную проблему: с позиции либерализма невозможно было прийти к единой точке зрения относительно того или иного элемента политического устройства; в реалиях царской России, где социальные и политические условия сильно отличались от того, что было на Западе, эта проблема стояла особенно остро.

Кроме того, существовали и трудности с терминологией: слово «либерал» само по себе предполагает некоторую двусмысленность. Первоначально оно ассоциировалось с широтой взглядов, великодушием, терпимостью и свободой от предрассудков, но затем стало обозначать человека, выступающего за гражданские свободы и политические права[10]. Однако путаница со словом «либерализм» и его производными имеет не только терминологический характер: в 1856 году Б. Н Чичерин, К. Д. Кавелин (1818–1895) и Н. А. Мельгунов (1804–1867) опубликовали статью, в которой назвали либерализм лозунгом «всякого образованного и здравомыслящего человека в России»[11]; в 1859 году П. В. Анненков (1813–1887), которого тоже иногда причисляют к либералам, жаловался в письме к И. А. Тургеневу, что либерализм стал словом, которым прикрываются власть имущие, преследующие личные цели («порядочному человеку стыдно в наше время называться либералом») [Анненков 2005, 1: 71; Field 1973: 59]; в 1905 году П. Н. Милюков, самый известный российский либеральный политический деятель, утверждал: программа [его] партии являлась «несомненно, наиболее левой из всех, какие предъявляются аналогичными нам политическими группами Западной Европы»[12]. Противоречия, содержащиеся в этих утверждениях, отчасти являются следствием того, что либеральные концепции свободы и индивидуализма привели к возникновению самых разнообразных и непохожих друг на друга моделей социального и экономического устройства общества.

---

[10] См. в Оксфордском словаре [Simpson, Weiner 1989: 881–882]. Об истории термина «либерализм» см. [Leonhard 2001; Sauvigny de Bertier, de 1970].

[11] Цит. по: [Герцен, Огарев 1974, 1: 110].

[12] См. [Милюков 1907a: 101].

1.1. Личность

Все течения либерализма, как и любые другие направления политической философии, исходят прежде всего из некоего представления о человеке и его возможностях. Как писал Дж. Грей, «любая концепция о ценности свободы должна являться частью более общей нормативной теории и основываться на определенных представлениях о человеческой природе или каких-то важных принципах устройства человеческого общества» [Gray 1984: 3]. Дж. Сигал выделил три различные (но взаимосвязанные) концепции личности, которые легли в основу важнейших либеральных течений и оказали влияние на российских мыслителей. Согласно первой, личность является эмпирическим существом с определенными физическими и телесными потребностями, действующим в соответствии со своими желаниями, нуждами и душевными порывами; вторая рассматривает личность как рефлексирующую сущность, способную абстрагироваться от своей телесной оболочки и социальных связей и критически взглянуть на самое себя, тем самым принимая участие в собственной самореализации; согласно третьей, личность предстает как результат множества социальных и культурных взаимодействий, имеющий общие индивидуальные черты и ценности с другими участниками этого процесса [Seigel 2005: 3–44].

Говоря об эмпирическом подходе, я имею в виду те теории личности, в которых делается акцент на чувственном опыте, эксперименте и наблюдении. Первые труды в рамках эмпирической теории появились в XVII веке, особо важное место здесь принадлежит Дж. Локку (1632–1704) и его учению о личности. Локк противопоставил свою позицию воззрениям картезианцев, считавших, что человек появляется на свет с врожденными идеями, которые могут быть постигнуты отдельно от чувственного опыта[13]. Опираясь на эмпирически-индуктивный метод,

---

[13] Наиболее полно учение Локка о личности изложено в его «Опыте о человеческом разумении» [Локк 1985, 1]. Подробнее об этом см. [Dunn 1984: 63–64, 68–70; Simmons 1992: 14–67].

Локк утверждал, что ключевую роль в познании играет опыт, а человеческое тело является инструментом, с помощью которого личность совершает рациональный выбор. Согласно Локку, рациональное сознание имеет универсальный характер благодаря тому, что оно связано с повседневным телесным существованием конкретного человека; как писал Дж. Йолтон, локковская личность всегда пребывает внутри телесной оболочки и никогда — вне ее [Yolton 1970: 150–151].

Эмпиризм Локка отрицает первичность разума перед ощущением, утверждая, что между ними существует равновесие. Хотя внешний опыт играет важную роль в формировании личности, разум, которым обладает человек, позволяет ему контролировать свои животные потребности и нивелировать значение социальных факторов, благодаря чему граждане становятся более счастливыми и начинают вести более нравственный образ жизни. Согласно Локку, объективные нравственные принципы, постигаемые разумом, служат гарантией того, что свобода не превратится во вседозволенность[14]. Разум дает возможность человеку постичь свои естественные права и возложенные на него ограничения, призванные обеспечить равные права для всех. На этих принципах и построено учение Локка об ограничении государственной власти, о разделении властей, праве на частную собственность, веротерпимости, свободе совести и об отделении церкви от государства.

Эмпиризм привлекал российских мыслителей тем, что, во-первых, предлагал прагматический и индуктивный метод для достижения нравственных идеалов, во-вторых, виделся им противовесом эсхатологическим и утопическим, на их взгляд, идеям,

---

[14] Согласно Локку, следование собственному суждению, основанному на принципах морали, «*не есть ограничение свободы*. Это не только не ограничение или уменьшение *свободы*, а, наоборот, подлинное ее совершенствование и благо» [Локк 1985, 1: 314]. В «Двух трактатах о правлении» Локк пишет, что разум дан Господом, «чтобы он был законом между человеком и человеком и общей связью, посредством которой человеческий род объединен в одно товарищество и общество» [Локк 2020: 397].

связанным с марксизмом и левым гегельянством[15]. Помимо этого, эмпиризм был близок российским либералам времен царствования Николая II, в частности Милюкову, пытавшемуся создать «эмпирически-позитивистскую» концепцию либерализма, которая соединила бы в себе индивидуальное и универсальное начала[16]. Если убежденность Локка в том, что личность должна развиваться без вмешательства со стороны государства или других людей, имеет негативистский характер, его учение предполагает и позитивистский подход: так, свобода достигается через нравственное самосовершенствование человека посредством исполнения разумных обязанностей. Эта необходимость соблюдать баланс между нравственной составляющей свободы и правами личности, данными человеку от природы, стала важным аргументом в защиту как позитивной, так и негативной свободы; в результате обе эти концепции свободы сыграли очень важную роль в истории российской либеральной мысли.

В отличие от Локка с его эмпиризмом, И. Кант (1724–1804), рассуждая о личности, отмечает прежде всего ее способность к рефлексии[17]. Представление Канта о личности как о свободной рефлексирующей сущности, действующей, скорее, в соответствии с нравственным законом, а не под воздействием каких-то материальных потребностей или желаний, оказало огромное влияние на всю российскую философскую мысль в целом и российский либерализм в частности, в основе которого нередко было именно кантианство.

Наибольший вклад в российский либерализм внесли рассуждения Канта о взаимосвязи таких понятий, как «разум», «свобода» и «мораль»[18]. Кант писал о том, что разум является способностью,

[15] О том, как современные исследователи оценивают либерализм локковского толка, см., например, [Lazar 2009]. О связи между эмпиризмом и либерализмом у А. И. Герцена см. [Kelly 1999: 17–46].

[16] Терминология Р. Пула. См. его предисловие к сборнику статей по российской социальной философии [Poole 2003: 4].

[17] Сравнение учений Локка и Канта о личности см. в [Wood 1972: 47–73].

[18] Подробнее об этом см. [Taylor 1984: 100–122; Frierson 2003; Guyer 2000: 235–261]. Наиболее полно феноменология Канта изложена в его «Антропологии с прагматической точки зрения» (1798) [Кант 2023].

позволяющей человеку осознать его моральную обязательность и дающей ему принципы априорного познания, при этом человек обладает свободой воли в том смысле, что может совершать поступки, действуя в соответствии с нравственным законом (*das Sollen*[19]), постигнутым им благодаря разуму. Заложенная в людях возможность быть рациональными, нравственными и свободными существами придает им, по Канту, абсолютную ценность и наделяет их особым положением и достоинством; человек, согласно его знаменитому определению из «Основоположений к метафизике нравов» (1785), «существует как цель сама по себе, а не только как средство» [Кант 1997]. Кантовское толкование свободы подразумевает под собой ее потенциальную универсальность: теоретически каждый человек может стать свободным с помощью своего разума.

Кант не только понимал свободу как обязанность подчиняться самостоятельно постигнутым нравственным законам, но и был одним из первых мыслителей, проводивших различие между негативной свободой — «свободой от», то есть отсутствием принуждения, и позитивной — «свободой для», то есть возможностью действовать по собственной воле [Caygill 1995: 207–208; Frierson 2003: 13–30]. Кантовское представление о человеке как о независимой личности, свободной и от оков общества, и от внутренних противоречий, действующей согласно велениям разума, прочно вошло в либеральную традицию как идеал позитивной свободы. Кант много рассуждает об обеих концепциях свободы в своих трудах по политической теории, утверждая, что любые ограничения свободы, налагаемые законом, должны вытекать из априорных принципов, постижимых разумом. В свою очередь, независимость, гарантированная законом, должна привести человека к осознанию того, что свобода — это право быть автономным, действовать по своей воле и полностью раскрыть потенциал собственной личности. Иначе говоря, наличие гражданского общества и закона создает эмпирические условия, необходимые для того, чтобы человек сформировался как автономное нравственное существо.

---

[19] Долженствование (*нем.*). — *Примеч. пер.*

Кант считал, что априорные нравственные принципы, постижимые с помощью разума, связывают нас с ноуменальным[20] миром и служат доказательством существования метафизических «постулатов» — свободы, Бога и бессмертия. Он всегда утверждал, что сверхчувственный мир непознаваем, однако высказанное им в «Критике способности суждения» предположение о том, что природа обладает некоей целесообразностью, которая может помочь людям прийти к пониманию нравственной свободы, оказало огромное влияние на восприятие этих идей российскими мыслителями [Кант 1994, 5][21]. Как правило, российские либералы-неоидеалисты связывали кантовский персонализм с религиозным восприятием трансцендентной онтологической реальности и выстраивали собственные концепции правового государства, опираясь именно на эти теоретические принципы.

Многие критики философии Просвещения (главным образом И. Бе́рлин, а также коммунитарианцы и постмодернисты) писали о том, что концепция свободы, построенная на том, что естественные человеческие желания и порывы имеют рациональную и нравственную природу, порочна сама по себе[22]. Если люди оказываются не в состоянии справиться со своими чувствами и порывами, может случиться так, что их заставят осознать нравственный закон извне, тогда свобода превратится в принуждение. Как правило, российские последователи неоидеализма, в отличие от Бе́рлина, не разделяли той точки зрения, что свобода (в понимании Канта) является субъективным понятием[23]. Пытаясь разрешить внутреннее противоречие теории Канта между рациональной личностью, которая сама формулирует

---

[20] Ноумен (*греч.* νοούμενον — «мысленное, умопостигаемое») — предмет внечувственного созерцания, непознаваемая (по Канту) «вещь в себе». — *Примеч. ред.*

[21] См. главу 2 (раздел 2.2).

[22] См., например, «Две концепции свободы» И. Бе́рлина, см. также [Бе́рлин 1992; Todorov 2009: 25–40; Foucault 1984: 32–50; Taylor 1989: 3–107].

[23] Мнения современных исследователей по этому вопросу см., например, в [Flikschuh 2007: 25; Poole 2006a: 78].

собственные этические принципы, с одной стороны, и признанием индивидуального и культурного многообразия, с другой, они создавали собственные либеральные концепции. Главные российские мыслители, в том числе Чичерин и В. С. Соловьев (1853–1900), а также другие неоидеалисты, связанные с Московским психологическим обществом[24], каждый по-своему пытались пойти дальше Канта, однако все их усилия, скорее, служили иллюстрацией известного афоризма: «Можно быть за Канта, можно быть против Канта, но нельзя быть без Канта» [Каменский, Жучков 1994; Poole 1996a: 161–165].

Идеи немецкого идеализма были перенесены на российскую почву в 1830-х годах, оказав огромное влияние на развитие российской мысли и породив множество различных философских течений, в которых свобода личности ассоциировалась как с внутренней гармонией, так и с гармоничными отношениями между человеком и его окружением. Романтическое (в широком понимании этого слова) представление о человеке как об уникальной личности, способной к свободному и творческому саморазвитию, но при этом неразрывно связанной с конкретной национальной культурой, привело к возникновению ряда концепций, в основе которых лежала идея негативной свободы. Романтики ставили во главу угла индивидуальные аспекты личности, однако вместе с этим считали, что самореализация человека происходит в рамках некоего общего процесса и внутри того или иного общества. Именно в пределах этой философской парадигмы сформировалось новое направление теории личности, которое я (вслед за Ч. Тейлором) называю «экспрессивистским» [Taylor 1989: 368–390]. Несмотря на все различия во взглядах, Ж.-Ж. Руссо (1712–1778), И. Гердер (1744–1803) и Г. Гегель (1770–1831) воспринимали личность не как нечто, постижимое идеальным разумом, а, скорее, как субъективную и самореализующуюся сущность.

---

[24] Психологическое общество при Московском императорском университете (Московское психологическое общество) создано 24 января 1885 года с целью объединения всех научных сил для разработки путей развития психологических исследований и распространения психологических знаний в России. — *Примеч. ред.*

Радикальное переосмысление философии Просвещения, провозглашавшей господство разума, и возникновение культа чувства часто возводятся к Руссо. В своем автобиографическом романе «Исповедь» (1782) Руссо пишет о том, что творческая сила и чувства делают каждого человека уникальным. «Естественный человек» Руссо цельный, непосредственный, щедрый и добродетельный, это тот идеал свободы, в защиту которого Руссо выступал в своих философских и политических трудах. Он все время возражал против навязывания личности чужой воли; хорошо известны его слова о том, что моральная свобода означает «повиновение закону, предписанному самому себе»[25], но это невозможно, если следовать воле другого человека или поддаваться давлению со стороны общества. Такое представление о моральной свободе сочетается с идеями Руссо о политической свободе и демократическом самоуправлении; личная свобода, о которой идет речь в трактате «Об общественном договоре», достигается всеми людьми, являющимися равноправными членами справедливого общества, в котором законы устанавливаются демократическим путем, а «индивидуальная воля становится частью всесильной общей воли» [Руссо 1938: VI]. Хотя перенос этих радикальных демократических теорий на российскую почву был невозможен, философия Руссо оказала большое влияние на многих российских мыслителей и деятелей, в частности на декабристов, чье потерпевшее неудачу в 1825 году восстание имело своими целями увеличение гражданских свобод и ограничение власти монарха. По словам Т. Баррана, Руссо дал людям возможность «самим судить о легитимности власти на основании собственных представлений о справедливости» [Barran 2002: 235][26].

Наряду с руссоизмом и идеей об уникальности личности в Россию проникали и другие концепции общественного прогресса, в которых упор делался на национальную самобытность.

---

[25] Из трактата «Об общественном договоре» (1762) [Руссо 1938: 17].

[26] О влиянии Руссо на декабристов см. у того же автора [Barran 2002: 268–272]. О руссоизме в России в целом см. чрезвычайно полезную библиографию, составленную Ш. Мустель [Mustel 1995].

Современники Руссо И. Гаман (1730–1788) и Гердер выступали
против излишнего рационализма, указывая на важность социального и исторического контекста, заложив основы историциз-
ма, национализма и антропологии. Гаман писал о том, что природа подобна живому организму, и обращал внимание на ирра-
циональное в человеческой натуре, а Гердер, продолжая его идеи,
утверждал, что общество представляет собой единое органиче-
ское целое, совокупность исторически обусловленных характер-
ных особенностей разных народов. Гердер оказал большое
влияние на славянофилов (см. главу 1), которые жестко критиковали телеологические и европоцентристские концепции истории, господствовавшие в эпоху Просвещения, при этом идеи
Гердера о том, что у каждого индивида, как и у каждого народа
(*Volk*), своя судьба и что все люди и культуры прогрессивно
развиваются ради достижения высшей цели, которую он называл
«гуманностью» (*Humanität*), повлияли на таких мыслителей, как
А. Н. Радищев (1749–1802) и Т. Н. Грановский (1813–1855)[27].
Каждого из них по-своему вдохновили его рассуждения о различных путях развития человечества и его телеологическая
концепция истории, которую А. Валицкий назвал гердеровским
«всеобъемлющим плюралистическим представлением о человече-
стве» [Гердер 1977; Walicki 1975: 333].

Георг Вильгельм Фридрих Гегель (1770–1831) отвергал туман-
ный сентиментализм и иррационализм своих предшественников-
романтиков, однако, как и в случае с Руссо и Гердером, экспрес-
сивистские элементы его учения, безусловно, оказали большое
влияние на современный либерализм. Опираясь на работы других
представителей немецкого идеализма, И. Фихте (1762–1814)
и Ф. Шеллинга (1775–1854), утверждавших, что личность является средством познания мира и что история движется к какой-то
итоговой цели, Гегель попытался создать единую теорию реальности, основанную на идее разумности миропорядка. Именно это
имел в виду Сигал, говоря, что у Гегеля «изоморфизм личности
и мира... выражен наиболее изощренно и последовательно» [Seigel

---

[27] См., например, [Bittner 1956; Roosevelt 1986: 87, 92].

2005: 391]. В рамках общей парадигмы идеализма Гегель рассуждал о личности в контексте ее связи с абсолютом — первичной субстанцией, лежащей в основе бытия и познания[28]. Однако, в отличие от более абстрактных течений идеализма, Гегель делает акцент на конкретных проявлениях абсолюта, пытаясь показать, что, не обращаясь к реалиям существующего мира, постичь такие понятия, как «личность» и «свобода», невозможно. Для Гегеля современное светское государство, содержащее в себе формы прежних государств, является высшим проявлением абсолюта (или абсолютного духа) и воплощением человеческого разума и свободы. Объединяя в себе одновременно волю всех создавших его индивидов и некоей высшей, сверхличной силы, государство задает рамки, внутри которых личность может самореализоваться.

Влияние Гегеля на российскую философскую мысль в целом и либерализм в частности трудно переоценить[29]. Российские западники 1840-х годов, рассуждая о прошлом и будущем России, обращались к гегелевской теории исторического прогресса, утверждающей, что каждое общество неизбежно движется в сторону более разумных форм правления и в итоге к совершенному конституциональному государству. Однако некоторые из этих мыслителей также не забывали о том, что «свобода», по Гегелю, предполагала некое самоограничение и по крайней мере частичное растворение индивидуальной личности в коллективной общности. Будучи обществом, в котором царят нравственное единство и гармония, гегелевское государство является воплощением человеческого разума, потому какой-либо конфликт между личной свободой и общественным порядком в нем невозможен по определению. Однако некоторые российские философы обращали внимание на то, что Гегеля беспокоило соблюдение баланса между частными и общественными целями и что он выступал в защиту прав индивида в том, что относилось к его личной

---

[28] Гегелевская теория свободы изложена в его работе «Философия права» (1820) [Гегель 1990]. См. также [Гегель 2000].

[29] Подробнее о российском гегельянстве см., например, [Евграфов 1974; Bakhurst, Kliger 2013].

жизни. Например, Новгородцев, философ и общественный деятель начала XX века, не разделяя точку зрения Гегеля о том, что различные исторические периоды представляют собой стадии развития абсолютной идеи, соглашался с ним в том, что общество формируется в результате исторических преобразований в рамках определенной традиции[30]. В любом случае гегелевское позиционирование Российской империи как страны, вынужденной выбирать между Западом (где обитают творческие, исторические нации) и антиисторическим Востоком, не предполагало простого решения проблемы превращения России в идеальное государство[31].

1.2. Свобода

Исторически либерализм — и как политическое движение, и как интеллектуальная традиция — постепенно сформировался в результате попыток английских конституционалистов защитить свои права от посягательств королевской власти, и идея свободы формулировалась в основном негативистски как противодействие внешним силам, принуждению и вторжению в частную жизнь. Корни этой традиции, иногда называемой классическим либерализмом, восходят к Реформации и провозглашению религиозной терпимости, которая стала предметом философского дискурса в XVI и XVII веке[32]. Человеческое достоинство воспринималось как источник естественных или основных прав человека, которые должны были быть гарантированы законом. Для либералов ключевая роль закона заключалась в ограничении власти монарха и защите граждан друг от друга. Человеческое достоинство также подразумевало под собой равноправие: если человек представлял собой высшую или абсолютную ценность,

---

[30] Подробнее об этом см. [Новгородцев 1901a]. Современные интерпретации учения Гегеля см. в [Aviniery 1972; Taylor 1975; Plant 1983].

[31] Подробнее об этом см. [Siljak 2001].

[32] Дж. Шкляр, в частности, пишет о «либерализме страха», возникшем в Европе после Реформации из-за желания защитить основные права человека от посягательств на них абсолютистских монархов [Shklar 1989].

все люди должны были быть одинаково ценны, даже если они были неравны друг другу в отношении своих заслуг, недостатков, общественного положения или по множеству других признаков. К началу 1800-х годов Гегель и его последователи сформулировали более позитивистский подход к понятию «свобода», понимая под ней не столько юридические права, сколько некий ресурс или привилегию, открывающую возможность для саморазвития. В XIX веке эта позитивистская концепция свободы была взята на вооружение либералами, выступавшими за активное участие в политической жизни общества и создание социально ориентированного государства, которое могло бы сделать своих граждан свободными, дав им возможность и средства, чтобы они распорядились своими жизнями лучшим образом.

Различие между этими двумя видами свободы было сформулировано в конце 1950-х годов в работе И. Бёрлина «Две концепции свободы»; затем идеи Бёрлина получили развитие во многих других исследованиях [Бёрлин 1992; Gray 1980]. По Бёрлину, негативная свобода, или «свобода от», относится к ситуации, когда индивид может действовать без препятствования со стороны других лиц и задается вопросом: «Насколько мешает мне правительство?» [Бёрлин 1992: 248][33]. Негативную свободу называют «концепцией возможности», имея в виду, что она предоставляет индивиду набор доступных опций, которыми он может воспользоваться (или нет) [Тейлор 2013]. Т. Гоббс (1588–1679) не был либералом в том смысле, как этот термин используется в этой книге, однако именно он стал основоположником целого ряда индивидуалистических учений, определив свободу как «отсутствие внешних препятствий», тем самым исключив из нее элемент морали [Гоббс 2017: 137]. В своей политической форме негативная свобода обычно ассоциируется с терпимостью, плюрализмом, уважением к закону и правам человека, в том числе свободам совести, слова и собраний, а также с протестом против вмешательства государства в дела граждан.

---

[33] Подробнее о концепции негативной свободы см. [Хайек фон 2018; Дэй 1988; Miller 1983; Nozick 1974; Steiner 1994].

Концепция позитивной свободы предполагает, что одно лишь «отсутствие внешних препятствий» само по себе не является достаточным условием свободы[34]. Скорее, индивиды являются свободными, когда получают выгоду от возможности действовать, сами управляют своими жизнями и способны достичь того, к чему стремятся. Человек, обладающий позитивной свободой, задается вопросом: «Кто управляет мною?». Его свобода отождествляется с самоопределением и правом самому распоряжаться своей жизнью; Ч. Тейлор называет это «концепцией осуществления» [Тейлор 2013; Бёрлин 1992: 248]. Такая свобода может быть ограниченной не только внешним вмешательством или отсутствием ресурсов и возможностей, необходимых для действий, но и внутренними конфликтами и желаниями индивида (например, расстройствами личности, предрассудками и т. д.). В отличие от негативной свободы, которая, как правило, служит интересам отдельных личностей, позитивная свобода обычно воспринимается как коллективное достояние, а индивиды являются в первую очередь членами общества, пользующимися ее благами. Примером такого рода является индивидуальная свобода (по Руссо), которой достигают члены демократического общества. Более индивидуалистская концепция позитивной свободы предполагает, что государство обязано создавать для своих граждан условия для самоопределения.

Идея о том, что существует по меньшей мере два вида свободы, один из которых характеризуется отсутствием вмешательства в действия индивида, а другой основан на кантовском учении о самореализации, оказала большое влияние на развитие либерализма[35]. Течения, ставившие во главу угла индивидуальные,

---

[34] Подробнее о концепции позитивной свободы см. [Milne 1968; Gibbs 1976; Raz 1986; Christman 1991; Christman 2005].

[35] Из множества современных исследований, посвященных важности концепций позитивной и негативной свободы для либерализма, см. [Carter et al. 2007; Flikschuh 2007]. Разумеется, как и в других подобных случаях, когда различие между двумя концепциями не имеет четко выраженного характера, противопоставление позитивной и негативной свободы было объектом полемики с самого момента своего появления на свет. Это обсуждение вовсе

а не универсальные характеристики личности, ее права и эмпирическое существование, естественным образом поддерживали идею негативной свободы и ценности многообразия. Мыслители, выступавшие за уравнительную справедливость, личную автономию или самоуправление и действия индивида, направленные на благо общества, напротив, относились к числу сторонников позитивной свободы.

Когда в XIX веке либерализм развился в сложное философское учение, стало понятно, что все перечисленные выше теории личности и свободы могут воплощаться на практике множеством самых различных способов. В отличие от раннего английского либерализма, который в первую очередь был направлен на защиту личной свободы от вмешательства государства и удушающего господства большинства, российские либералы, как писал один из главных экспертов в этой области, «в массе своей ставили во главу угла верховенство права, положительную роль государства как гаранта гражданских свобод и постепенное установление социальной справедливости путем реформ»[36]. Однако попытки реализации идей либерализма на практике неоднократно доказывали, что различные виды свободы не вполне сочетаются друг с другом, потому каждая из этих концепций привела к созданию собственного значимого интеллектуального наследия. Страны с демократическими режимами пришли к пониманию того, что между правами и свободами, ценимыми либералами, может существовать конфликт в сфере их практического применения и что этот факт находит все более широкое отражение как в на-

---

не было бесплодным: хотя в этой книге я продолжаю различать позитивную и негативную свободу, поскольку, на мой взгляд, эта дихотомия очень важна для понимания того, как развивалась либеральная мысль, я благодарна всем тем исследователям, которые помогли мне лучше понять не только различия между этими концепциями, но и их сходство в каких-то аспектах. Обзор современной полемики на эту тему см. в [Baum, Nichols 2013].

[36] См. статью Г. Хэмбурга «Liberalism, Russian» в электронной энциклопедии Routledge Encyclopedia of Philosophy / Ed. by Craig et al. URL: https://www.rep.routledge.com/articles/thematic/liberalism-russian/v-1 (дата обращения: 26.01.2024).

циональном законотворчестве этих государств, так и в международных декларациях о правах человека[37].

В этой книге будет показано, что опыт взаимодействия российских либералов с окружавшим их реальным миром очень ценен именно с указанной точки зрения.

2. Западные образцы

Различные исторические процессы и события, в том числе Великая французская революция и распространение демократии в XIX веке, не только убедили российских мыслителей в возможности воплощения идей либерализма в жизнь, но и продемонстрировали некоторые трудности, правовые и практические, возникающие при осуществлении всех этих замыслов. Особо важную роль сыграла здесь Великая французская революция, потому что ее лидеры пытались представить ее как поворотный момент в истории, когда либерализм перестал быть абстрактной теоретической концепцией и стал реальным историческим явлением[38]. Вера французских революционеров в освободительную силу основных прав человека и в универсализм идей Просвещения нашла воплощение в важнейшем документе этой эпохи — Декларации прав человека и гражданина (*Déclaration des droits de l'homme et du citoyen*, 1789). Однако их попытки обосновать законность некоторых институтов власти с опорой на абстрактные этические принципы и неспособность сдержать ряд обещаний,

---

[37] В частности, в Канадской хартии прав и свобод (1982) сказано, что основные свободы (например, совести, мнения и выражения, собраний) «могут ограничиваться только нормами права в пределах, считаемых разумными, оправданность которых может быть объяснена в свободном и демократическом обществе» (§ 1 из 34). Цит. по: Конституции зарубежных государств. Конституция Канады. URL: https://www.booksite.ru/fulltext/1/001/004/082/22.htm#145 (дата обращения 26.01.2024).

[38] Следующие поколения либеральных мыслителей разделяли эту точку зрения, см., например, [Arblaster 1984: 203–224]. Более подробно см. [Baker et al. 1987–1994].

касавшихся прав человека, также пролили свет на целый комплекс неразрешимых проблем, возникающих при воплощении либеральных идей в жизнь.

Главными философскими принципами Великой французской революции были «свобода, равенство, братство», и поначалу никто не обращал внимания на иерархию этих понятий и их сочетаемость друг с другом[39]. Так, в Декларации прав человека сказано, что «цель всякого политического союза — обеспечение естественных и неотъемлемых прав человека» (статья 2), при этом утверждается (в соответствии с представлением Руссо об общей воле), что «источником суверенной власти является нация» и что «никакие учреждения, ни один индивид не могут обладать властью, которая не исходит явно от нации» (статья 3)[40]. Веря в то, что свобода является результатом установленного законом равноправия, лидеры Великой французской революции на первом этапе старались уничтожить несправедливые политические институты, видя в этом средство для достижения свободы[41]. Однако после 1791 года, когда различия между формальной и реальной свободой обрели более очевидный характер, из трех революционных лозунгов все большее значение стало придаваться одному — равенству. В это время лидеры Великой французской революции трактовали идею Руссо о неразделимости общей воли буквально и были убеждены в том, что их попытки отстаивать этот принцип при создании рационального государства были оправданными, так как всеобщее равноправие означало всеобщую свободу. Морально-нравственный аспект такой деятельности сразу стал вызывать вопросы у свидетелей и участников этого исторического процесса, так как проводимая правящей верхушкой «рациональная» политика во имя свободы обернулась насилием и террором.

---

[39] См. [Ozouf 1984–1992; Ozouf 1988].

[40] См. [Туманов 1989: 26–29; Conac et al. 1993: 77–99].

[41] Руссо развил эту идею в своем сочинении «Рассуждение о политической экономии» (1755), в котором писал, что «люди в целом становятся теми, чем и кем их делает правительство» [Руссо 2013: 51].

Годы, последовавшие за Великой французской революцией, пришлись на тот период российской истории, когда Екатерина II прекратила вести дружбу с философами и начала преследовать таких деятелей российского Просвещения, как А. Н. Радищев и Н. И. Новиков (1744–1818). Однако Великая французская революция по-прежнему занимала важное место в умах российских интеллектуалов, которые рассуждали о возможности воплощения западных идей в России и задумывались о том, что кровавые события, сотрясшие Францию, могут произойти в будущем и в их стране. Подытоживая плоды этих размышлений, Д. З. Шляпентох пишет:

> Великая французская революция символизировала собой не только прогресс западного общества и универсализм исторических процессов; она также означала, что демократия в той или иной форме была будущим человечества... Террор и деспотизм были лишь временными явлениями [Shlapentokh 1996: 3; Keep 1968].

Однако уроки истории можно было извлекать не только из Великой французской революции. Далее мы увидим, что ее влияние на некоторых российских мыслителей (например, М. М. Ковалевского (1851–1916) и Милюкова) было куда более сложным, чем писал Шляпентох[42]. Другие российские философы и общественные деятели считали, что неоднозначные и негативные процессы, происходившие в годы Великой французской революции, ставят под сомнение утверждения французского философа маркиза де Кондорсэ (1743–1794) о необратимости исторического прогресса и наступлении свободы [Кондорсэ 1936]. Такие либералы, как Струве, Новгородцев и С. А. Котляревский (1873–1939), оценивая итоги Русской революции 1905 года, во многом опирались на работы Б. Констана, критически оценивавшего наследие Великой французской революции[43].

---

[42] Подробнее о взглядах Ковалевского и Милюкова см. в главе 6.

[43] Взгляды Констана и Гумбольдта более подробно изложены далее.

Все эти вопросы о возможности улучшения общества посредством институционального реформирования тесно связаны с еще одним важным историческим процессом, оказавшим огромное влияние на развитие либеральных идей, а именно с подъемом демократии в XIX веке. С позиций либерализма «власть народа», то есть воля большинства, без наличия работающих механизмов, гарантирующих соблюдение индивидуальных прав и свобод, создает определенные риски. Если либерализм — это концепция, в основе которой лежат формулирование и защита некоего пространства негативной свободы (согласно определению Дж. Грэя, либеральное правительство — это «конституциональное правительство» [Gray 1986: 74]), демократия предлагает техническое решение этой задачи. Это один из многих возможных способов организации власти; связь между этими двумя понятиями сложна и многогранна[44].

С начала XIX века и на всем его протяжении представители европейской буржуазии, выступавшие за демократические принципы и личные свободы, стремились распространить гражданские права, прежде принадлежавшие только членам правящей элиты, на более широкие слои населения, однако с настороженностью относились к идеям социального и экономического равенства[45]. Появление социалистических вождей и призывы к социальной революции заставили либералов вновь задуматься о возможных катастрофических последствиях «народного правления» и той огромной и вторгающейся во все сферы жизни власти, которой будет обладать основанное на популистских принципах государство. Такие виднейшие деятели либерализма, как А. де Токвиль (1805–1859) и Дж. Милль (1806–1873), анализируя исторические процессы, описывали, как забота об общественном благе и интересах большинства ограничивает возможности отдельного человека, и некоторые мыслители, ранее вы-

---

[44] См. [Bobbio 1986; Graham 1992].

[45] Среди исторических исследований, посвященных либерализму, заслуживают внимания книги Р. Беллами и Г. де Руджеро [Bellamy 1992; De Ruggiero 1984].

ступавшие за новые права и свободы, пересмотрели свои взгляды. Однако со временем опасения либералов, что предоставление права голоса широким народным массам (мужчинам) поставит под угрозу соблюдение прав личности, уменьшились, так как практика показала, что это не так. Ко второй половине XIX века западные либералы стали постепенно осознавать, что лучшим способом добиться того, чтобы власть имущие защищали интересы своих подданных, является участие в демократических процессах людей, которые ценят неприкосновенность личных прав. Демократия стала все больше восприниматься не как самоцель, а как средство сохранения и защиты индивидуальной свободы.

В России либералы с большей настороженностью относились к идее демократического правления, так как многие из них испытывали сомнения в том, что российские крестьяне в массе своей готовы к исполнению собственных гражданских обязанностей и разделяют те же либеральные ценности, что и прогрессивная часть общества. Впрочем, политические процессы, протекавшие в это время в Европе, где установление демократических принципов, основанных на соблюдении гражданских прав и равенстве перед законом, в общем и целом совпадало с либеральными представлениями о свободе личности, в какой-то степени помогли развеять эти страхи. Более того, как правило, российские мыслители с меньшей тревогой воспринимали вмешательство государства в общественную, экономическую и культурную жизнь граждан, чем их западные единомышленники, что на самом деле было вполне в духе происходившей в течение всего XIX века переоценки либералами роли государства — от вызывающего опасения репрессивного механизма до органа, который ради общего блага регулирует различные аспекты жизни сограждан. Одновременно с этим происходило усиление роли государства во всех сферах жизни, и оно все более прочно утверждалось в своем новом статусе поставщика общественных благ. Этим политическим изменениям сопутствовало возникновение целого ряда либеральных течений, представители которых пытались переосмыслить концепции свободы и государства, ставя во главу угла позитивную свободу и отказ от идеологии невмешательства. В Великобритании группа философов, известных как «новые либералы», настаивала на том, что свобода подразумевает под собой не только соблюдение гражданских прав и общественного порядка, но и благополучие и счастье всех членов общества, включая самых бедных. Философ Т. Грин (1836–1882) создал уходящую корнями в метафизический идеализм теорию свободы, в которой социально ориентированное государство обязано было бороться с бедностью и невежеством своих самых неимущих граждан[46]. Лучшей характеристикой той новой роли, которую, по мнению социал-либералов, должно было играть государство в качестве распределителя общественных благ и гаранта свобод для всех своих граждан, являются слова британского социолога и философа Л. Хобхауса (1864–1929): «У свободы есть и другие враги, помимо государства, и на самом деле мы боремся с ними именно с помощью государства» [Hobhouse 1922: 83].

3. Либерализм между свободой и справедливостью

Когда в XIX веке либерализм стал превращаться из философской концепции в политическое движение, такие мыслители, как Милль, Токвиль и Констан, стали основоположниками либеральной традиции, опирающейся на исторические реалии. Эти теории особенно интересны, поскольку их создатели отказались от абстрактных понятий раннего либерализма и сформулировали новую парадигму взаимоотношений между индивидуумом и обществом, в которой свобода понималась как постоянная переоценка различных духовных и материальных ценностей в зависимости от историко-географического контекста.

Свои самые известные соображения о природе свободы, основой для которых послужили события Великой французской революции и Реставрации Бурбонов (1814–1830), Констан высказал

---

[46] См. [Wempe 2004], особенно с. 107–154.

в лекции «О свободе у древних в ее сравнении со свободой у современных людей» («*De la liberté des anciens et des modernes*»), прочитанной им в Королевском атенеуме[47] в Париже в 1819 году [Констан 1993]. Его предостережения о таящейся в учении Руссо опасности того, что общая воля может подавить индивидуальную и вызвать к жизни тиранию, примером которой был террор во времена Великой французской революции, оказали большое влияние на российских мыслителей — от А. П. Куницына (1783–1840) до декабристов, которые проводили параллели между положением дел в России и старым порядком (Ancien Régime)[48]. Констан подчеркивал необходимость четкого разграничения между частной и общественной сферами в новом крупном обществе и говорил о том, что современный индивид для развития своих способностей нуждается в свободе, обеспечить которую ему обязано государство[49]. Он утверждал, что, если интересы общества будут поставлены выше личных свобод, любые действия элиты или прихоти большинства могут быть объявлены оправданными под тем предлогом, что они совершаются во имя свободы. Вслед за Ш. Л. де Монтескьё (1689–1755) Констан считал, что свобода, как и стоящие за ней законы, обусловлена конкретными обстоятельствами времени и места, потому он был особенно чувствителен к тому, каким образом исторические события влияют на концепцию свободы в том или ином обществе; хотя он яростно критиковал произвол, происходивший во время революции, глубокий анализ того, как при Наполеоне в обществе постепенно утрачивалось само представление о свободе, убедил Констана в том, что неучастие граждан в политической жизни тоже может привести к тирании [Constan 1980: 512–513]. Суть его учения состояла в том, что власти должны быть ограничены в своих действиях, однако, так как общество постоянно меняется, граждане должны участвовать в делах государства, чтобы

---

[47] Атенеум — товарищество свободного общедоступного образования (1786–1848). Цит. по: [Констан 1993].

[48] См., например, статью Куницына «О конституции» [Куницын 1818].

[49] О взглядах Констана на свободу см. [Holmes 1984; Jennings 1969].

идти в ногу со временем. В своей статье «Смесь литературы и политики» («*Mélanges de littérature et de politique*», 1829) Констан определял свободу как «триумф индивидуальности как над властью, склонной управлять деспотическими методами, так и над массами, которые требуют порабощения меньшинства большинством» [Constan 1980: 519; Смирнов 2001: 21–22]; его идеи об опасности деспотизма и неограниченной власти большинства были впоследствии развиты такими философами, как Токвиль и Милль.

Полные глубины размышления о связи между демократической системой правления и самореализацией личности содержатся в трудах Токвиля. Бо́льшая часть его исследований, в том числе и главное из них — «Демократия в Америке» («*De la démocratie en Amérique*», 1835, 1840), написанное Токвилем под впечатлением от поездки в США в 1831–1832 годах, посвящена анализу взаимозависимости между участием в политическом процессе широких масс и ослаблением личной свободы. В этой книге Токвиль пишет о жителях России как об одном из двух великих народов (наряду с англо-американцами), «которые, несмотря на все свои различия, движутся, как представляется, к единой цели» [Токвиль 1992: 296]; после Крымской войны[50] «Демократия в Америке» стала одной из самых обсуждаемых книг в России[51]. Исторический метод Токвиля и его тезис о том, что «тщательное изучение важных деталей может привести к существенным выводам», оказали влияние на целый ряд российских историков либерального толка, в частности П. Г. Виноградова (1854–1925) [Fisher 1928: 11]. Но даже такие реакционные государственные деятели, как М. Н. Муравьев (1757–1807), читали Токвиля и полагали, что он точно описывает современные исторические процессы. Вот что писал Муравьев в 1860 году:

---

[50] Крымская война 1853–1856 годов — война между Российской империей и коалицией в составе Британской, Французской, Османской империй и Сардинского королевства. — *Примеч. ред.*

[51] См. [Thurston 1976].

Советую всем нашим государственным людям прочитать вновь книгу Tocqueville, L'ancien régime et la révolution; там увидят они картину теперешней России — как в правительственных действиях, так и в попытках разрушительных. Дай Бог, чтобы мы вовремя оглянулись[52].

Тревогу у Муравьева вызывало описание Токвилем того, как демократическое равенство переставало быть просто теоретической концепцией и становилось, согласно П. Манану, «бесконечно активным принципом, разрушающим все аспекты общественной и политической жизни» [Manent 1988: 103]. Наблюдая за бурной политической жизнью США, Токвиль отметил множество преимуществ американского федерализма и всеобщего избирательного права, важнейшими из которых он видел высокую степень гражданственности и чувство товарищества. Однако вместе с тем он отмечал, что диктат широких масс и конформизм, проистекающий из полного уравнения всего всему, таят для основных прав человека, особенно свободы мысли, большую угрозу[53]. Он пытался найти решение этой проблемы, указывая на некоторые элементы политического устройства Америки, например органы местного самоуправления или различные религиозные общины, которые могли выступить альтернативой государству и открыть индивиду иные возможности для самореализации.

В Германии единомышленником французских философов до некоторой степени можно считать Ф. Шиллера (1759–1805), который в своих философских работах писал о необходимости учитывать как общественное благо, так и потребности индивида и отвергал кантовский дуализм между природой и свободой, выступая за развитие личности, основанное на динамическом равновесии между универсальными априорными принципами и конкретными жизненными обстоятельствами. Индивиды,

---

[52] Письмо М. Н. Муравьева к А. А. Зеленому от 1/13 июля 1860 года. Висбаден [Муравьев 1914: 227].

[53] Токвиль писал: «Я не знаю ни одной страны, где в целом свобода духа и свобода слова были бы так ограничены, как в Америке» [Токвиль 1992: 199].

писал он, подчиняются не только разуму, но и чувствам и могут полностью самореализоваться, только найдя гармонию между первым и вторыми. Шиллер был, пожалуй, тем европейским мыслителем, который оказал наибольшее влияние на развитие русской философии и литературы в первой половине XIX века[54]. Считается, что именно шиллеровский гуманизм заложил основу для последующего осмысления российскими философами таких понятий, как «свобода» и «справедливость»; биограф А. И. Герцена Э. Келли утверждает, что шиллеровская идея об эстетическом воспитании человека побудила Герцена заявить о «принципиальном несогласии с любыми видами политического максимализма и утопической нетерпимости» [Kelly 1999: 47–48]. Друг Шиллера В. фон Гумбольдт (1767–1835) создал свое учение об индивидуальности, во многом схожее с шиллеровским, высказав мысль о необходимости разносторонности[55]. Считая, что однообразная среда мешает стремлению индивида к самостоятельности (*Selbständigkeit*), Гумбольдт в своей работе «О пределах государственной деятельности» («*Ideen zu einem Versuch die Grenzen der Wirksamkeit des Staates zu bestimmen*», 1851) отстаивает концепцию «сведенного к минимуму государства», граждане которого могут пользоваться неограниченной свободой постольку, поскольку они не порабощают свободу других [Гумбольдт 2009: 261]. Опасаясь, что демократия приведет либо ко всеобщему уравниванию, либо к превращению множества отдельных личностей в однообразную массу, он утверждал, что человек может лучшим образом проявить свою самостоятельность, если функции государства ограничатся заботой о безопасности и защитой личных свобод от постороннего влияния. Институционально государство должно быть устроено таким образом, чтобы любое достигнутое равновесие могло меняться с течением времени.

---

[54] Впрочем, его наследие не утратило своей значимости и позднее. Так, большим поклонником Шиллера был Ф. М. Достоевский. Среди множества исследований, посвященных Шиллеру и России, см. [Harder 1969; Фукс-Шаманская 2009; Данилевский 2013].

[55] О влиянии, оказанном Гумбольдтом на немецкую философию, см. [Bruhford 1975: 1–28].

Сочинение «О пределах государственной деятельности» оказало огромное влияние на Милля, чей труд «О свободе» начинается с эпиграфа из Гумбольдта: «Высшей и конечной целью каждого человека должно быть высшее и самое соразмерное развитие его сил и их индивидуальных особенностей» [Милль 1995; Гумбольдт 2009: VII]. Идея Милля «о важности для человека и общества существования значительного количества разнообразных типов характера и пользе предоставления человеческой природе полной свободы в разностороннем и самом противоположном направлении», взята им у Гумбольдта и уходит корнями в его учение об индивидуальности, в котором делалась попытка примирить рационализм с психологическим романтизмом XIX века [Милль 1896: 227][56]. Утверждая, что индивиды должны иметь возможность реализовать свой потенциал так, как им этого хочется, Милль снова возвращается к принципу своей теории: посягательство на свободу другого человека оправдано только в том случае, когда тот пытается причинить вред другим людям [Милль 1995: 295–296]. Наиболее благоприятным для развития человека политическим устройством, по его мнению, является то, которое предоставляет гражданам максимально высокую степень свободы и поощряет их нравственное и умственное развитие [Милль 1995].

Хотя труды Милля признаются классикой современного либерализма (И. Бе́рлин, например, называл Милля одним из его «отцов»), его последователи сталкивались с трудностями, пытаясь выстроить из них единую стройную теорию [Бе́рлин 1992: 288; Rees 1977]. То же самое происходило и в России, где различные мыслители обращались только к тем идеям Милля, которые были им близки политически. Так, видный теоретик утопического социализма Н. Г. Чернышевский (1828–1889) перевел в начале 1860-х годов на русский язык «Основания политической эконо-

---

[56] В своей «Автобиографии» Милль пишет о том, как, усвоив по настоянию отца, Дж. Милля (1773–1863), огромный объем академических знаний, он испытал сильный душевный кризис, а потом увлекся музыкой, поэзией и искусством. О влиянии романтизма на учение Милля о личности и свободе см. [Rosenblum 1987: 126, 140].

мии» Милля и одновременно с этим опубликовал серию статей
об этой книге, в которых Милль изображался одним из осново-
положников социализма[57]. Более того, как пишет Дж. Скэнлан,
Милль «считался провозвестником позитивизма», расцветшего
в России в 1860–1870-х годах [Scanlan 1968: 3]. Однако Герцен
видел в Милле союзника в своем споре с западниками, выступавшими за постепенное, но неотвратимое превращение России
в демократическое государство по западному образцу, и ссылался на труд Милля «О свободе», опровергая идею исторического
прогресса как таковую[58].

Причиной всей этой путаницы отчасти является то, что Милль
отказывался придавать своим политическим принципам какую-
либо институциональную форму, считая, что выбор государственного устройства должен быть основан как на этих принципах, так и на конкретных обстоятельствах времени и места. Хотя
он и был убежден, что при наличии некоторых сдерживающих
факторов демократическая форма правления обладает несомнен-
ными преимуществами, положение дел в Европе и Америке
в XIX веке внушало ему тревогу: он опасался, что общественное
мнение и диктат широких масс могут привести к «коллективной
посредственности», которая задавит индивидуальность и вос-
препятствует нравственному и культурному совершенствованию
личности[59]. Идеальное государственное устройство, которое
поощряет развитие личности и гарантирует свободу, должно

---

[57] М. К. Лемке, современник Чернышевского, писал: «Переводчик своими
примечаниями и толкованиями, присоединенными к переводу, стремится
Милля переделать в Прудона. Этот перевод и объяснения содержат целую
систему учения, проповедуемого Чернышевским» [Лемке 1923: 381–382].
О влиянии Милля на российских мыслителей и библиографию его работ,
переведенных на российский язык, см. [Scanlan 1968].

[58] См. [Kelly 1999: 114–138].

[59] Тирания общества, писал Милль, «страшнее всевозможных политических
тираний, потому что хотя она и не опирается на какие-нибудь крайние
уголовные меры, но спастись от нее гораздо труднее: она глубже прони-
кает во все подробности частной жизни и кабалит самую душу» [Милль
1995: 291].

учитывать существующие институциональные структуры и обычаи. Считая, что в поисках этого идеального государственного устройства необходимо экспериментировать и принимать во внимание актуальные реалии, а также видя определенные преимущества в социалистическом способе производства, Милль мечтал о реформировании общества на основе социальной справедливости[60]. Такое размывание границ между либерализмом и другими политическими доктринами во имя разностороннего развития личности полностью исключает причисление Милля к утопистам; при этом его философское наследие, безусловно, не выходит за рамки либеральной традиции.

4. Историография российского либерализма

Хотя в современных исследованиях огромное внимание уделяется конфликту между различными либеральными интересами и ценностями и противоречивости внутренней природы человека как таковой, когда речь заходит о либеральных традициях, находящихся вне западного мейнстрима, эту тему нередко обходят стороной. К. И. Шнейдер пишет «об отсутствии системы координат, понятного и современного методологического языка» [Shneider 2006: 833; Шнейдер 2010: 141]. Глубокая продуманность, свойственная учениям российских либеральных мыслителей, и та исключительная политическая ситуация, в которой они, как правило, находились, делают историю российского либерализма идеальным объектом изучения для исследователей, интересую-

---

[60] В своей «Автобиографии» Милль так охарактеризовал те убеждения, которых придерживались он и его жена Г. Тейлор: «Наш идеал конечного развития далеко превосходил демократический идеал и вел нас значительно дальше. С одной стороны, мы особенно восставали против тирании общества над индивидуумом, которое, по общепринятому мнению, лежит в основании большинства социалистических систем, с другой — смотрели вперед в будущее... когда распределение продуктов труда, вместо того чтобы зависеть, как теперь, от случайного происхождения, будет опираться (с общего признания) на признанный принцип справедливости» [Милль 1896: 206–207].

щихся конфликтом между либеральными ценностями и свободами и тем, как влияют друг на друга теория и конкретные исторические обстоятельства, однако роль России в истории и философии либерализма освещена недостаточно. В трудах, посвященных взаимоотношениям между двумя ипостасями либерализма (как теория и общественное движение), редко уделяется внимание России, где той средой, в которой вынуждены были существовать и адаптироваться либеральные концепции, было автократическое и крепостническое государство[61]. То, что история учения о свободе в России не описана в научной литературе так, как она того заслуживает, особенно печально в свете новейших тенденций в этой области, согласно которым концепция свободы является обусловленной культурно-историческим контекстом[62]. Российский либерализм слишком часто подвергался анализу с позиции исторического позитивизма, в основе которого лежало предположение (а иногда и абсолютная убежденность) о том, что все страны в мире медленно, но неотвратимо движутся к принятию либеральных ценностей[63].

При всем при этом российский либерализм давно вызывал интерес у историков, видевших в нем потенциал для альтернативного развития России — без самодержавия и коммунизма[64]. Авторами первых научных публикаций на эту тему стали в 1920-х и 1930-х годах сами российские либералы в эмиграции, однако

---

[61] Не только Г. де Руджеро не уделил внимания восточноевропейским либеральным учениям в своей классической работе «Storia del liberalismo europeo» («История европейского либерализма») [De Ruggiero 1984] — в других обзорных трудах по истории либерализма также найдутся редкие упоминания о них, см., например, [Wall 2015].

[62] Эти тенденции хорошо прослеживаются в целом ряде недавних работ [Taylor 2002; Cohen 1997; Foner 1999]. Особого внимания заслуживает книга М. Трудолюбова, в которой предметом исследования является Россия [Трудолюбов 2015].

[63] См., например, [Пайпс 2008] или [Malia 1999: 172], где М. Малиа пишет, что исторические процессы в России происходили «в том же направлении и согласно тем же законам, что и на Западе».

[64] См., например, [Новикова, Сиземская 2000].

их яростные споры друг с другом и взаимные нападки, основанные на выводах постфактум, иногда приводили к чрезмерному упрощению понятий, относительно которых они не сходились во мнениях[65]. Первый крупный исследователь российского либерализма В. В. Леонтович, чья книга «История российского либерализма» (1957) в 2012 году была переиздана на английском, описал историю российских либеральных реформ и стоявших за ними деятелей, выступавших в защиту негативной свободы, однако его мало интересовало то, как именно им приходилось делать выбор между теми или иными либеральными ценностями в тех исторических обстоятельствах, в которых они находились[66]. В 1980-х годах, хотя многие архивы все еще были недоступны исследователям, в европейской и американской историографиях появилось значительное количество важных работ, которые позволили лучше понять устройство гражданского общества, правительственных институтов и различных кружков в России интересующего нас периода [Manning 1982a; Hamburg 1984; Clowes et al. 1991; Rosenberg 1974][67]. В Советском Союзе, где история либерализма долгое время рассматривалась исключительно через призму марксизма-ленинизма, был опубликован ряд работ о буржуазном обществе, политических партиях и земском самоуправлении, которые дали возможность исследователям лучше проникнуть в суть проблем, окружавших российский либерализм в обеих его ипостасях: и как философ-

---

[65] Идея о том, что либералы изначально делились на тех, кто придерживался левых политических взглядов, и тех, кто был правых убеждений, озвученная во время полемики 1920–1930-х годов между лидером кадетов Милюковым и его товарищем по ЦК партии В. А. Маклаковым, фигурирует во многих работах на эту тему, однако современные исследователи пытаются уйти от этого упрощенной трактовки, см. [Lukes 2003]. Об этом на российском материале см. [Karpovich 1955; Будницкий 1999].

[66] Среди других ранних исследований, посвященных российскому либерализму, см. [Treadgold 1951; Fischer 1958].

[67] Важнейшим исследованием на эту тему стала книга А. Валицкого, в которой он попытался восстановить доброе имя российского либерализма, показав, что его деятели были последовательны в своем стремлении создать правовое государство [Walicki 1987].

ское учение, и как общественное движение [Черменский 1970; Пирумова 1977; Шелохаев 1983; Шацилло 1985].

После распада Советского Союза произошел резкий всплеск общественного и научного интереса к истории российского либерализма[68]. В 1990-х годах состоялось несколько научных конференций с участием российских и зарубежных ученых, которые с большим энтузиазмом отнеслись к идее изучения российского либерального наследия и его роли в истории России[69]. Были написаны научные биографии важнейших российских мыслителей и объемные монографии, посвященные отдельным либеральным институтам, в частности журналам «Русский вестник» и «Вестник Европы»[70] [Berest 2011; Hamburg 1992; Offord 1985; Stockdale 1996; Fedyashin 2012; Balmuth 2000]. Предметом пристального и всестороннего изучения стала конституционно-демократическая партии (кадеты) [Шелохаев 2015][71]. В настоящий момент издано множество энциклопедических материалов и сборников документов, относящихся к либеральному прошлому России [Итенберг, Шелохаев 2001; Шелохаев 2010; Шелохаев 1997–2000; Павлов, Шелохаев 2001; Павлов, Канищева 1994–1999][72]. Современные авторы, среди которых следует особо отметить Р. Пула и М. Колерова, изучили религиозные корни российского либерализма и показали их влияние на философию неоидеализма [Poole 2003; Hamburg, Poole 2010; Колеров 2002; Колеров 1996][73].

---

[68] Полезную библиографию по этой теме см. в [Lindenmeyr 2011]. См., в частности, [Novikova, Sizemskaia 1994; Приленский 1995; Гоголевский 1996; Китаев 2004; Weigle 2000].

[69] Итогом одной из таких конференций стала публикация прекрасного сборника, см. [Шелохаев 1999]. См. также [Пустарнаков, Худушина 1996].

[70] Однако до сих пор в англоязычной литературе нет научных биографий двух ключевых фигур российского либерализма, о которых подробно рассказывается в этой книге: М. М. Ковалевского и П. И. Новгородцева.

[71] Об истории создания кадетской партии см. [Enticott 2016; Dahlmann 2000].

[72] Биографии всех видных деятелей российского либерализма см. в [Кара-Мурза 2007].

[73] Первопроходцем в этой области следует считать Дж. Патнэма [Putnam 1977].

Другим важным направлением исторических исследований является философия права в дореволюционной России, представляющая особый интерес для тех ученых, которые видят в ней источник многих исторических процессов, происходивших в постсоветский период [Medushevsky 2006; Nethercott 2007; Schlüchter 2008; Глушкова 2002]. В последнее время были опубликованы несколько работ, посвященных ранее не изученным аспектам российского либерализма, в частности его взаимоотношениям с национализмом и российским республиканизмом [Rabow-Edling 2019; Kharkhordin 2018][74].

5. Заключение

Все сказанное выше показывает, насколько широк спектр идей, охватываемых таким понятием, как «либерализм»: рассуждая о трех основных аспектах либерального учения, мыслители, о которых идет речь в этом исследовании, не сходились друг с другом во мнениях о том, должно ли государство в первую очередь защищать и стимулировать экономическое и социальное благополучие своих граждан, принципы демократии или свободу — позитивную или негативную. Не было какой-то единой либеральной традиции, которую российские философы использовали в качестве руководства к действию, и при этом их собственные учения подчас бывали туманными и с трудом поддающимися однозначному толкованию. Однако также можно увидеть, что внутри либерализма всегда существовало направление, представители которого утверждали, что природа человека и концепция свободы зависят от конкретных обстоятельств и что нет какого-то общего рецепта разрешения конфликта между свободой и социальной справедливостью. Именно эта парадигма позволяет лучше понять суть споров между российскими мыслителями о том, что считать благом, как бороться с вопиющим

---

[74] Заслуживает также внимания недавно вышедший сборник докладов [Cucciolla 2019].

экономическим неравенством и в чем заключаются достоинства представительной демократии.

Я начинаю свое исследование российского материала с обсуждения, во-первых, идеологических основ двух главных форм российского либерализма: позитивизма и неоидеализма; во-вторых, сомнений, которые испытывали либерально настроенные российские мыслители, склоняясь то в сторону сильного государства, то к более демократической системе правления. В результате некоторые главы этой книги оказались тематическими, а в других речь идет о конкретных фигурах российского либерального движения. С помощью различных средств я пытаюсь достичь единой цели: глубокий анализ специфических особенностей российского либерализма, о которых шла речь выше, требует изучения с различных точек зрения. Я анализирую то, каких идей изначально придерживались видные российские мыслители, и то, как менялись их представления о свободе под давлением обстоятельств. Все это дает возможность комплексно осветить проблему концепции свободы как таковой.

Людям, о которых я пишу в этой книге, посвящено немало исследований, и я не ставила перед собой задачу досконально и всесторонне описать их взгляды. Скорее, я подробно останавливалась на тех элементах их учений, которые лучше всего высвечивали упомянутые мною выше проблемы либерализма. Я использовала тот же подход и в главах, имеющих тематический характер. Я не пыталась во всех деталях восстановить действия всех участников событий и всеобъемлюще изложить их позиции, но осознанно выбирала те ситуации, которые лучше всего иллюстрируют противоречия между различными концепциями свободы: как в спорах между политическими оппонентами, так и внутри того или иного учения.

В примечаниях я ссылаюсь на работы, которые позволяют увидеть теории и исторические процессы, о которых идет речь в этой книге, в более широком контексте.

В первой и во второй главах рассказывается о том, каким образом пришедшие с Запада либеральные теории повлияли на формирование российской политической философии в течение двух исторических периодов: до 1895 года (глава первая) и между 1895 и примерно 1903 годом (глава вторая). Глава первая посвящена тем российским мыслителям XIX века, которые создавали свои учения об индивидуальности и о свободе в диалоге с западными философами, закладывая основу для последующих либеральных течений. За исключением Б. Н. Чичерина, люди, о которых идет речь в этой главе, сами не причисляли себя к либералам, однако их размышления о ценности закрепленной законом негативной свободы и об этических принципах, лежащих в основе общественного устройства, сформировали то богатое философское наследие, к которому так охотно обращались их последователи. Хотя ближе к концу XIX века перед людьми, стремившимися к участию в политической деятельности, открылись новые возможности, либерализм этого раннего периода был скорее теорией, чем общественным движением.

Происходившее после 1890 года во всей Европе переосмысление фундаментальных позитивистских принципов в России ознаменовалось наступлением Серебряного века и вызвало к жизни споры между либерально настроенными мыслителями о том, какими должны быть философские предпосылки, лежащие в основе учений о личности, свободе и истории. Так, в поисках новых форм для осознания происходивших в России процессов социально-культурной трансформации возникло новое течение — либеральный неоидеализм. Следует, однако, иметь в виду, что, хотя взвешенная плюралистская позиция в отношении либеральных ценностей может существовать в рамках как позитивизма, так и неоидеализма, отнюдь не все философские направления, относившиеся к этим двум учениям, были либеральными.

Обращаясь к материалу первых двух глав (взращивание либеральных идей в репрессивном политическом окружении и появление в России либеральных направлений позитивизма и неоидеализма), в третьей главе я анализирую то, как российские интеллектуалы все более активно обсуждали такие либеральные концепции, как конституция, демократия, свободная пресса и другие, и становились свидетелями того, как их усилия претворяются (не всегда успешно) в жизнь. Я рассказываю о том, что к 1905 году думали российские либералы о конституционализме, демократии и верховенстве права, и о том, как их идеи были реализованы на практике.

В этой главе речь идет о партийной политике и спорах начала XX века, которые демонстрируют, как виднейшие российские либералы, пытаясь перенести опыт западных стран на российскую почву, в ситуации, когда постоянно возникали новые трудности и препятствия, постоянно меняли свои взгляды на разные проблемы того времени: аграрную реформу, гражданские свободы, политический террор и демократизацию. Я стараюсь доказать, что у них не было простого решения стоявшей перед ними дилеммы, которое было бы правильным одновременно этически и тактически. Из первоисточников понятно, как широк был спектр либеральных взглядов внутри партии кадетов и как сложно — и в этическом, и в политическом, и в юридическом плане — им было сформулировать единую позицию в отношении прав человека в период Первой русской революции, особенно с учетом того, что это было время социальных потрясений и политического хаоса. Видно, что российские мыслители пересматривали свою позицию в отношении таких либеральных идей, как свобода и прогресс, в зависимости от обстоятельств, которые менялись с калейдоскопической быстротой.

В четвертой главе говорится об эволюции российского либерализма с 1905 по 1917 год, а также показывается, как другие идеологические течения (мистицизм, коммунизм) становились привлекательнее него среди широких масс. Я исследую причины упадка и трансформации российских либеральных идей между 1909 годом и Первой мировой войной и прихожу к выводу, что они заключаются в непреодолимых внутренних противоречиях либеральной теории как таковой. Если до 1905 года значительная часть образованных русских людей готова была закрыть глаза на некоторые принципиальные различия во взглядах со своими идеологическими противниками, веря, что уничтожение деспотического государства приведет к свободе и совершенствованию личности, теперь расхождения в оценке событий и последствий

Первой русской революции привели к эскалации политических конфликтов. В этот период истории российский либерализм утратил даже ту толику единства и целостности, которой обладал раньше.

Пятая и шестая главы посвящены четырем крупнейшим деятелям российского либерализма: Б. А. Кистяковскому (1968–1920) и П. И. Новгородцеву (1866–1924) (пятая глава), а также П. Н. Милюкову (1859–1943) и М. М. Ковалевскому (1851–1916) (шестая глава) — и той интеллектуальной среде, внутри которой они находились; я показываю на конкретных примерах, как эти выдающиеся мыслители не всегда осознанно пересматривали свои прежние взгляды, реагируя на изменения, происходившие на Западе. В пятой главе я анализирую философское наследие двух видных теоретиков либерализма, Новгородцева и Кистяковского, которые были озабочены тем, что либерализм — и как учение, и как общественное движение — раздираем противоречиями, и стремились показать, что опыт российской либеральной мысли является важной частью всеобщего исторического контекста. Двухтомные труды Новгородцева «Кризис современного правосознания» (1906–1911) и «Об общественном идеале» (1911–1916), опубликованные в интересующий нас период, посвящены проблемам западного либерализма, а Кистяковский в нескольких больших статьях того времени («Государство правовое и социалистическое», 1905; «Как осуществить единое народное представительство», 1907; «В защиту права», 1909) демонстрирует, что либеральные концепции непостоянны и могут меняться.

Проведенный в пятой главе анализ наследия Новгородцева и Кистяковского дает мне возможность в шестой главе перейти к детальному изучению деятельности двух крупнейших фигур либерального позитивизма, Милюкова и Ковалевского, уделив особое внимание такой основополагающей для них концепции, как идея прогресса. Я показываю, что их видение либерализма в России, построенное именно на идее прогресса, сыграло ключевую роль в политических карьерах обоих этих общественных деятелей, являясь, с одной стороны, их твердой опорой, с другой — источником споров и конфликтов. Говоря более конкретно, я демонстрирую, до какой степени их политическая и литературная деятельность была основана на детерминистском подходе к истории, как они пытались примирить свои позитивистские убеждения с запросами обычных людей из плоти и крови. Хотя и Милюков, и Ковалевский, безусловно, достойны места в пантеоне российского либерализма, те элементы их учений, в которых высказывается телеологический взгляд на историю и прогрессивное развитие человечества в сторону идеального общества, конфликтуют с недогматическими и плюралистскими либеральными течениями.

В заключении я подвожу итог своей работе и высказываю предположение, что результаты моих исследований важны не только для российской историографии, но и для западной либеральной традиции.

Глава 1
Наизнанку

*Свобода, права человека и идея прогресса
в России XIX века*

Возникновение российского либерализма обычно датируют началом царствования Екатерины Великой (годы правления: 1762–1796), которая пыталась перенести некоторые либеральные идеи в правовое поле России, введя в него такие понятия, как «личная свобода» и «право собственности» [Леонтович 1995: 28; Malia 1960: 448; Riasanovsky 1984: 258][1]. Однако до наступления эпохи Великих реформ[2] 100 лет спустя в России не существовало институтов, благодаря которым либеральные идеалы могли хоть с какой-то надеждой на успех претендовать на место во внутренней политике государства [Raeff 1959; Raeff 1958; Poole 2015]. Более того, до начала XX века либерализм все еще не принял формы общественного движения, оставаясь предметом философских и политических дискуссий о свободе, участники которой признавали существование конфликта между различными правами человека, поэтому в этой главе речь пойдет о тех мыслителях XIX столетия, которые создавали свои учения о личности и свободе, находясь в диалоге как с западными философами, так

---

[1] См. также [Пустарнаков, Худушина 1996: 77–95].

[2] Великие реформы — социальные, политические, правовые и правительственные реформы в Российской империи, проведенные Александром II в 1860-е и 1870-е годы. Либеральные современники называли этот период «эпохой освобождения». — *Примеч. ред.*

и со своими российскими предшественниками, и заложили основы для позднейшей дискуссии о политической модернизации России. До конца XIX века их деятельность имела почти исключительно интеллектуальный характер: связано это было с недоступностью для широких слоев населения переводов книг западных авторов и отсутствием форумов, где можно было бы обсуждать, что именно значит понятие «либерализм» в российском контексте[3]. Кроме того, в этот период развитию идей либерализма в России мешало давление со стороны мыслителей как левых, так и правых убеждений, то есть социалистов и консерваторов, которые в парадоксально схожих выражениях критиковали политическое, социальное и экономическое устройство западного общества. Тем не менее начиная со второй половины XVIII века лучшие представители российского общества время от времени вступали друг с другом в ожесточенные споры о путях будущего развития России, оставив после себя значительное интеллектуальное наследие, к которому затем постоянно обращались их потомки; либералы последних лет существования Российской империи считали себя наследниками традиции свободомыслия, восходящей к Просвещению.

Из-за ряда проблем, связанных с изучением истории либерализма в России, необходимо сделать ряд замечаний о семантике некоторых слов, используемых в этом дискурсе. Ключевое для российских либералов слово «свобода» (и однокоренные ему слова «освобождение» и «освобождать»), которое они использовали, описывая свой опыт и устремления, обладает важной культурной коннотацией. Слово «свобода» — производное от основы «свой»[4] — в Средневековье использовалось для обозначения безопасной и благополучной жизни среди людей, ведущих определенный образ жизни и разделяющих общие ценности [Humphrey 2007: 2]. Другое российское слово, которое тоже иногда переводится на английский как *freedom*, — это «воля»

---

3   О цензуре в царской России см. [Лемке 1904; Патрушева 2011; Ruud 1982].

4   Свой, собственный, то есть ничей раб, не невольник. Этимологический словарь Л. В. Успенского. — *Примеч. ред.*

(и однокоренные ему слова «вольность» и «вольный»). Под «волей» обычно подразумевается «анархический инстинкт» широкой российской натуры и традиционный общинный образ жизни, несовместимый с холодным формализмом правовых отношений [Weidlé 1949: 211; Федотов 1945]. Русские слова «свобода» и «воля» не то чтобы совсем не совпадают со своими западными аналогами *freedom* или *liberty*. Их семантика соединена, скорее, не с идеей о правах человека или связью между свободой и рациональным выбором, а в большей степени — с представлением о безграничном пространстве, находясь в котором индивиды сами несут моральную ответственность за свои поступки [Humphrey 2007: 6; Wierzbicka 1997: 144][5].

Более того, уже было сказано о том, что термины «либерал» и «либерализм» стали означать в России не совсем то же, что на Западе[6]. Слово «либерал» ассоциировалось с обеспеченным и не состоящим на службе человеком, который разглагольствовал о том, что надо реформировать Россию по образцу западных стран, но при этом не желал, чтобы эти преобразования каким-либо образом угрожали его личному положению в обществе; в российской литературе и публицистике того времени либералов обычно описывали как «скучных» и «нудных» людей, интересующихся «скучнейшими книгами» [Анненков 1960: 538][7]. В следующих главах будет видно: такое отношение к либералам отчасти было вызвано тем, что в них видели оторванных от реальной жизни высоколобых интеллектуалов, чьи теории имели внеклассовый характер. Положение дело усугублялось тем, что либералы попали в классическую западню политических центристов: оказавшись между социалистами и консерваторами, они подвер-

---

[5] Согласно словарю В. И. Даля, свобода — это «своя воля, простор, возможность действовать по-своему; отсутствие стесненья, неволи, рабства, подчинения чужой воле» [Даль 1880–1882, 4: 154–155].

[6] Об истории этого термина см. [Timberlake 1972].

[7] Примеров такого рода немало, в частности в письмах Ф. М. Достоевского [Достоевский 1972–1990, 28: 210–212, 227, 258–259]. См. также в «Идиоте» [Достоевский 1972–1990, 8: 275–276].

гались ударам с обеих сторон. Хотя в этой книге я использую слова «либеральный» применительно как к российским мыслителям и политикам, так и в целом к любой деятельности, интеллектуальной или общественной, целями которой являются защита прав человека и верховенство закона, важно помнить о том, что, как и в случае с любыми другими политическими концепциями, семантика слов «свобода» и «либерализм» напрямую зависит от той социальной среды, в которой эти идеи возникают и взращиваются.

1.1. Возникновение российского либерализма

Специфика российского либерализма во многом связана с тем, что в России не было ни Возрождения, ни Реформации, которые на Западе привели к появлению таких важных для либерального мировоззрения концепций, как антропоцентризм и индивидуализм; более того, в российском государстве почти не получили развития идеи о разделении церковной и светской власти, которые высказывали мыслители как в католических, так и в протестантских странах Европы[8]. Российская империя была страной с преимущественно сельским, бедным и неграмотным населением, при этом в ней имелись сложно устроенная бюрократия, хорошо организованная армия и очень небольшая привилегированная элита. Крестьяне, полностью находившиеся во власти своих хозяев-помещиков, вносили наибольший вклад в экономику российского государства и при этом были главными жертвами такого политического дисбаланса. Крепостные не имели определенного правового статуса, и это означало, что фактически с ними можно было обращаться как с рабами и что помещики в своих

---

[8] После падения Константинополя в 1453 году великий князь московский Василий II стал единственным независимым православным правителем в мире, а восточное христианство оказалось тесно связано с идеей централизованной монархии. М. Раев пишет о «слиянии, почти отождествлении церкви и государства» в традиционной российской политической культуре [Raeff 1983: 182].

владениях обладали почти неограниченной властью. Однако сами дворяне тоже были обязаны состоять на царской службе, но мало участвовали в местном самоуправлении; их карьера во многом зависела от монаршей милости. Сама идея законности, системы обязательных для всех граждан правил, была, по словам И. де Мадариага, «совершенно чуждой российскому обществу [XVIII века] на всех его уровнях» [Мадариага де 2002: 931].

1.1.1. Российское Просвещение

Российское Просвещение, начало которого принято отсчитывать с реформ Петра Великого (годы правления: 1682–1725), ассоциируется в первую очередь с царствованием Екатерины II (годы правления: 1762–1796); его деятели восхищались западноевропейскими формами правления и идеалами, пытаясь среди прочего изменить структуру взаимоотношений между обществом и государством на основе рациональных принципов[9]. Реформы Петра имели своей целью ослабить влияние православной церкви и превратить Россию в светское европейское государство. Они вынудили российское служилое дворянство ознакомиться с достижениями современной науки, технологии и философии[10].

Кризис престолонаследия, случившийся после смерти Петра в 1725 году, продемонстрировал некоторым представителям российской правящей элиты как возможные достоинства конституциональной системы, так и отсутствие условий, которые могли бы способствовать реализации этих замыслов[11]. Ориентируясь на

---

[9] Подробнее об этом периоде российской истории см. [Hughes 1998]. Петр I был провозглашен царем в 1682 году в возрасте десяти лет, но по факту стал единоличным правителем России только в 1696 году.

[10] При Петре I не только было переведено и издано множество иностранных трактатов, но и были созданы образовательные и научные учреждения (например, Академия наук и художеств в Санкт-Петербурге в 1724 году), которые функционировали независимо от церкви.

[11] После Петра I российский престол унаследовала его жена Екатерина I (годы правления: 1725–1727), а после нее — его внук Петр II (годы правления: 1727–1730).

западноевропейские образцы, главным образом на шведскую конституцию 1720 года, князь Д. М. Голицын (1665–1737), один из высших сановников Российской империи, воспринял период междуцарствия как возможность изменить существующую систему правления и предложил занять трон племяннице Петра I Анне Иоанновне (годы правления: 1730–1740), заставив ее согласиться с рядом условий, которые ограничивали монаршую власть[12]. Эта попытка ослабить самодержавный абсолютизм потерпела неудачу из-за разногласий внутри самой правящей элиты и наглядно продемонстрировала тот факт, что российское дворянство, преуспевавшее под покровительством монарха и объединенное внутренними связями и интересами, выступало против установления справедливых правил и стандартов чинопроизводства. По мнению Р. Пайпса, события 1730 года закрепили «сделку между короной и российским дворянством, в силу которой последнее, по сути, отказалось от каких-либо претензий на политическую власть; корона осыпала дворянство привилегиями в обмен на его отход от политики» [Пайпс 2008: 88].

Несмотря на это соглашение между короной и дворянами, в 1760-х годах с императорского соизволения был принят ряд просветительских законов, приведших к созданию социального класса, в некоторой степени независимого от государства[13]. В 1762 году Петр III, который царствовал всего шесть месяцев и в результате дворцового переворота уступил трон своей немецкой жене, взошедшей на престол под именем Екатерины II, под-

---

[12] Согласно эти условиям (так называемым Кондициям), все важные решения, касавшиеся бюджета, военных дел, налогов, чинопроизводства и назначения наследника престола, монарх имел право принимать только с разрешения Верховного тайного совета, власть в котором принадлежала представителям высшей аристократии. Впоследствии российские либералы по-разному оценивали этот эпизод истории России, хотя никто из них не отрицал его важности. М. Ковалевский считал, что с Кондиций началась история российского либерального движения [Милюков 1902a: 1–51; Струве 1967: 285–306; Kovalewsky 1906: 32]. См. также [Madariaga, de 1984: 36–60].

[13] В 1785 году Екатерина II подписала «Грамоту на права, вольности и преимущества благородного российского дворянства». Жалованная грамота дворянству закрепила имущественные права дворян, в том числе на крестьян.

писал манифест «О даровании вольности и свободы всему российскому дворянству»[14]. Этот указ, считающийся «одним из краеугольных камней модернизации России», освобождал помещиков от обязательного несения гражданской и военной службы [Мадариага де 2002: 50]. Он также создал условия для возникновения независимой дворянской культуры, а впоследствии и появления интеллигенции.

Екатерина II тоже воплотила в жизнь некоторые идеи европейского Просвещения; в 1767 году она составила наказ «Комиссии о составлении проекта нового Уложения»[15], в основе которого лежали сочинения Ш. Монтескьё «О духе законов» и Ч. Беккария «О преступлениях и наказаниях», а также рационализм Р. Декарта и теория естественного права[16]. Однако это инициирование социальных реформ «сверху» никак не влияло на приверженность Екатерины абсолютизму, ее теоретическая поддержка идеалов гуманизма и идей Просвещения резко контрастировала с проводимой ею политикой максимального закрепощения крестьян [Raeff 1983: 237–246]. Дворяне, в свою очередь, сами по большей части воздерживались от того, чтобы предлагать Екатерине проекты реформ, которые могли бы вызвать ее неудовольствие[17].

В 1790 году в российской интеллектуальной среде, пронизанной верой в общественный прогресс и просвещенную монархию, был создан самый радикальный текст российского Просвеще-

---

[14] Подробнее см. [Марасинова 2007: 21–33].

[15] Наказ ее императорского величества Екатерины Второй, самодержицы всероссийской, данный Комиссии о сочинении проекта Нового уложения, с принадлежащими к тому приложениями. — *Примеч. ред.* Текст наказа см.: URL: http://elib.shpl.ru/ru/nodes/23239#mode/inspect/page/1/zoom/4 (дата обращения 01.02.2024).

[16] О переписке Екатерины II с французскими энциклопедистами см. [Gorbatov 2006].

[17] Главными фигурами российского Просвещения екатерининской эпохи были издатель Н. И. Новиков (1744–1818) и государственный деятель граф Н. И. Панин (1718–1783). Панин считается автором первого российского конституционного проекта, в основе которого лежала шведская модель конституционной монархии; этот проект почти не оставил следа в истории России. Подробнее см. [Hamburg 2016].

ния — «Путешествие из Петербурга в Москву» А. Н. Радищева (1749–1802) [Радищев 1992]. В этой книге, написанной в жанре сентиментального путешествия, Радищев в ярких тонах описывает падение нравов в ситуации отсутствия общественного договора и декларирует свою веру в различные личные нерушимые свободы, полагающиеся человеку согласно естественному праву[18]. Вдохновляясь историей Англии и Америки, а также радикальной философией Просвещения, Радищев открыто подвергает сомнению легитимность самодержавия, выступая в защиту неотчуждаемых прав человека и гуманистических ценностей [Радищев 1949]. Он пишет, что, как и ее европейские соседи, Россия должна встать на путь прогресса, ограничить самодержавную власть в соответствии с универсальными нравственными принципами и естественными законами, а также упразднить крепостное право[19].

«Путешествие» не было первой русской книгой, в которой обличалось крепостничество. Однако Радищев отличался от своих предшественников тем, что возмущался не только какими-то отдельными вопиющими случаями угнетения крестьян помещиками, но и всей системой крепостного права в целом. Более того, вместо восхваления просвещенного монарха как возможного защитника личных прав и свобод он писал о том, что само существование прав человека служит философским обоснованием построения справедливого государства. Из слов Радищева явно следовало, что те, кто, согласно естественному праву, стремится к свободе, должны в конце концов дать отпор деспотичным правителям, которые хотят лишить их этой свободы. Он заявлял, что помещики должны отказаться от своих привилегий и постепенно освободить своих крепостных, утверждая, что благополучие, гарантированное дворянам царской

---

[18] «Путешествие из Петербурга в Москву» Радищева написано в большой степени под влиянием Руссо и «Сентиментального путешествия по Франции и Италии» Л. Стерна, см. [McConnell 1964a; Barran 2002].

[19] О Радищеве см. [Строганов, Васильева 2001]. См. также [McConnell 1964b; Lang 1959].

властью, является опасной и постыдной иллюзией[20]. Радищевское обличение крепостничества и его убежденность в нерушимости естественных прав человека стали причинами того, что и российские либералы, и радикально-демократические движения считали его своим идеологическим предшественником[21].

Крестьянские восстания в Российской империи (крупнейшим из которых было восстание под предводительством Емельяна Пугачева, 1773–1775) и радикализация Великой французской революции привели к тому, что Екатерина II перестала поддерживать идеи Просвещения и стала все суровее карать мыслителей, которые оставались им верны[22]. В последние годы ее правления и в царствование ее сына Павла I (годы правления: 1796–1801) ни царское правительство, ни дворяне почти не предпринимали попыток вновь поднять вопрос о гражданских правах и социальной справедливости.

В начале царствования Александра I (годы правления: 1801–1825) бурно обсуждалась необходимость реформ: новый император обещал сделать систему правления более справедливой и разумной, установить верховенство закона. В этих начинаниях его поддерживало Вольное общество любителей словесности, наук и художеств — литературно-общественное объединение, членами которого были два мыслителя, находившиеся под большим влиянием идей шотландского Просвещения: И. П. Пнин (1773–1805) и В. В. Попугаев (1778 или 1779–1816)[23]. Будучи последователями просветителя и правоведа С. Е. Десницкого (1740–1789), который учился в Глазго у А. Смита, эти люди убеж-

---

[20] В одной из самых радикальных частей «Путешествия» говорится, что те, кто с полным на то правом стремится к свободе, со временем победят деспотичных правителей, которые хотят лишить их этой свободы. См. также радищевскую оду «Вольность», написанную в 1782–1783 годах и содержащуюся в сокращенном виде в главе повести «Тверь» [Радищев 1992].

[21] См., например, [Милюков 1910: 138].

[22] Радищев был приговорен к смертной казни, которая была заменена десятилетней ссылкой в Сибирь.

[23] Главным трактатом Пнина стал «Опыт о просвещении относительно к России» (1804). О Попугаеве см. [Ramer 1982].

дали императора дать России конституцию и превратить Россию из военного общества в «коммерческое», основанное на праве частной собственности. Эти идеи, в свою очередь, повлияли на государственного деятеля М. М. Сперанского (1772–1839), сподвижника Александра I, который подал царю проект конституции, где говорилось о необходимости разделения властей, об установлении верховенства закона и о постепенном ослаблении, а затем и об отмене крепостного права[24]. Сперанский в конце концов попал в опалу и был отправлен в ссылку, но недовольство в среде надеявшихся на реформы слоев российского общества становилось все сильнее, чему способствовал рост национально-патриотических настроений. Высшим проявлением этого недовольства стало Восстание декабристов 1825 года, в котором приняли участие офицеры и не состоявшие на военной службе дворяне, вдохновленные примерами революций в Западной Европе 1820-х годов и идеалами древних российских республик, Новгорода и Пскова, с их вечевым правлением[25]. За исключением немногочисленных республиканцев, возглавляемых П. И. Пестелем (1793–1826), большинство декабристов выступали за конституционную монархию, реформы и отмену крепостного права[26]. Однако из-за отсутствия единства среди декабристов их восстание потерпело неудачу[27].

---

[24] Подробнее о Сперанском см. [Томсинов 2006; Raeff 1957]. О проекте конституции см. [Медушевский 1998: 314–316].

[25] Из обширной литературы о декабристах, см., например, [Парсамов 2016; Киянская и др. 2008; Raeff 1966]. Примерно в те же годы А. П. Куницын (1783–1840) читал в Царскосельском лицее и Санкт-Петербургском университете курс лекций, в котором, ссылаясь на А. Смита, говорил о естественном праве и необходимости ограничения всякой власти («Исследование свойства и причин богатства народов, творение Адама Смита» было издано на русском языке в 1802–1806 годах в четырех томах и стало одной из самых читаемых книг того времени). Куницын был лицейским учителем А. С. Пушкина (1799–1837) и, как считается, сильно повлиял на его политические взгляды; оба тесно дружили со многими декабристами. О Куницыне см. [Berest 2011].

[26] Проект конституции Н. М. Муравьева был создан по образцу Конституции США.

[27] Хотя декабристы не смогли добиться успеха, их влияние на российскую культуру было огромным (подробнее см. [Trigos 2009]).

При репрессивном режиме Николая I (годы правления: 1825–1855) российское общество утратило надежду на то, что гражданских свобод и социальной справедливости удастся добиться политической деятельностью, и в сложившейся ситуации на первый план вновь вышла философия. В широко известных спорах 1840-х годов между западниками и славянофилами обе стороны, обсуждавшие то, как должна развиваться Россия, в чем состоят интересы ее граждан, апеллировали к двум главным направлениям в европейской философии: в основе этой дискуссии лежал конфликт между идеей Просвещения об универсальных ценностях человечества и романтизмом с его представлением об уникальной природе индивидов и национальных культур.

1.1.2. Западники и славянофилы

Западничество представляло собой непрочный союз людей различных убеждений, объединенных уважением к европейским демократическим ценностям и разделяющих теорию Гегеля о связи между прогрессом общества и развитием личности (самореализацией абсолютного духа)[28]. Они считали, что Россия должна двигаться по универсальному (западному) пути развития, перестроив свое социальное устройство в соответствии с принципом рациональности и освободившись от традиционных верований и суеверий.

Воспринимая свободу как рациональное самоопределение, западники были продолжателями одного из важнейших направлений философской мысли, которое, восходя через Гегеля и Канта к идеям XVIII века, провозглашало освобождение индивидуального сознания от догм, традиций и предрассудков. Однако в политическом отношении не все они были либералами. Изначально такие мыслители, как будущий анархист М. А. Бакунин (1814–1876) и В. Г. Белинский (1811–1848), утверждали, что сво-

---

[28] О гегельянстве в России см. новаторскую работу Д. И. Чижевского [Чижевский 2007]. См. также [Евграфов 1974; Planty-Bonjour 1974; Siljak 2001; Бёрлин 2017].

бода — это необходимое принятие существующей действительности, являющейся результатом исторических процессов. Однако гегелевская философия истории выглядела слабым оправданием реакционного режима Николая I. И Белинский, и Бакунин вскоре восстали против бездействия, диктуемого консервативным историцизмом, утверждая, что диалектический процесс развития общества предполагает радикальные перемены. Другие, более умеренные западники полагали, что Россия медленно, но неотвратимо трансформируется в современное светское общество западного типа, в котором свобода индивида будет защищена законами и правами. Они воспринимали историю как прогресс, в основе которого лежит постепенное принятие либеральных ценностей.

В то же самое время в крупных городах России появились салоны и кружки, в которых западникам противостояли славянофилы, имевшие свою точку зрения на вопросы национальной идентичности, религии, свободы и личности. Автором ключевых постулатов славянофильства был И. А. Киреевский (1806–1856), утверждавший, что рациональная философия оказала разрушительное воздействие на Западную Европу, породив граждан, более заинтересованных в преследовании своих личных целей, чем в сохранении объединяющих их естественных связей[29]. Полагаясь исключительно на разум, люди Запада утратили внутреннюю цельность личности и духовность. К. С. Аксаков (1817–1860), писавший в 1840–1850-е годы, вероятно, лучше всех других сформулировал взгляды славянофилов на предполагаемую аполитичность российского народа[30]. Он видел в допетровской крестьянской общине образец «свободного единства», где поведение отдельных личностей регулировалось «изнутри», то есть совестью и живой традицией. Аксаков сравнивал это с «вне-

---

[29] См. неопубликованную статью Киреевского «В ответ А. С. Хомякову» (1838) и его письмо к Е. Е. Комаровскому (1852) [Киреевский 2006, 1: 109–120; 174–222].

[30] Другими ключевыми фигурами славянофильства были А. С. Хомяков (1804–1860), авторитет в вопросах богословия, и Ю. Ф. Самарин (1819–1976). Подробнее см. [Walicki 1975; Валицкий 2019].

шними» (политическими и юридическими) отношениями, которые, по его мнению, непоправимо разрушают подлинную нравственную свободу и духовность. Такое противопоставление «внутренней правды» и «внешнего закона» является частью общего для славянофилов представления о государстве как о «необходимом зле». «Свобода» понималась славянофилами не как политическая или гражданская независимость, а, скорее, как «свобода *от* политики», поэтому была совместима с самодержавием, не вмешивающимся в обычаи и вековые традиции (порядок вещей, который был нарушен Петром I).

Соответственно, славянофилов не слишком интересовали способы защиты прав личности. Они считали, что политика должна оставаться прерогативой правительства, которому, в свою очередь, не надлежит вмешиваться в жизнь и моральную свободу своих граждан. Выступая за создание представительного органа при царе и требуя свободы убеждений и собрания, они при этом были против законодательного ограничения абсолютной власти монарха, опасаясь, что это нарушит сложившийся уклад российской жизни, основанный на вере, традициях и старых обычаях. Однако, несмотря на этот несомненный консерватизм, славянофильская картина мира, где между народом и властью царит гармония на основе взаимного уважения, вызывала подозрения со стороны правительства, небезосновательно увидевшего в ней критику реального самодержавия с его бюрократизмом и вмешательством во все аспекты гражданской жизни[31]. На самом деле в 1860-х годах многие деятели, причислявшие себя к славянофилам, в том числе А. И. Кошелев (1806–1883) и Ю. Ф. Самарин, активно поддержали земскую реформу и сыграли большую роль в том, что она была воплощена в жизнь (подробнее об этом см. третью главу)[32].

---

[31] Николай I считал себя преемником Петра I и хотел, чтобы его воспринимали, скорее, как европейского императора, а не как древнерусского царя. О «либеральной» природе славянофильства см. [Suslov 2011].

[32] Они видели в земстве, системе местного управления, созданной в 1864 году, возвращение к допетровской сельской общине.

Хотя отрицание верховенства закона как инструмента, гарантирующего негативную свободу, само по себе противоречит ценностям *либерализма*, славянофильство как продолжение идей романтизма о том, что человек является частью окружающего его мира, а социально-культурные особенности — неотъемлемыми составляющими личности, оказало влияние на мыслителей, которых интересовали аспекты свободы и разума, обусловленные культурной спецификой. Идеалы славянофилов и их протест против рационализации общественной жизни оказали непосредственное влияние, в частности, на А. И. Герцена, Ф. М. Достоевского и В. С. Соловьева.

1.1.3. Государственный либерализм и позитивная свобода

В середине 1840-х годов западничество разделилось на два течения: более умеренное, лидерами которого были профессор истории Т. Н. Грановский (1813–1855) и историк и правовед К. Д. Кавелин (1818–1885), и радикальное, объединившее Белинского, Герцена и Бакунина. В отличие от радикалов, умеренные западники были против революции и утверждали, что будущее России — в демократическом и конституционном развитии по западноевропейскому образцу; Кавелин и Грановский входили в группу интеллектуалов, которых Д. Оффорд называет «ранними российскими либералами» [Offord 1985][33]. Однако их попытки перенести западные либеральные идеи и практики на российскую почву приносили неожиданные результаты. Грановский был сторонником центристского толкования Гегеля, считавшим, что недавняя история Европы является примером того, как происходит освобождение людей от внешнего принуждения и косных традиций, и верившим, что Россия должна развиваться по универсальным историческим законам, продиктованным мировым разумом[34]. Такое прославление государства как источника про-

---

[33] Об умеренных западниках см. также [Roosevelt 1986].

[34] См., например, его речь «О современном состоянии и значении всеобщей истории» (1852) [Грановский 1900: 13–30].

гресса и свободы в значительной степени восходило к гегелевской философии истории и концепции разумного государства; предполагалось, что и в российской истории государство должно сыграть ключевую роль в улучшении общественного устройства. В какой-то степени на философские взгляды Грановского повлияли и некоторые субъективные причины: по воспоминаниям современников, это был человек с мягким характером, который пытался преодолеть раскол между российскими интеллектуалами того времени и объединить их общей идеей. Ключевое место в этом варианте западничества принадлежало «великим людям», якобы ниспосланным провидением: Александру Македонскому (356 до н. э. — 323 до н. э.), Карлу Великому (742–814) и Петру I — и их роли в истории [Грановский 2013]. Грановского не смущала безжалостность, с которой эти правители претворяли свои планы в жизнь, не считаясь с теми самыми людьми, чьи интересы они вроде бы защищали.

Кавелин, друг и последователь Грановского, развил эту философию истории на примере России [Field 1973]. В своем главном труде «Взгляд на юридический быт древней России» (1847) он представил происходившие в российском государстве исторические процессы как постепенное разрушение традиционных патриархальных связей с их последующим воссозданием на рациональных принципах (как, например, во время Петровских реформ), благоприятствующих освобождению личности[35]. Однако Кавелин не только восхищался прогрессом в области законодательства и просвещенными монархами, но и оправдывал таких жестоких правителей, как Иван Грозный (годы правления: 1547–1584) и Александр Македонский, считая, что их империи являются образцами сильного централизованного государства, о котором писал Гегель. Как и в случае с Грановским, преклонение Кавелина перед такими историческими фигурами явно противоречит его идее постепенного освобождения личности

---

[35] Эта статья была изначально опубликована в журнале «Современник» (1847. № 1), а впоследствии перепечатана в собрании сочинений, см. [Кавелин 1897, 1].

от внешнего принуждения и, скорее всего, лучше всего может быть объяснено тем, что ему приходилось принимать в расчет реалии царствования Николая I. Философия истории Грановского и труды Кавелина по обществоведению оказали большое влияние на многих российских мыслителей, в том числе Б. Н. Чичерина и историка В. С. Соловьева.

Эти споры об истории и о русском народе происходили на фоне важных изменений в политической жизни России. Поражение в Крымской войне (1853–1856) и смерть Николая I (1855) всколыхнули Российскую империю и открыли новые возможности. Хотя следующий император Александр II (годы правления: 1855–1881) в целом был человеком консервативных убеждений, он провел ряд важных реформ, направленных на решение самых серьезных проблем российского общества. В 1861 году был подписан манифест «О всемилостивейшем даровании крепостным людям прав состояния свободных сельских обывателей», отменивший крепостное право, а в 1864 году была проведена земская реформа, целью которой было создание органов местного самоуправления (земств) в уездах и губерниях. У российских граждан появилась возможность участвовать в выборной деятельности и на местном уровне решать различные вопросы, связанные с образованием, со здравоохранением, с содержанием дорог и организацией сельского хозяйства [Field 1976; Eklof, Frank 1990; Дживилегов 1911]. Однако в российском обществе эти реформы были восприняты противоречиво, и идеологическая пропасть между теми, кто поддерживал правительство, и его радикальными противниками стала непреодолимой. Крестьянские волнения (1861), петербургские пожары (1862), польское восстание (1863–1864) и неудачное покушение на жизнь Александра II (1866) — все это были проявления протеста: пока в России царит абсолютизм, личная свобода по-прежнему остается эфемерным понятием.

Только во второй половине XIX века слова «либерал» и «либерализм» полноценно вошли в российский политический дискурс, а Чичерин, одна из ключевых фигур российской либеральной мысли, дал наиболее полное определение консервативного («охранительного») либерализма[36]. В интеллектуальной атмосфере той эпохи, где все большее влияние захватывал позитивизм (о котором будет более подробно сказано во второй главе), Чичерин одним из первых возродил интерес к идеализму и стал своего рода «мостом» между гегельянцами 1840-х годов и неоидеалистами 1880–1890-х годов. Как и ранние западники, вдохновленные идеями Гегеля, он воспринимал историю как медленный поступательный процесс развертывания метафизической идеи в конкретный период. Чичерин анализировал исторический опыт России с ее опорой на сильную власть в духе гегелевской философии истории, однако в своей оценке этих процессов заходил дальше других консервативных либералов, видя в современном ему царском режиме воплощение «разумного государства» Гегеля и синтез единой и общей воли.

Чичеринская теория свободы уходит корнями в философию истории и апологию закона, изложенные Гегелем в «Философии права» («*Grundlinien der Philosophie des Rechts*», 1820) [Гегель 1990], и кантовское учение о личности. Чичерин настаивал на априорной сущности индивидуальной свободы и вслед за Кантом утверждал, что человека надо воспринимать не как средство, а как цель саму по себе[37]. Он также был приверженцем учения Канта о нравственной автономии, называя совесть «выражением внутренней свободы человека» и тем местом, где «человек является самоопределяющимся, а потому нравственным существом» [Чичерин 1897: 608]. Для него предназначение закона заключалось в обеспечении сферы невмешательства, где люди могли бы свободно делать свой нравственный выбор и тем самым полностью реализовывать собственный потенциал [Чичерин 1998: 52–53]. В 1855 году он писал, что свобода совести является первым и самым священным правом гражданина, и далее напрямую связывал внутреннюю нравственную свободу с верой[38]. В своих

---

[36] Подробнее о Чичерине см. [Hamburg 1992; Walicki 1992: 105–164; Валицкий 2012; 135–204]. О консервативном либерализме см. [Милюков 1886; Иллерицкий 1959].

[37] О влиянии философии Канта на Чичерина см. [Poole 2008].

[38] Подробнее о свободе совести в царской России см. [Werth 2014].

трудах Чичерин последовательно критиковал идею о том, что государственное законодательство может быть использовано для регулирования этического поведения индивидов и что нравственность может быть достигнута какими-то институциональными средствами[39]. Как писал А. Валицкий, для Чичерина справедливое распределение благ «всегда подразумевало под собой иерархическую субординацию и субъективность», а в социализме он видел одну из главных угроз благополучию России [Walicki 1992: 148; Валицкий 2012].

Чичеринское представление о государстве всеобщего благоденствия и демократии напрямую вытекало из его видения истории человечества. Он утверждал, что, хотя внутренняя свобода присуща человеку априори, внешняя определяется историческими факторами и социальной, политической и юридической сознательностью граждан. Г. Хэмбург характеризует позицию Чичерина следующим образом: «Прежде чем создавать какие-либо свободные институты, нам необходимо логически поверить в возможность реализации нашей внутренней свободы во внешнем мире» [Hamburg 2010: 130; Hamburg 1998: 42–45]. С учетом того что господствующим демократическим движением в России того времени было антилиберальное народничество, все это до некоторой степени объясняет сомнения Чичерина в возможности самоопределения через участие в политическом процессе.

Скептицизм Чичерина в отношении демократии и провозглашенное им уважение к традициям сделали его популярным в глазах сторонников самодержавия, выступавших за частичные реформы и сохранение *status quo*. Его отказ проводить четкое различие между правовым государством по Гегелю (*Rechtsstaat*) и царским режимом вынудил одного из историков философии заявить, что безусловное предпочтение, отдаваемое Чичериным разуму и логике перед личной свободой, вычеркивает его из числа либералов [Kelly 1998: 221–244]. Более того, в трудах Чичерина вообще не описаны социальные условия, необходимые для саморазвития личности. Для нашего исследования больший

---

[39] См. [Чичерин 1998: 80–83].

интерес представляет вопрос, признавал ли Чичерин внутреннюю противоречивость либерализма как такового, когда пытался доказать, что достичь свободы можно только через верховенство закона и рациональные политические изменения. Е. Н. Трубецкой (1863–1920), неоидеалистический философ и богослов, восторженно относившийся к Чичерину, писал, что тот «вообще не терпел никаких амальгам, не был способен ни на какие уступки, соглашения и компромиссы». Чичерину, по словам Трубецкого, «хотелось того чистого либерализма безо всяких амальгам, которого в России не было» [Трубецкой 1921: 120–121]. Хотя некоторые положения, содержащиеся в трудах Чичерина, противоречат философии либерализма в нашем сегодняшнем понимании, его учение оказало большое влияние на последующих мыслителей, защищавших либеральные идеи в России.

Российские западники и теоретики консервативного либерализма, такие как Чичерин, отчасти находились под воздействием идеи универсализма, возникшей в эпоху Просвещения. Хотя защита универсальных человеческих ценностей в принципе совместима с формами либерализма, признающими конфликт между этими самыми ценностями, при телеологическом подходе к истории, как правило, единственно правильным признается только тот набор ценностей, который близок наблюдателю. Именно поэтому слова западников о том, что развитие России происходит по тем же законам, что и на Западе, являются обобщением, которое плохо сочетается с теми направлениями либерализма, в каковых признается конфликт между различными концепциями свободы. Это же утверждение верно и в отношении консервативного либерализма, основанного на просветительской идее торжества разума и прогресса и гегелевской мысли из «Философии права» о том, что в идеальном государстве будут преодолены противоречия между личностью и обществом.

В России эти теории подвергались критике со стороны как противников либерализма как такового, так и последующих поколений мыслителей, пытавшихся возвести здание либерализма на новом фундаменте, отказавшись от позитивистского подхода к истории.

1.2. Личная свобода и социальная справедливость в русской философской мысли

Если одним из предвестников российского либерализма начала XX века было умеренное западничество, другим следует считать учение о свободе, первым идеологом которого был А. И. Герцен; получив развитие в трудах П. Л. Лаврова (1823–1900) и Н. К. Михайловского (1842–1904), оно в конце концов было подхвачено ревизионистами. Всех этих мыслителей объединяло скептическое отношение к философской позиции, согласно которой высшая ценность — будь то законы природы, трансцендентное государство или коллективизм — оказывается важнее развития личности. Ценя и позитивную, и негативную свободу, философы, о которых идет речь в этой главе, делали выбор в пользу той или иной концепции на основании своего видения положения дел в России. Иногда это приводило к тому, что они ставили социальную справедливость выше законодательно закрепленной негативной свободы. Хотя такой отказ от защиты прав индивида является одним из недостатков учений о личности, важно иметь в виду, что Герцен и его последователи пытались эмпирически разрешить конфликт между позитивной и негативной свободами. Как писала А. Келли, «в историческом контексте России XIX века народничество было не более утопичной идеей, чем теории либеральных конституционалистов» [Kelly 1998: 124].

1.2.1. Александр Герцен

А. И. Герцен (1812–1870) стал основоположником радикального направления в русской философской мысли; в 1850-х годах он начал создавать учение, которое сам называл «русским социализмом». Герцен верил, что Россия сможет решить проблему социального неравенства и плохого управления, объединив исконные российские общественные институты с самыми прогрессивными философскими доктринами Запада. Хотя в самых ранних сочинениях Герцена ощущается большое влияние младогегельянцев, таких как как А. Цешковский (1814–1894) и Л. Фейербах (1804–1872), и много говорится о том, что перейти на следующую ступень исторического развития можно только в постоянной борьбе, к концу 1840-х годов Герцен отверг гегелевскую концепцию исторической необходимости, перейдя на позиции волюнтаризма — к философии истории, в основе которой лежит свободная воля[40]. В своей книге «С того берега» (1850) он заявляет о недоверии ко всем телеологическим концепциям и об убежденности в непредсказуемости исторического процесса. У истории, пишет он, «нет *libretto*», и «из этого ясно одно, что надо пользоваться жизнию, настоящим» [Герцен 1931: 249, 251]. История — это не случайность, так как у нее есть правила и вероятности, а, скорее, «импровизация», обусловленная определенным набором обстоятельств и возможностей, доступных в тот или иной момент времени [Там же: 249][41]. Герценовское видение истории неотделимо от его убежденности в неприкосновенности и священности личности. В 1850 году он писал: «Свобода лица — величайшее дело; на ней и только на ней может вырасти действительная воля народа» [Там же: 233].

Из этих аксиом, относящихся к свободе и правам личности, Герцен выстраивает теорию социализма, основанную на его вере в то, что Россия может избежать тяжкой участи капитализма, избрав федеративную модель государства, ядром которой будет крестьянская община[42]. Обосновывая эту точку зрения, он ссылался на учение о свободе Дж. Милля, отрицавшего принцип линейности прогресса в сторону одной-единственной цели и утверждавшего, что человек имеет право выбирать между различными моделями развития[43]. Свободы, заключает Герцен,

---

[40] Из обширной литературы, посвященной Герцену, см. [Бёрлин 2017: 156–204, 311–347], а также [Malia 1961; Kelly 2016; Kelly 1998].

[41] Подробнее об идее импровизации у Герцена см. [Хестанов 2001].

[42] Таким образом, и Герцен, и консервативные религиозные славянофилы воспринимали крестьянскую общину как исконный российский общественный институт, благодаря которому Россия сможет избежать тягот капиталистического способа развития государства. Подробнее о влиянии славянофилов на Герцена и его отношении к ним см. [Kelly 2016].

[43] Подробнее о близости учений Герцена и Милля см. [Kelly 1998: 114–138].

можно достичь только тогда, когда кооперативные принципы находятся в состоянии гармонии со стремлением индивидов к самореализации; пока что и Россия, и Запад от этого одинаково далеки. Чтобы эта идеальная картина мира воплотилась в действительности, необходимо было, по мнению Герцена, незамедлительно провести целый ряд реформ, желательно «сверху» — при поддержке правительства, но если станет необходимо, то и «снизу», через революцию. Как и следовало ожидать, теории Герцена встретили резкий отпор со стороны умеренных западников, выступавших за медленную эволюцию России в сторону западноевропейской демократии [Hamburg 1992: 194–201]. В частности, Чичерин писал, что Герцен, призывая к революции и отвергая постепенные изменения, позволяющие добиться нужного результата мирным и законным путем, демонстрирует свое непонимание истории и тех процессов, которые ведут к построению правового государства [Чичерин 1858: 6].

Спор между Герценом и умеренными западниками в 1860-х годах наглядно демонстрирует некоторые из тех трудностей, с которыми сталкивается исследователь, пытающийся поместить либерализм в какие-то четкие рамки[44]. Декларирование Герценом наивысшей ценности личной свободы, его борьба с российским самодержавием и отказ от консервативного истолкования гегелевской диалектики свидетельствуют о том, что он поддерживал идею негативной свободы. Более того, его вера в необходимость соблюдения динамического равновесия между личной свободой и социальным единством и убежденность в том, что у этой проблемы (индивидуальные права против общих ценностей) может быть множество решений, полностью соответствуют фундаментальным положениям либеральной теории. Однако, несмотря на защиту свободы и прав человека, Герцен остается противоречи-

---

[44] Подробнее об этом см. в статье Келли «Был ли Герцен либералом?», где она отвечает на поставленный в заголовке вопрос однозначным «да» [Келли 2002]. Как и И. Бе́рлин, Келли считает Герцена предшественником российских либералов и находит в его работах четкие ответы на фундаментальные вопросы либерализма. URL: https://magazines.gorky.media/nlo/2002/6/byl-li-gerczen-liberalom.html (дата обращения: 05.02.2024).

вой фигурой либерального канона [Hamburg, Poole 2010: 13; Offord 2010; Валицкий 2012]. Его критика западных общественных практик того времени, включая парламентскую демократию и принцип верховенства закона, вызывает вопросы у тех исследователей, для которых наличие таких юридических, политических и социальных институтов является неотъемлемом элементом либерализма и гарантом свободы. Эти академические разногласия по поводу интеллектуального наследия Герцена возвращают все к тому же набившему оскомину вопросу, что же все-таки понимается под словом «либерализм».

1.2.2. Народничество

Во второй половине XIX века идеи Герцена были подхвачены и переосмыслены крупнейшими теоретиками народничества: П. Л. Лавровым и Н. К. Михайловским[45]. Вслед за Герценом они отрицали, что развитие происходит по предопределенному сценарию, поскольку такое утверждение представляло собой угрозу личной свободе. Народники считали личность «священной» и «неприкосновенной» и в своих публикациях много спорили с теми социалистами, которые заявляли, что общая цель важнее «святости» личной жизни[46]. В отличие от мыслителей, сравнивавших историю с естественными науками (например, позитивистами, бывшими сторонниками эволюционизма Г. Спенсера и социального дарвинизма), «легальные народники» использовали для объяснения законов общества и нравственного выбора, делаемого индивидами, «субъективный метод»[47]. Для них тот факт, что любое знание о мире всегда проходит сквозь

---

[45] Подробнее о народническом движении см. [Venturi 1964; Mendel 1961; Балуев 1995].

[46] См., например, «Письма о правде и неправде» [Михайловский 1896–1897, 4: 451–453].

[47] В данном контексте слово «легальный» означает принадлежность к тем народникам, которые печатались в разрешенных цензурой журналах и были более умеренными в своих взглядах и поступках, чем те, кто занимался незаконной пропагандой и другой подпольной деятельностью.

призму сознания отдельного человека и меняется в зависимости от времени, места и этических принципов того или иного индивида, тоже означал, что все моральные ценности относительны, а не абсолютны.

Наблюдая за положением дел в России того времени, Лавров и Михайловский пришли к выводу, что для максимального интеллектуально-нравственного развития крестьянства необходимо было решить сдерживающие прогресс социальные и экономические проблемы. Они не возражали против конституционализма и либерального парламентаризма как таковых, но считали, что такой способ защиты естественных прав человека может стать орудием в руках правящей элиты и использоваться против интересов большинства населения. В 1880 году Михайловский так писал об этом конфликте между личной свободой и социальной несправедливостью применительно к ситуации в России: «Свобода — великая и соблазнительная вещь, но мы не хотим свободы, если она, как было в Европе, только увеличит наш вековой долг народу»[48]. Как пишет Валицкий, для Михайловского и его последователей «такой отказ от свободы означал победу совести (чувства морального долга) над честью (чувством собственных прав)» [Валицкий 2012: 86]. Короче говоря, личная и политическая свобода значили для них меньше, чем социальная справедливость.

Ключевыми идеями народников были справедливое распределение общественных благ и личная свобода; недоверие, которое они испытывали по отношению к капиталистическому пути развития общества, в итоге подтолкнуло лидеров народничества в сторону социализма. Народники 1860–1870-х годов превозносили такие принципы устройства крестьянской жизни, как совместный труд и коллективное принятие решений, видя будущее России в федерации социалистических самоуправляемых общин; это было очень близко к тому, о чем писал Герцен. Последующие поколения либеральных мыслителей настороженно относились к культурному релятивизму и этическому субъективизму народ-

---

[48] См. [Михайловский 1896–1897, 4: 949].

ничества, но оценили их новое осмысление идеи о том, что политическая деятельность является нравственной только тогда, когда продиктована заботой о человеке.

1.2.3. От марксизма к идеализму

На примере Герцена и народников хорошо видно, что мыслители, которые сходным образом критиковали политические, социальные и экономические основы западного общества, предлагали различные средства для излечения российского общества[49]. После ареста в 1880-х годах лидеров народнического движения и стремительного разрушения уклада крестьянской общины в результате индустриализации идеи народничества в значительной степени утратили актуальность. Этим воспользовались марксисты, объявившие, что народники были слепы, не замечали объективных фактов. Российское общество, по их мнению, развивалось согласно непреложным законам истории, сформулированным виднейшими теоретиками марксизма — участниками Второго интернационала[50].

Русский марксизм устами своего основателя Г. В. Плеханова (1856–1918) определял свободу как осознанную необходимость[51]. Основываясь на идеях Ф. Энгельса (1820–1895) и его интерпретации диалектики Гегеля в «Анти-Дюринге» (1878), Плеханов проповедовал фаталистический подход к истории, отождествляя «долженствование» (das Sollen) с «бытием» (das Sein). Такой по-

---

[49] Другим примером такого рода может служить сопоставление взглядов Н. Г. Чернышевского (убежденного материалиста) и Ф. М. Достоевского (с его религиозно-философскими взглядами). Их критика буржуазного индивидуализма, который оба связывали с Западом, была на удивление сходной. Достоевский впервые писал об этом в «Зимних записках о летних впечатлениях» (1863) — очерке о своей поездке в Западную Европу, а затем вернулся к этой теме в «Подростке» (1875). Чернышевский критиковал западный либерализм в серии статей о политической истории Франции, в частности в «Борьбе партий во Франции при Людовике XVIII и Карле X» (1858), «Кавеньяке» (1858) и «Июльской монархии» (1860).

[50] О разногласиях между марксистами и народниками см. [Galai 1973: 66–83].

[51] Краткий обзор концепции свободы у К. Маркса см. в [Walicki 1984: 217–242].

зитивистский редукционизм фактически приравнивал свободу к необходимости; рассуждая об этом, Плеханов писал, что «*отсутствие свободы* есть вместе с тем ее *полнейшее проявление*» *(курсив — автора цитаты)* [Плеханов 1898: 3–4; Плеханов 1956–1958, 2: 307][52]. Это сопоставление индивидуальной свободы и объективных законов истории легло в основу всех российских марксистских учений о развитии общества; последователи Плеханова мало интересовались противоречиями между различными концепциями свободы и видели своей целью установление социальной гармонии.

Однако если в России число приверженцев марксизма постоянно росло, то в Европе он терял влияние и как теория, и как руководство к действию. События, происходившие в европейской истории XIX века, плохо соотносились с диалектикой Маркса, согласно которой классовая борьба неизбежно должна была закончиться революцией и приходом к власти пролетариата. Идеологи немецкого ревизионизма, включая Э. Бернштейна (1850–1932), оспаривали идею о том, что для построения социалистического общества необходима революция, и утверждали, что социализма можно достичь эволюционным путем [Бернштейн 1901; Бернштейн 1906].

В тот момент, когда российское общественное мнение в целом стало уходить от гегелевского исторического нарратива, несколько видных российских марксистов обратились к кантианству и коренным образом пересмотрели свои прежние взгляды на концепцию свободы[53]. В это время, о котором будет более подробно рассказано во второй главе, легальные теоретики марксизма — П. Б. Струве, Н. А. Бердяев, С. Н. Булгаков и С. Л. Франк — совершили, цитируя название статьи Булгакова, переход «от марксизма к идеализму» [Булгаков 1903а][54]. В основе этого перехода лежали

---

[52] См. также [Плеханов 1906].

[53] Первоначально казалось, что теории Канта и Маркса совместимы друг с другом [Kolakowski 2005: 549–600].

[54] Классические работы о философской эволюции эти мыслителей см. в [Kindersley 1962; Mendel 1961]. См. также [Булгаков 1903а; Струве 1902а; Бердяев 1971: 220–255; Бердяев 1983: 122–155]. Эти мыслители назывались «легаль-

отрицание марксизмом универсальных моральных ценностей и, как следствие, ущемление личной свободы[55]. Фундаментальная ошибка позитивизма, писали легальные марксисты, заключалась в отождествлении этических норм с эмпирической реальностью и подчинении их идее исторической закономерности [Струве 1902б: 78]. Оспаривая этот подход, они указывали на роль индивидуального сознания в постижении абсолютных моральных ценностей и утверждали, что человек должен быть мерой абсолютного добра и потому всегда восприниматься как цель, а не как средство. «Для нас *человек — самоцель* — есть *формальная объективная норма» (курсив — автора цитаты)* [Бердяев 2008: 164].

Легальные марксисты были согласны с тем, что свобода является необходимым условием нравственности, однако, о чем будет сказано далее, в остальных вопросах их мнения нередко расходились. Тем не менее до поры до времени их объединяли критика недостатков марксизма и желание раскрыть уникальный потенциал личности вопреки марксистскому упрощенному представлению о человеке как «продукте» исторического развития.

1.3. Религиозный либерализм и позитивная свобода (В. С. Соловьев)

В последнем разделе этой главы рассматривается вклад в либерализм, сделанный В. С. Соловьевым (1853–1900), в особенности сформулированный им принцип о праве человека на достойное существование, в основе которого лежит религиозное обоснование ценности личности[56]. Будучи одним из величайших

ными марксистами», поскольку верили в «легальные» методы политической борьбы и воспринимали марксизм как теорию, подтверждающую необходимость капиталистического развития России. Подробнее о терминах «легальный марксизм» и «легальный марксист» см. в [Kindersley 1962: 231–233] и примечании 44 к этой главе.

[55] См. об этом, например, [Бердяев 2008; Булгаков 1896].

[56] См., в частности, третью часть его влиятельного труда «Оправдание добра» [Соловьев 1897].

русских религиозных мыслителей и ранним критиком позитивизма и марксизма, Соловьев утверждал, что социальное государство должно отказаться от «принципа невмешательства» и не только признавать право граждан на достойное существование, но и активно способствовать достижению этой цели [Валицкий 2012; Valliere 2006: 560–562; Лосев 1990: 261–280]; эта концепция оказала колоссальное влияние на российских либералов начала XX века. В отличие от Чичерина, другого виднейшего идеолога того времени, Соловьев считал, что государство обязано создавать для граждан условия, позволяющие им вести достойный образ жизни, и эта идея составила суть его учения о позитивной свободе, при этом, хотя отдельные положения теории Соловьева можно считать либеральными, его теократический утопизм, нарушающий принцип свободы совести и вступающий в противоречие с идеей разделения церкви и государства, с трудом вписывается в либеральный канон [Михельсон 2014: 25–46; Poole 2000–2001: 43–87].

Согласно соловьевскому учению о личности, в человеке сочетаются три начала: божественное (религиозное или мистическое), материальное и рационалистическое (разум и нравственность); их синтез позволяет человеку достичь предела личного совершенства (богочеловечества) и уподобиться Богу [Poole 2010: 137–145]. Однако рациональное начало играет ключевую роль в этом процессе, направляя индивида на верный путь саморазвития. Только действуя по своей воле и совершая нравственные поступки, человек может стать ближе к Богу; иными словами, «божественное содержание должно быть усвоено человеком *от себя*, сознательно и свободно» *(курсив — автора цитаты)*[57]. Как замечает Р. Пул, соловьевская «концепция богочеловечества удивительным образом соединяет православную идею обожения (теозиса) с кантовским учением о нравственности» [Poole 2008: 26].

Уже в своей докторской диссертации «Критика отвлеченных начал» (1880) Соловьев четко обозначил свое несогласие со

---

[57] Статья Соловьева «Исторические дела философии» (1880), впоследствии перепечатанная в собрании сочинений [Соловьев, Радлов 1873–1877, 2: 410].

славянофилами по поводу личных свобод, подчеркнув, что эти права должны быть закреплены в законах и защищены ими. В его главном трактате об этике и о философии закона «Оправдание добра» (1897) говорится, что личная (негативная) свобода является условием, «без которого невозможны человеческое достоинство и высшее нравственное развитие» [Соловьев 2018: 351]. Однако, определяя право в его отношении к нравственности как «принудительное требование реализации определенного минимального добра, или порядка, не допускающего известных проявлений зла», Соловьев указывает и на позитивную природу права [Соловьев 2018: 350]. Помимо внешней свободы, человеку для реализации своего потенциала необходимо иметь определенные средства к существованию — образование, пищу, медицинскую помощь и даже «одежду и жилище с теплом и воздухом», «достаточный физический отдых» и «досуг для своего духовного совершенствования» *(курсив — автора цитаты)* [Соловьев 2018: 354].

Этот позитивный элемент соловьевского учения о свободе уходит корнями в религиозное мировоззрение мыслителя и его видение объективного нравственного мирового порядка, в котором все люди имеют право на достойное существование в силу самой своей принадлежности к человечеству. Для него все мировое бытие было обусловлено идеей всеединства, согласно которой история являлась развертыванием божественного плана, где у каждого народа и человека была своя предначертанная роль; все это, по его мнению, оправдывало законодательное закрепление принципа социальной справедливости. Как писал Соловьев, «свобода есть необходимое содержание всякого права, а равенство — его необходимая форма»[58]. Он считал, что свобода и равенство индивидов должны быть закреплены позитивным правом для обеспечения свободы всего общества в целом.

Споры о том, можно ли считать учение Соловьева либеральным, в основном упираются в его позицию относительно свобо-

---

[58] См. статью Соловьева «Критика отвлеченных начал» (1880) [Соловьев, Радлов 1873–1877, 2: 154].

ды совести[59]. Соловьевское видение России как возможного идеального теократического государства, в котором будет создано царство Божие на земле, справедливо оценивается исследователями как «мистическая утопия» и имеет мало общего с идеей динамического равновесия между различными конкурирующими целями [Coates 2010: 185]. Как писал П. Михельсон, это учение «было основано не на догмах политического и гражданского либерализма, а на универсалистском христианском нарративе возвращения к церкви и восходило к славянофильству» [Михельсон 2014: 31]. Однако Соловьев сделал важный вклад в дискуссию о том, могут ли материалистический социализм, позитивизм и утилитарный реализм предложить хорошее теоретическое обоснование индивидуальной свободы. Его близкое к кантианству учение о личности и идея о том, что всякое общество обязано признавать за своими членами право на достойное существование, оказали большое влияние на либералов следующих поколений. Поскольку Соловьев ценил одновременно и негативную, и позитивную свободу и писал о трансцендентности обеих этих концепций, российские неоидеалисты начала XX века, пытавшиеся вывести либерализм на онтологический уровень, активно обращались к его наследию.

Как будет показано во второй главе, стремясь описать либеральные ценности с позиций идеализма, они позаимствовали многие идеи Соловьева, хотя и спорили друг с другом насчет того, насколько конфликт между различными концепциями свободы может быть хорошей отправной точкой для создания теории социальных реформ.

---

[59] Подробнее об этом см. [Михельсон 2014].

Глава 2
Оспаривание прогресса
*Позитивистский и неоидеалистический
либерализм*

В 1910 году неокантианец Б. В. Яковенко (1884–1949) в своей
статье о новых течениях в российской философии написал следующее:

> Русское общество начинает втягиваться в философские
> вопросы... Философия всего последнего 50-летия в России
> может быть охарактеризована словами «позитивистское
> мировоззрение»... Между тем в связи с нынешним пробу-
> ждением философской мысли у нас, в России, с новой силой
> проснулся и религиозный мотив... Так что есть опасность,
> что из рук позитивистского мировоззрения мы попадем
> в руки религиозно-метафизического миросозерцания
> [Яковенко 2000: 653–655].

Яковенко пишет здесь о важной дискуссии, которую вели друг
с другом российские интеллектуалы в десятилетия, предшествующие революции 1917 года, о том, должно ли философское мировоззрение строиться на эмпирических и позитивистских принципах или религиозно-метафизическом фундаменте. В этих
спорах важную роль играли либеральные философы и социологи, которые отстаивали свои взгляды на личность, свободу
и историю, обращаясь как к позитивизму, так и к неоидеализму.

Если в первой главе излагались учения о природе человека
и свободе, сформировавшие различные течения российской
либеральной мысли в XIX веке, в этой главе речь пойдет о том,

как противостояние между этими двумя концепциями либерализма повлияло на российских мыслителей на рубеже веков. Я покажу, что и позитивизм, и неоидеализм использовались для обоснования как позитивной, так и негативной свободы, притом что не все возникшие в итоге учения оказались действительно либеральными.

В России сторонниками позитивизма считаются некоторые крупнейшие фигуры российского либерализма, в том числе будущий лидер партии кадетов П. Н. Милюков, разделявший позитивистское видение исторических процессов, согласно которому история в целом развивается в сторону прогресса, свободы личности и социальной справедливости. Отрицая метафизическую или религиозную сущность этики, либералы-позитивисты считали, что нравственный поступок представляет собой выбор между несколькими конкурирующими друг с другом концепциями добра, сформировавшимися в результате определенных социальных и исторических изменений. Сторонники неоидеалистического либерализма, напротив, отвергали идею исторической закономерности, утверждая, что она несет угрозу правам человека и концепции свободы. В целом неоидеалисты делали акцент на тех аспектах человеческого бытия, которые находятся вне нашего эмпирического опыта, и были убеждены в том, что индивид представляет собой абсолютную ценность, которая ни при каких обстоятельствах не может быть принесена в жертву ради политической необходимости.

Хотя в этой главе пойдет речь об учениях, относящихся к обоим упомянутым выше философским направлениям, основное внимание в ней будет уделено неоидеалистическому либерализму. Недавние исследования в этой области, среди которых особого внимания заслуживают работы Р. Пула и М. А. Колерова, продемонстрировали глубину философской мысли российских неоидеалистов и осветили их религиозные и теологические взгляды, показав, какое влияние они оказали на российскую философию в целом [Колеров 1993; Колеров 1996; Колеров 2002][1].

---

[1] Помимо уже упомянутых работ Пула, см. [Poole 2006b].

Мой анализ опирается на данные этих исследований, однако с их помощью я пытаюсь оценить либеральную составляющую различных неоидеалистических течений, используя в качестве мерила отношение их создателей к конфликтующим между собой либеральным ценностям. Споры российских либералов начала XX века о достоинствах и недостатках позитивизма и неоидеализма и те выводы, к которым они пришли в результате этих дискуссий, как оказалось, проливают свет на фундаментальные проблемы либерализма как такового, его возможности и ограничения.

Прежде чем я перейду к анализу ранних работ ключевых фигур обоих этих философских направлений, необходимо отметить, что спор между российскими позитивистами и неоидеалистами следует рассматривать в контексте общеевропейской переоценки многих фундаментальных позитивистских положений, итогом которой в России стало наступление Серебряного века.

В конце XIX века на Западе с его повальной увлеченностью наукой и прогрессом возник огромный интерес к поиску новых идеологических конструкций и методологических подходов. Мыслители с самыми разными убеждениями атаковали позитивистское восприятие свободы и личности, утверждая, что позитивизм как философская концепция угрожает идее личной свободы.

2.1. Позитивистские и антипозитивистские концепции свободы в Европе на рубеже XIX и XX веков

2.1.1. Позитивизм

В конце XIX века под позитивизмом, у истоков которого стояли О. Конт (1798–1857) и Г. Спенсер (1820–1903), мечтавшие исследовать все явления человеческой жизни научным способом и без участия метафизики, стали понимать применение методов и законов естественных наук во всех гуманитарных сферах, включая историю, культуру и социологию[2]. Сторонники пози-

---

[2] В этом разделе я ссылаюсь на работы М. Лэйн и Л. Колаковского [Lane 2003; Kolakowski 1968].

тивизма, как правило, придерживались концепции редукционизма, считая лишенными смысла все метафизические рассуждения, выходящие за рамки чувственного опыта, отрицали существование трансцендентного и верили в историчность и относительность всех человеческих ценностей. В целом позитивизм проповедовал оптимистическое видение истории, согласно которому все человеческие общества в мире со временем откажутся от традиций и ценностей, противоречащих здравому смыслу.

Хотя сама по себе идея использования эмпирической методологии в гуманитарной сфере не нова, культ научного прогресса и вера в непреложность исторического развития достигли во второй половине XIX века новых вершин[3]. Позитивизм, бывший, по словам историка Г. Хьюза, «самой доминирующей доктриной 1890-х годов», обрел еще большую популярность в связи с опирающимися на законы естествознания новыми открытиями в математике, астрономии, физике и химии и гипотезой о том, что в основе всех этих законов, как во Вселенной Ньютона, лежат единые принципы [Hughes 1959: 37]. Выход в свет труда Ч. Дарвина «Происхождение видов» (1859) стал доказательством того, что биология также теперь является позитивной наукой, и укрепил веру позитивистов в то, что и к гуманитарным наукам (*Geisteswissenschaften*) также применимы рациональные и экспериментальные методы познания.

Такой доведенный до крайности позитивистский подход, предполагающий существование непреложных законов развития общества и культуры, представляет собой фундаментальную угрозу идее личной свободы, несовместим с рассматриваемой здесь концепцией либерализма. В частности, учение о неизбежности исторического прогресса, по сути, ставит крест на идее негативной свободы, так как индивид обладает знанием о том, в каком направлении движется человечество. Если ход истории предопределен заранее, такие понятия, как «свобода воли», «моральная ответственность» и «права человека», уже ничего не

---

[3] Обзор см. в [Simon 1963].

значат[4]. Некоторые последователи Конта и Спенсера исповедовали фаталистичный подход, согласно которому жизнь человека зависела от окружающей среды и наследственности, в том время как марксизм ставил во главу угла экономические и социальные факторы, обесценивая саморазвитие отдельно взятой личности[5]. Современные историки сходятся в том, что эти теории ущербны с этической точки зрения и не подтверждаются эмпирическими данными. Определяя позитивистский подход к истории как веру в то, «что потребность в рациональных, научных и экспериментальных формах мысли, которые предполагает современная индустриальная экономика, приведет все общества на земле к постепенному отказу от традиционных привязанностей» и что «со временем должно было произойти сближение в либеральных ценностях, "наших ценностях"», С. Хемпшир заключает, что все эти учения оказались ложными: «Теперь мы знаем, что в этом нет ничего "необходимого" и что все такие общие теории обладают прогностической ценностью, близкой к нулю» [Хемпшир 2007: 100; Gray 2000: 23][6].

Однако более глубокие и менее радикальные позитивисты, отстаивая эвристическую ценность идеи исторического прогресса, не отрицали при этом важности психологических факторов в жизни человека. Так, Дж. Милль в целом разделял контианскую веру в силу науки и движение человечества к свободе, при этом он никогда не поддерживал идею о том, что во имя прогресса допустимо ущемлять права человека, относящиеся к сфере негативной свободы, и не ставил одну концепцию свободы выше другой [Gray 1996: 119][7]. Он отличался от многих других позитивистов тем, что, говоря о достижении свободы, подчеркивал важность саморазвития личности и культурной среды, в которой формируется индивид.

---

[4] Сходным образом об этом пишет Д. Оффорд [Offord 2010: 63–64].

[5] Подробнее о сложной взаимосвязи между позитивизмом и марксизмом см. [Hughes 1959: 67–104].

[6] См. также [Pfaff 2011: 69–71]. О противоположной точке зрения в защиту исторического прогресса см., например, [Pinker 2011].

[7] Об отношении Милля к позитивизму см. [Simon 1963: 172–201].

Как указано во введении, исторический детерминизм плохо сочетается с либерализмом, однако и при позитивистском подходе можно поддерживать различные концепции свободы, признавая, что они могут конкурировать друг с другом.

2.1.2. Антипозитивизм

К концу XIX века всеобщее преклонение перед наукой и прогрессом на Западе несколько поутихло, а идея о том, что развитие человеческой цивилизации может быть объяснено естественно-научными законами, стала вызывать все большее отторжение у части общества[8]. Крупные социальные и экономические преобразования: ускоренная индустриализация, экономический кризис, длившийся примерно с 1873 по 1896 год и получивший название «долгая депрессия», появившиеся у низших классов новые возможности для выражения своих политических взглядов — все это привело к тому, что прежние социально-философские методики и представления стали казаться устаревшими и не соответствующими новым реалиям. В некоторых областях знания, например физике, позитивистские постулаты, сформулированные в рамках ньютоновской космологической модели Вселенной, очень плохо объясняли результаты новейших экспериментов. Новые исследования субъективной стороны поведения и сознания отдельного индивидуума, а также выявление бессознательных и иррациональных причин человеческих желаний и поступков — все это привело к переосмыслению коллективистских и детерминистских учений о развитии общества. Не испытывая вражды к науке и рационализму как таковым, антипозитивисты, подвизавшиеся в различных областях знания, активно искали новые концепции и методики для того, чтобы опровергнуть материалистическую и позитивистскую парадигмы, доминировавшие во второй половине XIX века.

Одной из таких концепций, отрицавших идею того, что психологические или культурные феномены подчиняются тем же

---

[8] Об исследованиях культурной и интеллектуальной атмосферы этой эпохи см. [Hughes 1959; Wohl 1979; Teich, Porter 1990].

законам, что и естественно-научные явления, стал неоидеализм (наряду с мистицизмом, прагматизмом и пр.)[9]. Фундаментальный принцип идеализма заключается в том, что разум и идеи не являются эпифеноменами, то есть не вызваны физическими процессами в мозгу. У идей есть собственная причинно-следственная обусловленность: иначе говоря, философский идеализм утверждает, что наша реальность состоит не только из физического мира. Этот принцип естественным образом противоречит позитивистской концепции, опирающейся прежде всего на эмпирический опыт. В Германии возникли различные неокантианские течения: Марбургская школа, главным представителем которой был Г. Коген (1842–1918), и Юго-западная (или Баденская) школа, возглавляемая В. Виндельбандом (1848–1915). Они в рамках «войны с позитивизмом», объявленной Виндельбандом в 1894 году[10], занимались обособлением естественных и гуманитарных наук. Если некоторые неоидеалисты критиковали сциентизм исключительно как методологию, другие, провозгласив человеческий разум неисчерпаемым источником знания и свободы, привносили в учение Канта элементы религии и даже мистики.

Как было указано в первой главе, попытки скрестить идеализм и либерализм приводили к сложным и неоднозначным последствиям. Однако в конце XIX и начале XX века целый ряд мыслителей, в том числе Т. Грин (1836–1882), Д. Ричи (1853–1903), Б. Кроче (1866–1952) и Г. де Руджеро (1888–1948), предпринимали усилия для того, чтобы, опираясь на идеализм, сформулировать жизнеспособную концепцию либерализма. В общем, эти мыслители и их сподвижники считали, что идеализм позволит им более прочно соединить такие понятия, как «свобода» и «мораль», и верили в идею общества, где индивиды будут направлять свои устремления в единое русло во имя коллективного блага. Как

---

[9] Вслед за Пулом я понимаю под неоидеализмом идеалистические философские течения последней трети XIX века и первой четверти XX века, которые восходили к Канту, но испытали на себе влияние и других мыслителей [Poole 1996a: 163].

[10] См. [Hughes 1959: 47; Ollig 1998; Schnädelbach 1983].

было вскользь сказано во введении, во главу угла Грин ставил позитивную свободу, которую он охарактеризовал как «освобождение сил всех людей в равной степени ради достижения общего блага» [Green 1911: 372]. Он объединял веру в идеалистический принцип, согласно которому самореализация каждого отдельного индивида приведет к слиянию всех людей в единое вечное самосознание (то есть к Богу), с убежденностью в том, что государство обязано побуждать своих граждан действовать независимо и таким образом способствовать достижению общего блага.

Несмотря на вклад, внесенный идеалистами в становление «нового» либерализма, при целостном рассмотрении их учений обращение этих мыслителей к такому понятию, как «единое вечное самосознание», вызывает определенные вопросы, особенно если говорить об их отношении к негативной свободе. После Первой мировой войны и установления в ряде стран авторитарных режимов в 1920-е и 1930-е годы сторонников метафизического идеализма много критиковали за оправдание политических доктрин, которые отрицали существование конфликта между различными концепциями свободы и объединяли предполагаемую волю индивида с общей волей государства[11]. Уже в наше время Дж. Роулз писал о том, что метафизические учения несут угрозу таким понятиям, как «моральная ответственность» и «свобода воли», которые являются фундаментальными принципами либерализма [Rawls 1985]. Хотя российские неоидеалисты, о которых в основном и идет речь в этой книге, пытались найти баланс между материальной необходимостью и духовной свободой, не все их идеалистические учения можно признать либеральными.

Если неоидеалисты критиковали позитивистов, указывая на то, что человеческое сознание субъективно, другие выдающиеся мыслители той эпохи, например З. Фрейд (1856–1939), А. Бергсон (1859–1941) и М. Вебер (1864–1920), подчеркивали роль бессознательного в поведении человека и говорили об иррациональной природе чувств. Одним из творцов нового подхода к изучению

---

[11] Классический труд на эту тему см. в [Hobhouse 1993].

саморазвития человека и общественного прогресса стал и Ф. Ницше (1844–1900), писавший о природных началах и скрытых источниках человеческой витальности и силы. Провозгласив «смерть Бога» и разорвав незыблемую для христианской традиции связь между истиной, моральными ценностями и спасением, Ницше поставил под сомнение саму идею того, что эти ценности в принципе могут быть объективными и универсальными. Его учение ознаменовало утрату веры в прогресс и универсальное знание — два краеугольных камня, на которых держалось все здание позитивизма.

Несмотря на фундаментальные противоречия между всеми этими учениями, и неоидеалисты с их упором на важность субъективного аспекта человеческой деятельности, и те ученые и философы, которые занимались бессознательным, — все они так или иначе приложили руку к смещению доминирующей философской парадигмы: от объективистской, сосредоточенной на доказуемых данных, к субъективистской, в основе которой лежало необъяснимое.

В какой-то степени «воля к власти» Ницше, «либидо» Фрейда и «жизненный порыв» (*élan vital*) Бергсона являлись различными проявлениями одной и той же идеи о том, что богатое и многогранное развитие индивида, не постижимое позитивистскими методами анализа, тоже играет важную роль в общественном и политическом прогрессе. Именно эти «новые» теории сознания оказали колоссальное влияние на российских мыслителей, пытавшихся переосмыслить позитивистские постулаты в контексте наступившего Серебряного века и создать современные теории либерализма.

2.2. Эпистемологии либеральной свободы в Серебряном веке

2.2.1. Серебряный век русской культуры

Неоидеалистический либерализм получил распространение в России в 1890-х и 1900-х годах. Это был период расцвета литературы, философии, психологии и политики, российского искусства, время перемен в культурной и духовной жизни российского общества, которые во многом повторяли то, что происходило в целом на Западе, — отрицание радикального позитивизма и уход от объективистского восприятия личности[12]. В эти годы культурная и интеллектуальная жизнь в российских городах била ключом: выходили многочисленные журналы, организовывались выставки, ставились спектакли, проводились литературные и философские вечера. Если говорить в целом, Серебряный век был эпохой, когда самыми разными способами были подвергнуты сомнению редукционистские утверждения позитивистов, материалистов и рационалистов о том, что человеческое сознание сводится к чувственному опыту и что методами точных наук можно разрешить социальные проблемы. Защищая так называемую революцию духа, ведущие мыслители того времени говорили о «новом типе человека — духовном, эстетическом, чувственном и любящем (прямой противоположности рациональной, расчетливой и экономичной личности), а также о новом типе общества, в основе которого лежит соборность — коллективное тело, чьи элементы сохраняют свою индивидуальность» [Rosenthal, Bohachevsky-Chomiak 1982: 1][13]. Воплощением всех этих идей стала провозглашенная писателем Д. С. Мережковским (1865–1941) концепция «нового религиозного сознания»; его единомышленники, среди которых были А. Белый (1880–1934), А. А. Блок (1880–1921) и В. И. Иванов (1866–1949), развили и переосмыслили это учение миллионом различных способов.

Укоренившееся в эту динамичную и турбулентную эпоху представление о том, что человеческая жизнь непознаваема, находится за пределами нашего опыта, имело важные последствия для становления российского неоидеалистического либерализма. Описывая это время, Г. В. Флоровский заметил: «В те

---

[12] Среди многочисленных работ на эту тему см. [Зернов 1991; Биллингтон 2001]. О влиянии Соловьева на мыслителей Серебряного века см. [Гайденко 2001]. Недавнее исследование, в котором ставится под сомнение само существование такого явления, как Серебряный век, см. в [Пустарнаков 2003: 205].

[13] Понятие «соборность» ввел в философский оборот славянофил А. С. Хомяков, понимавший под ним «единство во множестве» [Хомяков 1994, 2: 242].

годы многим вдруг открывается, что человек есть существо метафизическое» [Флоровский 1983: 452]. Многих философов размышления об экзистенциальном статусе человеческой жизни привели к религии и попыткам совместить метафизику и социальную философию с христианским мировоззрением[14]. Отчасти это было связано с тем фактом, что важнейшими центрами российской философской мысли были четыре духовные академии (санкт-петербургская, московская, киевская и казанская). М. Раев утверждал, что именно в этом была «причина тесной связи между русской философией и религиозной мыслью XX века на онтологическом уровне» [Raeff 1990; Poole 1996a: 164].

Говоря о российской культуре конца XIX века, необходимо отметить, что важнейшую роль в низвержении старых догм и поиске новых ценностей сыграло ницшеанство[15]. Российским интеллектуалам пришлась по душе основательность, с которой Ницше подходил к вопросам религии, особенно в том, что касалось утраты веры, и они видели в нем потенциального союзника по борьбе, способного открыть людям ту духовную нищету, к которой привели материализм и дарвинизм. Ссылаясь на Ницше, русские религиозные мыслители и неоидеалисты, такие как С. Л. Франк, Н. А. Бердяев и другие, утверждали, что необходимым условием всеобщего культурного возрождения и возвращения к вере является моральное освобождение, основанное на свободе воли[16]. Ницшеанская идея о высвобождении природных инстинктов и саморазвитии, когда человек является творцом собственных нравственных ценностей, представляла собой более привлекательную альтернативу кантианской концепции долга. Российская интеллектуальная элита в какой-то степени ассоциировала себя с «новой аристократией» и «сверхлюдьми» (Übermenschen) Ницше, видя своей миссией создание новых ценностей и новой культуры.

---

[14] См. [Амелина 2004; Read 1979].

[15] См. [Rosenthal 1986; Синеокая 2008; Grillaert 2008; Lane 1976].

[16] В то время в Европе было принято воспринимать Ницше как представителя философии индивидуализма [Rosenthal 2002: 11].

Черпая вдохновение в неокантианстве, ницшеанстве и во множестве других философских течений, а также в своих российских предшественниках, в частности в творчестве Ф. М. Достоевского (1821–1881), Л. Н. Толстого (1828–1910) и В. С. Соловьева, деятели Серебряного века критиковали существующие учения, которые, по их мнению, не давали ответа на то, как добиться социального и политического прогресса в России[17]. В 1901 году Бердяев выступал в защиту метафизики и религии, заключая, что не позитивизм, а именно метафизический идеализм должен быть положен в основу будущего философского мировоззрения [Бердяев 1907а: 9][18].

Для либерально мыслящих философов критика детерминистского и позитивистского мировоззрения была первым важным этапом на пути создания новой концепции свободы, которая могла бы стать ответом на существующие социальные проблемы российского общества.

2.2.2. Российский неоидеалистический либерализм

Таким образом, возрождение неоидеализма было одним из явлений того сложного процесса смены парадигм, когда российские интеллектуалы были заняты поиском новых форм для осмысления социальных и культурных перемен, происходивших в их стране[19]. Неоидеализм оказался особенно востребован в России из-за близких связей между русскими и немецкими мыслителями; многие представители российской интеллектуальной элиты учились в Германии, где неокантианство стало основ-

---

[17] В то время в России был большой интерес к работам психолога З. Фрейда (1856–1939), физика и философа Э. Маха (1838–1916), философа Р. Авенариуса (1843–1896), лингвиста Ф. де Соссюра (1857–1913), философа А. Бергсона (1859–1941), социолога Г. Зиммеля (1858–1918), поэта-символиста Э. Верхарна (1855–1916) и социолога М. Вебера (1864–1920).

[18] Бердяев Н. А. Борьба за идеализм // Мир Божий. 1901. № 6. С. 1–26.

[19] Подробнее о восприятии идеализма в России см. [Nemeth 1988; Абрамов 1998; Rosenthal 1995; Каменский, Жучков 1994].

ным направлением философии конца XIX века[20]. В конце 1880-х и начале 1890-х годов после перевода на русский язык различных неокантианских и идеалистических сочинений и получения неокантианцем А. И. Введенским (1856–1925) должности экстраординарного профессора кафедры философии в Санкт-Петербургском университете немецкий неоидеализм занял еще более важное место в умах российской интеллигенции. Ключевую роль в продвижении этих идей сыграли несколько университетских профессоров и бывших студентов четырех российских духовных академий; они пытались объединить уважение к свободе совести и принципу разделения церкви и государства со своими религиозными взглядами [Абрамов 1994][21].

Ведущим центром неоидеалистической критики позитивизма и в итоге становления неоидеалистического либерализма было Московское психологическое общество (1885–1922) — профессиональное объединение философов и психологов, основанное профессорами Московского университета, членами которого были такие видные мыслители, как Соловьев и Чичерин, а также неоидеалисты младшего поколения, в том числе князь Е. Н. Трубецкой (1863–1920), князь С. Н. Трубецкой (1862–1905), С. А. Котляревский (1873–1939) и П. И. Новгородцев (1866–1924)[22]. С 1889 по 1918 год Московское психологическое общество с периодичностью пять книг в год выпускало крупнейший в России философский журнал «Вопросы философии и психологии»[23], который имел общую идеалистическую направленность; в нем были опубликованы многие ключевые тексты российского либерализма. Члены общества были близки с четырьмя виднейшими российскими филосо-

---

[20] См. [Weill 1979; Dahlmann 1993].

[21] О различных теологических и философских теориях, обсуждавшихся в стенах этих духовных академий, см. [Тарасова 2005].

[22] Подробнее о Московском психологическом обществе см. [Богачевская-Хомяк 1975; Poole 1996b].

[23] О задачах журнала см. одноименную статью Н. Я. Грота в первом выпуске от 20 октября 1889 года. Вопросы философии и психологии. 1889. Год I. Кн. 1. С. V–XX. — *Примеч. ред.*

фами, которые изначально придерживались марксистских взглядов: со Струве, с Франком, Булгаковым и Бердяевым; это сотрудничество привело в конце 1902 года к изданию сборника статей «Проблемы идеализма», который нередко называют манифестом российского неоидеализма [Новгородцев 1902a].

«Проблемы идеализма» стали важнейший книгой в истории неоидеализма и философского либерализма в целом. Изначально задуманное как сборник статей в защиту свободы совести, это издание стало форумом, где различные мыслители теоретически обосновывали правовой либерализм и конституционную реформу [Колеров 1993; Колеров 2002]. Коллективное авторство «Проблем идеализма» отображает интеллектуальную близость между российскими неоидеалистами и другими силами в российском обществе, пытавшимися убедить самодержавный режим в необходимости конституционной реформы. Все 12 авторов статей так или иначе участвовали в работе Московского психологического общества, а некоторые из них были активными деятелями земств (выборных органов местного управления в Российской империи)[24]. Четыре бывших марксиста: Струве, Франк, Булгаков и Бердяев, принимавшие участие в работе над этим сборником, — активно участвовали в нелегальном движении за введение в России политических свобод, как и украинский правовед Б. А. Кистяковский (1868–1920), придерживавшийся схожих взглядов. Новгородцев, указывая на связь между философией неоидеализма и конституциональной реформой, написал в предисловии к сборнику:

> Новые формы [общественной и политической] жизни представляются теперь уже не простым требованием целесообразности, а категорическим велением нравственности, которая ставит во главу угла начало безусловного значения личности [Новгородцев 1902a: IX].

---

[24] Е. Н. Трубецкой, С. Н. Трубецкой и С. Ф. Ольденбург (1863–1934) были конституционалистами, принимавшими активное участие в работе земств. Двумя другими видными земскими деятелями были Вернадский и Котляревский.

2.2.2.1. Взгляды идеалистов на личность и либеральную теорию

Главной скрепой, соединявшей неоидеализм с либерализмом, было осознание ценности отдельной личности самой по себе, а не как элемента какого-то коллектива или общества. В своей статье о философии Канта, опубликованной в 1905 году, Новгородцев указал на вклад немецкого философа в учение о личности, основанное на уважении к правам и свободам человека, написав:

> Огромное значение Канта состоит именно в том, что он снова обратил мысль в глубину самосознания, в глубину нашего «я», чтобы здесь найти твердый опорный пункт. Это был призыв к сосредоточению мысли на тех внутренних источниках духа, в которых человек познает собственное бесконечное призвание и свою безусловную цену [Новгородцев 1905a: 28].

Р. Пул, ссылаясь на эти слова, обращает внимание на предполагаемую ими связь между кантовской идеей о трансцендентности сознания и безусловной ценностью личности, которая является одним из фундаментальных принципов либерализма [Poole 1999: 322].

Пытаясь переосмыслить и улучшить учение Канта о личности, неоидеалисты расширили метафизические рамки кантианской идеи автономии[25]. Для многих неоидеалистов постижение абсолютных принципов нравственности с помощью разума открывало проход в ноуменальный мир, отличный от феноменального мира. Хотя сам Кант всегда утверждал, что этот находящийся вне рамок чувственного опыта мир непознаваем, его убежденность в том, что само его наличие служит доказательством свободы, существования Бога и бессмертия, побуждала российских философов искать связь между кантовским персонализмом и верой в божественное. Заявляя о существовании трансцендентной онтологической реальности, лежащей в основе всех вещей (Нов-

---

[25] О различных толкованиях понятия «личность» в русской истории см. [Виноградов 1999; Offord 1998; Аксенов 1999].

городцев называл это царством «свободно-творческого беспричинного бытия»), некоторые профессора, входившие в Московское психологическое общество, сопоставляли личность с высшим синтезом, объединявшим все аспекты человеческой жизни [Новгородцев 1903: 138; Poole 2003: 17]). В статье, написанной в 1900 году, которую его биограф называет «философским Рубиконом» [Пайпс 2001], Струве говорит о существовании божественного начала, являющегося источником абсолютной ценности человеческой жизни:

> Признавая невозможность объективного (в смысле опыта) решения нравственной проблемы, мы в то же время признаем *объективность нравственности как проблемы и соответственно этому приходим к метафизическому постулату нравственного миропорядка, независимого от субъективного сознания (курсив — автора цитаты)* [Струве 2008: 50–51].

Хотя не все российские неоидеалисты строили онтологические конструкции подобного рода (исключением из этого правила был Кистяковский, а Франк не занимался этим на ранних этапах своей деятельности[26]), многие мыслители, предпринимавшие такие попытки, пытались в первую очередь соединить кантовский персонализм с собственным религиозным мировоззрением.

Водружая кантовское учение об абсолютной свободе личности на теологический фундамент, неоидеалисты-либералы считали, что тем самым создают для него более прочную основу. В своих теориях о личности они переосмысляли интеллектуальное наследие Соловьева и его центральную концепцию богочеловечества, то есть возможного уподобления человека Богу[27]. Именно божественное начало, которое, как писал в 1905 году Котляревский, «возвышается над человеческой жизнью на недосягаемую высоту», наделяет личности их уникальной ценностью и гаран-

---

[26] О взглядах Кистяковского рассказывается в пятой главе. О попытках Франка создать беспримесный аксиологический идеализм см. [Poole 2003: 34].

[27] Подробнее о концепции богочеловечества см. [Valliere 2000: 11–15].

тирует их априорное равенство друг другу [Котляревский 1905a: 125]. Франк и Струве прибегали к сходной аргументации, когда писали, что «человек есть святыня; он не должен быть средством ни для других людей, ни для каких-либо объективных, вне его лежащих целей» [Струве, Франк 1905б: 174].

2.2.2.2. Взгляды идеалистов на свободу

Хотя неоидеалисты постулировали существование того, что Е. Н. Трубецкой называл «той горней сферой *должного*, тем царством целей, которое, возвышаясь *над человеком*, дает направление его сознанию и деятельности», все они ставили во главу угла заботу о благополучии эмпирической личности, и в этом смысле их следует считать приверженцами либерализма *(курсив — автора цитаты)* [Трубецкой 1902a: 63]. Булгаков в статье для сборника «Проблемы идеализма» писал, что задача нравственной жизни состоит в том, чтобы «наполнить пустую форму абсолютного долженствования конкретным относительным содержанием» [Булгаков 1902: 39]. В частности, некоторые российские неоидеалисты связывали максимально полное развитие личности с защитой гражданских и политических прав в обществе с либеральным общественным строем.

В ряде случаев такой вывод делался непосредственно из кантовских слов об абсолютной ценности человеческого существования и их убежденности в том, что нравственная жизнь должна быть одновременно свободной и неприкосновенной. Как писал Котлярсвский, «свобода и равенство... неотделимы от понятия человеческой личности, духовное самосохранение которой требует возможности выражать мысли и чувства, входить в общение с другими людьми» [Котляревский 1906: 365]. Похожие мысли выражал и Струве: «Все, что делает невозможным свободу моего действования, посягает и на всякое нравственное решение, содержанием которого является это действование» [Струве 1901: 504–505]. В некоторых текстах российских неоидеалистов прямо сказано, что для развития личности, духовности и культуры необходимо гарантированное законом невмешательство власти в жизнь граждан, поэтому эти мыслители выступали за создание конституционального государства[28]. Как емко резюмировал Франк, «свобода совести и мысли, свобода устного и печатного слова, свобода идейного и практического общения в собраниях и союзах суть неотъемлемые права личности, вытекающие из основного ее права на самоопределение и свободное развитие» [Франк 1905: 22]. В той или иной степени неоидеалисты придерживались мнения, что ограничение власти государства, гарантирующее внутреннюю духовную свободу личности, является важным шагом на пути развития либерализма в Европе и Америке [Котляревский 1907: 80–101][29].

Если концепцию негативной свободы российские неоидеалисты поддерживали, опираясь на учение об абсолютной ценности человеческого существования, позитивная свобода, важность которой они тоже признавали, связывалась ими с соловьевской теорией личности и его идеей о защите личного достоинства всех граждан благодаря конкретным мерам, призванным решить их материальные и экономические проблемы[30]. Некоторые неоидеалисты развили учение Соловьева о позитивной свободе, заявив о возможном претворении в жизнь законодательным путем таких эмпирических христианских принципов, как свобода, смирение и любовь. Согласно этой теории, религиозное сознание позволяет людям ощутить их внутреннее равенство друг с другом и благодаря этому использовать свою свободу во имя общего блага; осознание этой связи должно освободить людей от формализма кантовского учения о справедливости [Котляревский 1915: 397][31]. По словам Ф. Нэтеркотт, «неоидеалисты воспринимали личность как связующее звено между законом и высшей нравственной справедливостью, в основе которой лежат благотворительность, сочувствие, любовь и прощение» [Nethercott

---

[28] См., например, [Булгаков 1903б: 298–299; Бердяев 1901; Бердяев 1907а: 30–31].

[29] См. [Струве 1901, особенно с. 505–507; Новгородцев 1904а, особенно с. 56–68].

[30] См. первую главу.

[31] См. также [Котляревский 1906: 365; Трубецкой 1901: 30–33].

2010: 262]. Некоторые из них, в частности Кистяковский и Струве, писали о сближении социализма и либерализма на основе общих ценностей[32].

Уникальность теорий личности и свободы, созданных российскими неоидеалистами, в том, что, как правило, они считали высвобождение личности и раскрытие потенциала индивида не столько актами человеческой воли, сколько Божьей благодатью. В таком понимании свобода была не только одним из проявлений прогресса, но и онтологическим феноменом, органически связанным с процветанием российского народа и государства[33]. Многие неоидеалисты считали развитие личности «нравственной задачей» и утверждали, что участие в политическом движении в поддержку реформ «не будет мотивироваться классовым эгоистическим интересом, а явится религиозной обязанностью, абсолютным приказом нравственного закона, велением Бога» [Булгаков 1902: 46]. Такие идеологические предпосылки привели к тому, что эти мыслители в той или иной степени поддерживали идею как позитивной, так и негативной свободы. В следующих главах будет показано, как попытки реализовать эти идеи на практике привели к расколу между либералами неоидеалистического толка.

Самые последовательные либералы-неоидеалисты пытались очистить концепцию личной свободы от всех тех утопических и сверхличностных элементов, которыми ее наделили как позитивисты, так и сторонники более монистического абсолютного идеализма (в частности, И. Фихте и Ф. Шеллинг). То, что они видели в особых институтах и механизмах конституционально-го демократического государства средства для достижения абсолютных идеалов, не пытаясь даже приспособить их к конкретному историческому контексту, сделало их невосприимчивыми к идее компромисса между различными ценностями, который, как было указано выше, лежит в основе либеральной традиции. Став в последующие революционные годы активными участни-

---

[32] См., например, [Струве 1903: 4]. О концепции правового социалистического государства Кистяковского см. подробнее в пятой главе (раздел 5.1).

[33] См., например, [Струве 1902в: 1–7].

ками политических процессов, неоидеалисты пустились в рассуждения о том, каким образом можно совместить внутреннюю свободу (или свободу убеждений) с внешней (свободой действования)[34]. Когда такие фигуры, как Бердяев, Булгаков и Франк, в конце концов отошли от политики, посвятив себя религиозной философии, а Струве стал ярым сторонником оголтелого шовинистического национализма, эти мыслители утратили интерес к обсуждению основополагающего для либерализма конфликта между конкурирующими друг с другом концепциями свободы.

Пожалуй, лучше всего иллюстрирует развитие неоидеализма в сторону антилиберализма эволюция взглядов Бердяева. В «Проблемах идеализма» он апеллировал к идеализму, говоря о «естественных правах личности», при этом подчеркивая, что свобода «не отрицательное понятие, как это утверждают буржуазные мыслители», а, скорее, «положительное… синоним всего внутреннего духовного творчества человеческой личности» [Бердяев 1902: 132]. Однако свободная человеческая личность, обладающая абсолютной ценностью, не совпадала, по мнению Бердяева, с эмпирической личностью. В той же статье он писал: «В эмпирической действительности человек слишком часто не бывает человеком, тем человеком, которого мы считаем самоцелью и который должен быть свят» [Бердяев 1902: 105]. Таким образом, согласно Бердяеву, эмпирические, обычные люди часто недостойны статуса цели в самих себе, каковыми являются идеальные духовные существа.

В четвертой главе будет показано, насколько сильно увлеченность Бердяева идеализмом была связана с его поисками окончательного решения проблемы общественного прогресса, в то время как его слова о «чистом, истинном либерализме, не запятнанном прикосновением общественных сил, предавших свободу во имя своих интересов» выдают испытываемую им неприязнь к неизбежному для либералов компромиссу между различными конфликтующими друг с другом ценностями [Бердяев 1904a; Бердяев 1907a: 207; Бердяев 1902].

---

[34] См., например, [Струве 1901: 504–507].

2.2.3. Позитивистский либерализм

Становление в начале XX века неоидеалистического либерализма как философского учения и политического движения не поставило крест на позитивистском либерализме, который в те же годы стал играть в России очень важную роль[35]. Его самым ярким представителем был историк Милюков, ставший лидером единственной влиятельной либеральной партии в Российской империи; другими видными деятелями позитивистского либерализма были университетские профессора М. М. Ковалевский (1851–1916), Н. И. Кареев (1850–1931), С. А. Муромцев (1850–1910) и А. А. Кизеветтер (1866–1933)[36]. Впрочем, как пишет Д. Драгуною, бо́льшая часть руководителей кадетской партии были сторонниками так называемого умеренного позитивизма, а проводимая ими политика либеральных реформ была, как правило, основана на позитивистском мировоззрении [Draguniou 2011: 43]. В самом деле, несмотря на всю критику позитивизма со стороны неоидеалистов, уверенность этих мыслителей в собственной правоте была такова, что философ П. С. Юшкевич (1873–1945) в начале XX века сделал следующее оптимистическое заявление: «Человечество идет к позитивизму — вот та линия развития, которая вырисовывается перед всяким наблюдателем» [Юшкевич 1910: 208].

Для студентов поколения Милюкова первое знакомство с философией истории Конта часто происходило на историко-филологическом факультете Московского университся [Милюков 1955, 1: 89–94, 116–142; Маклаков 1954: 188–212; Ковалевский

---

[35] О позитивизме в России см. [Валицкий 2013: 374–396]. Об обсуждении работ западных позитивистов см. у П. К. Мокиевского, писавшего, что в конце 1870-х годов «самыми популярными авторами в России стали Огюст Конт, Джон Стюарт Милль, [Джордж] Льюис и Герберт Спенсер» [Mokievsky 1890: 155].

[36] Все они были связаны с конституционно-демократической партией, хотя Ковалевский впоследствии стал одним из основателей отколовшейся от кадетов Партии демократических реформ. Подробнее о Милюкове см. [Stockdale 1996] и в его автобиографических сочинениях [Милюков 1907a; Милюков 1921; Милюков 1955].

1930: 275–293][37]. Два самых выдающихся профессора, преподававших там, В. О. Ключевский (1841–1911) и П. Г. Виноградов (1854–1925), являясь приверженцами доктрины Конта в широком смысле этого слова, учили своих студентов, что историю нужно исследовать научными методами и что она развивается по законам прогресса, то есть рационально, научно и уважительно по отношению к человеку[38]. Не отрицая полностью роли исторических обстоятельств и индивидуальной воли, они в своих лекциях предлагали опираться на эмпирические наблюдения, которые, по их мнению, доказывали, что в истории есть определенные константы и что она развивается в соответствии с законами природы. Эти мыслители, оказавшие огромное влияние на своих учеников, верили, что идея прогресса, неразрывно связанного с либеральными свободами и демократическими принципами, лежит в основе исторического развития всего человечества[39].

Либералы как позитивистского, так и неоидеалистического толка иногда приходили к одним и тем же выводам, однако эпистемологии, которыми они пользовались, были совершенно разными. Позитивисты, как правило, резко возражали против того, чтобы наука об обществе и истории содержала в себе этический элемент [Ковалевский 1879, 1: i; Муромцев 1883; Vinogradoff 1892: vi–vii]. Вместо этого они ссылались на теорию эволюционного развития живых существ, созданную Ч. Дарвином и его современниками, и на ее основе приходили к эволюционному обоснованию истории и общественной жизни[40]. Перенося дарвинистские принципы на историю и социологию, позитивисты утверждали, что сильнейшая форма политического устройства — конституционная демократия — имеет лучшие шансы на выжи-

---

[37] Подробнее об этом см. в шестой главе.

[38] Среди биографических исследований, посвященных Ключевскому и Виноградову, см. [Антощенко 2010; Нечкина 1974; Byrnes 1995].

[39] См., например, [Виноградов 1898: 254–313].

[40] Образцом исследования такого рода является «Очерк происхождения и развития семьи и собственности» [Ковалевский 1939].

вание. Позитивистские либералы считали, что раз наука, объяснившая явления окружающего мира с помощью неопровержимых фактов, сделала ненужными религиозные толкования физических процессов, и ответы на вопросы о ценности личности и об истоках прав и свобод человека даст только светский, научный подход. Они указывали на определяющую роль социального и исторического контекста в зарождении и распространении индивидуальных прав и свобод человека в Европе и Северной Америке и считали эти права результатом нравственной эволюции и прогрессивного развития общества[41].

В отличие от неоидеалистов, позитивисты воспринимали трансформацию личности как побочный продукт институциональных и социальных перемен. Вместо того чтобы признать саморазвитие человека как абсолютную ценность саму по себе, они мыслили более приземленно, делая акцент исключительно на политической реформе и ее последствиях: в соответствии с историческими закономерностями демократизация общества и установление социальной справедливости приведут к тому, что люди усвоят ценность как позитивной, так и негативной свободы. Хотя позитивисты всех мастей подчеркивали важную роль культуры в создании в России современного гражданского общества (в частности, Милюков говорил об «отсутствии четкой индивидуальности», «гражданской традиции» и о недостаточном «гражданском образовании» как о важнейших препятствиях на пути России к прогрессу [Milyoukov 1905: 17, 19, 20]), они тем не менее ставили во главу угла реформирование российских общественных и политических институтов, а не изменения в индивидуальном сознании людей. Глядя на программу российских либералов-позитивистов, видишь, что этот подход кадетов к социальным изменениям был, как писала С. Брюйар, «по сути своей политическим» [Breuillard 1992: 109]. Как сказал И. И. Петрункевич (1843–1928), один из ближайших соратников Милюкова и видный деятель кадетской партии, рассуждая об аграрной ре-

---

[41] Ковалевский, как и Виноградов с Милюковым, очень много писал о сравнительной истории.

форме, «никакие политические улучшения невозможны без реформ социальных и экономических»[42].

Хотя политические убеждения либеральных позитивистов были самыми разными, оптимистический взгляд на историческое развитие и убежденность в том, что между социальными, экономическими и политическими реформами есть глубинная внутренняя связь, вставали стеной между ними и либералами-неоидеалистами. Так, Милюков, для того чтобы воплотить в жизнь свое видение свободы, был готов заключать союзы с политическими группами, придерживавшимися диаметрально противоположных взглядов в сравнении с кадетами. Апеллируя к недавней истории Западной Европы, он утверждал, что подстрекательская риторика революционных партий после введения всеобщего избирательного права неизбежно смягчится и что широкая кампания борьбы за гражданские права, во главе которой будут стоять либералы и социалисты, приведет к установлению либеральной демократии и построению более справедливого общества [Милюков 1903a: 321–323; Milyoukov 1905: 248–249]. «Русский либерализм и русский социализм, — писал он, — не исключают друг друга» [Milyoukov 1905: 340][43]. Подробнее о Милюкове и его меняющемся отношении к революционным партиям после 1905 года будет рассказано в следующей главе, однако важно отметить, что цели и задачи, сформулированные им для своей партии, рождались из его убежденности в неизбежности исторического прогресса и возможности социальных перемен путем политических реформ.

Хотя не все позитивисты отрицали существование идеалов и их участие в человеческой деятельности или спорили с тем, что у индивидов есть своя роль в историческом процессе, ключевым фактором, ставящим под сомнение их принадлежность к либеральной традиции, является возможная несовместимость между детерминистским подходом к истории и интересами обычных

---

[42] Цит. по: [Милюков 1935: 297].

[43] См. также [Riha 1969: 50–52; Stockdale 1996: 109–111]. Социалисты не так оптимистично относились к перспективе этого сотрудничества, как сами либералы.

людей. Поскольку позитивисты утверждали, что требования прогресса оправдывают ограничение индивидуальной свободы, и склонялись к телеологическому взгляду на историю как на движение в сторону совершенного общественного устройства, их включение в либеральную традицию, как она понимается в данном исследовании, представляется проблематичным. Так, славянофил Н. М. Соколов осуждал «деспотический» характер философии Милюкова [Соколов 1904][44], а В. А. Маклаков (1869–1957), один из главных деятелей кадетской партии, дистанцировавшийся от политики ее лидеров, в эмиграции обвинял Милюкова в том, что он, опираясь на позитивистские принципы, оправдал принятие политических решений, приведших к Первой русской революции. О споре между Маклаковым и Милюковым, а также об идеологических установках и о конкретных поступках последнего более подробно будет рассказано в следующих главах, где будут показаны как приверженность Милюкова к эмпирическому методу, так и его убежденность в существовании законов истории, что ставит под сомнение его статус либерала.

Говоря о разнице между тем, как позитивисты и неоидеалисты трактовали концепцию свободы, нельзя при этом ни закрывать глаза на многочисленные глубокие разногласия внутри обоих этих течений, ни отрицать существование некоей общей идеологической базы, сделавшей возможным сотрудничество между ними. Как будет показано в третьей главе, позитивисты и неоидеалисты работали рука об руку, стремясь повысить политическую сознательность тех либерально настроенных членов российского общества, которые еще не определились со своими политическими взглядами, и многие из них вступили в партию кадетов. В 1904 году Бердяев говорил об этом возможном сотрудничестве следующими словами:

> Мы никогда не пытались посягать на возвышенные добродетели позитивистов — мы только указывали на их философскую слабость, упрощенность и примитивность их

---

[44] Цит. по: [Read 1979: 101].

мировоззрения, противоречия между их идеалистическими настроениями и теориями. <...> Практика позитивистов бесконечно выше их теории, и мы хотели бы, чтобы их теория сделалась достойной их практики, чтобы великой борьбе за освобождение соответствовала философия свободы [Бердяев 1904б: 684, 722].

В более широком смысле идеализм и позитивизм были обобщающими понятиями, объединявшими самые различные философские и политические течения. В бурные революционные годы начала XX века перед российскими мыслителями встал вопрос о том, как в кратчайшее время перевести свои либеральные теории на язык практики. Хотя в ходе этого процесса еще сильнее обнажились существовавшие между ними философские и идеологические разногласия, в результате российские политические деятели смогли необычайно глубоко (как в теории, так и на практике) проникнуть в суть проблем либерализма.

Глава 3
Разные концепции свободы

*Либерализм в 1905 году и после Первой
русской революции*

Во введении к этой книге я писала о том, что любое корректное исследование либерализма должно опираться на исторический подход. Возникновение либеральной традиции — и как философского учения, и как политического движения — неразрывно связано с распространением идей индивидуализма в Раннем Новом времени, а становление современного или ревизионистского либерализма основано на появившейся в XIX веке теории о том, что государство должно вмешиваться в рыночные отношения для устранения несправедливости. Одним из достоинств такого исторического подхода является то, что он высвечивает огромную сложность процессов, приведших к формированию либеральной традиции, и демонстрирует многослойную структуру либерализма. Один из историков, занимавшихся этой темой, сказал: «Намного проще — и разумней — *описать* либерализм, чем дать его краткое определение. Чтобы сформулировать теорию либерализма, старого и нового, необходимо сделать сравнительное описание того, как он реализовывался в различных исторических контекстах» [Merquior 1991: 1]. Хотя объем данной книги не предполагает подобного сравнительного исследования, в этой главе будет показано, как участие в реальном политическом процессе поставило перед российскими либералами целый ряд политических и моральных дилемм, которые изменили их представления о прогрессе и заставили осознать сложность и противоречивость либерализма. Уделив внимание той эпохе в русской истории, когда участие либеральных деятелей в политической жизни Российской империи было наиболее активным (до, во время и сразу после Революции 1905 года; обычно к этому периоду относят события 1904–1907 годов [Ascher 2005: 1]), я продемонстрирую, в какой степени ответственность за неоднозначные итоги Первой русской революции лежит на самих либералах.

Революция 1905 года оказала колоссальное влияние на историю российского либерализма по двум причинам. Во-первых, либералы были активными участниками тех массовых протестов, которые в итоге привели к тому, что самодержавие пошло на уступки общественному мнению. Во-вторых, они играли важную роль в Государственной думе — возникшем в начале 1906 года выборном законодательном органе, обладавшем властью. Однако, пытаясь в то время сформулировать концепцию свободы, они сталкивались с одной фундаментальной проблемой. С одной стороны, они были прекрасно осведомлены о том, что жестокие и беззаконные действия царского правительства резко контрастируют с тем порядком вещей, который должен существовать в правовом государстве. С другой, они также понимали, что призыв заменить существующее правительство «истинной» законной властью фактически поставит их на одну доску с революционерами, чьи социальные и экономические требования для большинства либералов были неприемлемыми. Пытаясь заручиться поддержкой различных слоев населения и найти политических союзников, а также сформулировать программу партии на основе определенных этических принципов, лидеры кадетов, сталкиваясь с новыми проблемами и препятствиями, были вынуждены все время вносить коррективы в свое видение свободы. Реагируя на важнейшие события того времени: аграрную реформу, борьбу за гражданские права, политический террор и демократизацию, — они исходили в первую очередь из практических, а не из теоретических соображений, заключая определенные договоренности и идя на компромиссы, неизбежные при участии в политическом процессе.

Опираясь на сказанное в предыдущих главах (о соблюдении баланса между конкурирующими друг с другом различными целями и ценностями как мерила либерализма и распространении новых позитивистских и неоидеалистических течений либерализма на рубеже веков в России), я в этой главе представлю контекстуальный анализ того, как российские либералы меняли свои взгляды на свободу в зависимости от происходивших вокруг них событий. В частности, уделяя внимание тому, как члены партии кадетов были озабочены поиском практического решения конфликта между концепциями позитивной и негативной свободы, я попытаюсь показать в этом исследовании проблем российского либерализма, что либеральными деятелями той эпохи руководили более сложные мотивы, чем просто эмоции или внутренняя предрасположенность к правизне или левизне, как это часто пытаются представить другие авторы. Позднейшая полемика в эмиграции (как, например, та, что вели друг с другом в 1920-е и 1930-е годы лидер кадетов П. Н. Милюков и его товарищ по ЦК партии В. А. Маклаков, которые именуются в историографических работах представителями «левого» и «правого» либерализма соответственно) иногда приводила к чрезмерному упрощению причин разногласий между членами кадетской партии [Karpovich 1955; Будницкий 1999: 419–420; Kröner 1998; Милюков 1935; Милюков 1955][1]. В этой главе я заново вернусь к полемике того периода, которая демонстрирует убежденность кадетов в том, что из-за своего особого исторического контекста Россия нуждается в уникальном балансе между различными концепциями свободы, и показывает, что внутренние разногласия между членами кадетской партии, вырывавшиеся наружу в эту турбулентную эпоху, были, по сути, связаны с вопросом о том, каким должен быть этот самый баланс. Рассказав о зарождении российского либерального движения, я проанализирую то, каким образом опыт участия в Первой русской революции

---

[1] О взглядах Милюкова по этому вопросу см., в частности, [Милюков 1930a]. О взглядах Маклакова, см. главным образом в [Маклаков 1936; Маклаков 1939; Маклаков 1939–1941].

и парламентской деятельности повлиял на учения этих мыслителей о свободе и как апология свободы со стороны кадетов сама оказала воздействие на ход этих событий.

В завершающих главах этой книги я покажу, как на основе одних и тех же фактов крупнейшие российские либералы совершенно по-разному рассуждали об уроках, извлеченных из первой в истории России попытки реализации либеральных идей в политическом процессе.

3.1. «Освободительное» движение

К концу XIX века из-за деспотического характера российского самодержавия в «освободительном» движении России отчасти стерлась граница между демократически настроенными представителями дворянского сословия и теми, кто, надеясь свергнуть царизм, был готов прибегнуть к насилию[2]. На макроуровне все большее обеднение помещиков и проблемы, возникшие в связи с экономическим кризисом, привели к появлению политически активной прослойки дворянства. Нежелание правительства прислушаться к голосам в защиту реформ (царь Николай II, вступивший на российский престол в 1894 году, в своей тронной речи, произнесенной в январе 1895 года, назвал планы ограничения своей власти «бессмысленными мечтаниями»), убежденность в том, что меры, принимаемые самодержавием, губительны, приведут только к росту революционных настроений (именно правительство винили в голоде 1891–1892 годов, войне с Японией, начавшейся в 1904 году, и самых неприглядных проявлениях капитализма), — все это побуждало представителей российского общества активно участвовать в политической деятельности. Форумами, на которых сформировалось оппозиционно настроенное дворянское движение, стали земства — выборные органы местного самоуправления, возникшие в результате Великих ре-

---

[2] Из обширной литературы об «освобожденческом» движении см., в частности, [Galai 1973; Шацилло 1985].

форм Александра II [McKenzie 1982; Manning 1982b]. Мемуары того времени содержат множество самых разных причин и мотивов, побудивших их авторов занять более активную политическую позицию, чем ранее[3]. В результате земские деятели, интеллигенция, а также марксисты и представители народничества временно объединились друг с другом на почве того, что самодержавие должно быть устранено мирным способом и что его лучшей заменой станет либерально-демократический режим[4]. Таким образом, российский либерализм стал частью более широкого протестного движения, одни участники которого признавали конкуренцию между различными концепциями свободы, а другие — нет. Эти разногласия между либералами и нелибералами, а также среди самих либералов стали играть более важную роль, когда в 1905 году «освободительное» движение было распущено и когда были созданы политические партии со своими идеологическими платформами.

В первом разделе этой главы будет достаточно подробно рассказано о социальных предпосылках к созданию «освободительного» движения и продемонстрировано, как демократически настроенные члены российского общества, озабоченные проблемой сохранения личных свобод в правовом государстве, постепенно пришли к мысли о том, что для установления либерального режима в царской России, возможно, будет необходимо прибегнуть к насильственным мерам. Эта эволюция политического сознания была столь явной, что к началу 1905 года между декларируемыми позициями «Союза освобождения» и двух других крупных оппозиционных движений: социал-демократов (Российской социал-демократической рабочей партии (РСДРП), основанной в 1898 году) и эсеров (партии социалистов-революционеров, основанной в 1901 году), которые выступали за насильственное свержение самодержавия, — было очень много общего.

---

[3] О. Н. Трубецкая писала, что для ее брата Сергея таким толчком стал голод в России 1891–1892 годов [Трубецкая 1953].

[4] В историографии «освобожденческого» движения традиционно принято выделять эти три группы, при этом признавая нечеткость границ между ними.

3.1.1. Предпосылки к созданию «Союза освобождения»

Хотя земские учреждения, введенные земской реформой 1864 года в большинстве губерний и уездов Российской империи, были важной площадкой возникновения и распространения в дворянской среде реформистских настроений, превращение этих чаяний и обид в реальное политическое движение произошло благодаря отдельным выдающимся общественным фигурам того времени, в частности И. И. Петрункевичу, князьям Павлу (1866–1927) и Петру (1866–1951) Долгоруковым, Ф. И. Родичеву (1854–1933), князю Д. И. Шаховскому (1861–1939), графу П. А. Гейдену (1840–1907) и Д. Н. Шипову (1851–1920). Все чаще стали проводиться общенациональные земские съезды, и в 1899 году было создано первое общество зарождающегося «освобожденческого» движения — кружок «Беседа», члены которого уже более отчетливо связывали защиту интересов дворянства с конституционной реформой [Emmons 1973; Шаховской 1901: 103–104][5].

Земцы, участвующие в «освобожденческом» движении, представляли интересы той российской общественности, которая, как писал в своих мемуарах Маклаков, «не забыла традиций 60-х годов» и «помнила о сотрудничестве “власти” и “общества”» [Маклаков 1936, 2: 295]. Значительная часть земских лидеров скептически относилась к идее мгновенного перехода к конституционализму и считала, что необходимо продолжать процесс реформ и ограничивать самодержавную власть в рамках существующего законодательства. Д. Н. Шипов возглавлял группу мыслителей, считавших, что конституционный режим не гарантирует свободы, а создает постоянный конфликт между обществом и государством и способствует дальнейшему развитию индивидуализма [Шипов 2007: 38–40; 156–178][6]. Он считал, что личные права и свободы должны быть реализованы в обществе,

---

[5] Маклаков, исполнявший в этом кружке обязанности секретаря, писал о нем в своих воспоминаниях, см. [Маклаков 1936, 2: 291–299].

[6] См. также [Vinogradov 1924: 641–644].

в котором граждане находятся в нравственном единстве со своими правителями. В качестве идеальной формы правления он видел стоящую выше политических и социальных конфликтов наследственную монархию, которая будет управлять гражданами в соответствии с принципами христианства и, следовательно, действовать во имя всеобщего блага; таким образом, для него лучшим способом реализации этого замысла было сотрудничество с существующим самодержавным режимом[7].

Эта группа земцев, часто критикуемая за свое неприятие идеи негативной свободы, тем не менее какое-то время сотрудничала со сторонниками конституционализма, считавшими, что подлинные гарантии личной и политической свободы могут быть получены только в обществе с парламентской системой, в котором действует принцип верховенства закона. Именно эти земские деятели, связывавшие свободу с конституционализмом (члены основанного в 1903 году Союза земцев-конституционалистов), вместе с некоторыми представителями интеллигенции, главным образом легальными марксистами, легальными народниками и демократически настроенными лицами свободных профессий, составили ядро «освобожденческого» движения[8]. Усилившееся в 1890-х годах вмешательство государства в их профессиональную деятельность побудило многих представителей интеллигенции включиться в борьбу за политические реформы[9]. Особенно активно оказались вовлечены в политику люди из академической

---

[7] Шипова часто причисляли к славянофилам, хотя сам он возражал против этого термина. Другими мыслителями, примыкавшими к славянофильству, были Н. А. Хомяков (1850–1925) и М. А. Стахович (1861–1923).

[8] В числе земцев были И. И. Петрункевич, братья Трубецкие, Котляревский, Маклаков и Ф. А. Головин (1867–1937). В своем новаторском исследовании Дж. Фишер предположил, что российский либерализм зародился в дворянской среде, а затем принял более широкую форму, вобрав в себя «новых либералов» [Fischer 1958]. См. также [Freeze 1969].

[9] Среди заметных представителей интеллигенции, ставших впоследствии членами партии кадетов, были П. И. Новгородцев, В. И. Вернадский, В. Е. Якушин (1856–1912) и М. И. Петрункевич (1846–1912) [Wartenweiler 1999]. У многих из этих людей был опыт земской деятельности, подробнее об этом см. [Пирумова 1977: 232–283].

среды; примером такого мыслителя и политика является Милюков, бывший автором ряда трудов по русской истории.

Этот союз между лидерами земского движения и «новыми либералами», построенный вокруг идеи о том, что нужно убедить косный самодержавный режим в необходимости реформ, положил начало кампании по формированию общественного мнения, целью которой было привитие российскому населению, еще не состоящему в какой-либо партии, уважения к таким ценностям, как политический плюрализм, права личности и принцип верховенства закона.

3.1.2. «Союз освобождения»

«Освобожденческое» движение (которое с самого начала называли «либеральным движением») сформировалось вокруг нескольких важных центров, из которых ключевую роль играли издаваемый П. Б. Струве в Германии, а затем во Франции журнал «Освобождение» и «освобожденческие» кружки, начавшие появляться в 1901 году: Союз земцев-конституционалистов и в первую очередь «Союз освобождения», первый съезд которого состоялся в январе 1904 года в Петербурге[10].

В программе «Союза освобождения», принятой по итогам его первого съезда, главными целями движения были заявлены «политическое освобождение России» благодаря «уничтожению самодержавия и установлению в России конституционного режима»[11]. Его члены считали, что такой режим может быть установлен ненасильственным образом через «созыв учредительного собрания, избранного на основании всеобщего, прямого

---

[10] О том, почему это движение называлось либеральным, см., например, [Струве 1902в: 5]. Сторонники конституционализма решили издавать свой журнал за границей, чтобы избежать царской цензуры. Струве с семьей переехал в Германию, приняв на себя пост редактора [Пайпс 2001, 1]. Подробнее о журнале «Освобождение» см. [Шацилло 1985: 63–128; Кизеветтер 1929: 336–337]. Главным источником сведений о «Союзе освобождения» для меня была одноименная книга Шаховского [Шаховской 1901: 81–171].

[11] Текст программы СО см., например, в [Emmons 1974: 80–85].

и равного избирательного права с тайной подачей голосов» [Милюков 1902б: 7–12]. После того как всему мужскому населению России, включая крестьян, будут гарантированы гражданские и политические права, а привилегии дворянства отменят, необходимо будет принять социальные меры для снижения разницы в доходах между различными слоями общества и решения самых острых проблем, связанных с крестьянским вопросом. Эта всеобъемлющая программа была намеренно сформулирована в таких расплывчатых выражениях, чтобы вовлечь в либеральное движение как можно больше людей; в своей программной статье в «Освобождении» Струве писал: «Культурное и политическое освобождение России не может быть ни исключительно, ни преимущественно делом одного класса, одной партии, одного учения. Оно должно стать делом национальным, или общенародным» [Струве 1902в: 2].

Несмотря на весь оптимизм учредителей «Союза освобождения», его программа с самого начала была результатом трудного компромисса между земскими деятелями и представителями дворянства, с опаской относившимися к идее замены самодержавия западной демократией, и более радикальными представителями «освобожденческого» движения, имевшими фундаментально иные представления о свободе. Особенно много споров вызывал вопрос государственных мер для улучшения экономического положения крестьян и рабочих. После отмены крепостного права в 1861 году налоговый гнет крестьянства все время увеличивался; при этом быстрый рост численности населения привел к нехватке пахотных земель. Большинство участников «освобожденческого» движения, чувствуя, что корень крестьянского вопроса лежит именно в этой плоскости, настаивали на более справедливом распределении земельных наделов и заявляли, что при новом режиме правительство должно иметь право насильственно отторгать землю у помещиков [Macey 1987; Вронский 2000][12]. Помещики в ответ говорили о неприкосновенности частной собственности и о том, что крестьяне могут полу-

---

[12] См. [Volin 1970, особенно с. 94–101].

чить землю для своих сельскохозяйственных нужд, не посягая на право землевладельца распоряжаться собственным имуществом так, как он считает нужным[13].

Индустриализация и рост протестного рабочего движения поставили либералов перед еще одним сложным выбором: должны ли они поддерживать требования социалистических партий, в частности введение восьмичасового рабочего дня и создание пенсионной системы.

Во время споров о том, в какой степени «освобожденческое» движение может включить в свою программу некоторые пункты из повестки социалистических партий, особенно остро встал вопрос об идеологической близости между либералами и социалистами и о возможности обоюдовыгодного сотрудничества[14]. С 1902 года либеральное движение придерживалось курса «у нас нет врагов слева» [Милюков 1907б], и эта готовность идти на сделки с радикальными группами впоследствии получила развитие в статьях крупнейших теоретиков «освобожденческого» движения, Милюкова и Струве, утверждавших, что между либеральным и социалистическим видением свободы существует естественная близость [Струве 1903; Струве 1905а: 280–282; Milyoukov 1905: 334–432; Милюков 1903а: 321–323]. Хотя в 1902 году большинство участников «Союза освобождения» верили, что общественное давление и политика убеждения смогут запустить фундаментальные реформы, «не сходя с пути законности»[15], сомнения части либералов в том, что это возможно, привели к постепенной радикализации всего «освобожденческого» движения. Несмотря на опасения многих своих товарищей, основная масса членов «Союза освобождения» со временем пришла к мыс-

---

[13] Они указывали на то, что совокупная площадь крестьянских наделов в европейской части России почти в три раза превосходила площадь помещичьих земель, поэтому одна лишь экспроприация не могла решить крестьянского вопроса.

[14] О барьере, отделявшем «Союз освобождения» от более консервативных групп, см. [Милюков 1903б: 289–291].

[15] Из письма, опубликованного в «Освобождении» и подписанного «старыми земцами», цит. по: [Шацилло 1985: 141].

ли о необходимости революции, видя в ней ответ самодержавию с его имманентным деспотизмом. Струве выразил эти новые чаяния большинства, написав, что «в деле национального освобождения ни революционная борьба, ни умеренная и мирная оппозиция не могут обойтись одна без другой» [Струве 1902г: 105]. Несмотря на то что сами социал-демократы крайне скептически относились к перспективе сотрудничества с либералами, в течение какого-то периода «освобожденческое» движение оставалось, как писала впоследствии одна из его участниц А. Тыркова-Вильямс, «чем-то вроде военного союза между различными группами, монархистами и республиканцами, либералами и социалистами, временно объединенными общей целью — партизанской борьбой с общим врагом, самодержавием» [Tyrkova-Williams 1953: 173][16].

На этой почве либералы стали лояльными союзниками революционеров и социалистов, которые воспринимали свободу не столько как права, гарантированные политической и правовой системой государства, сколько как продукт нового, более рационального, общественного устройства.

3.2. Пересмотр концепций свободы: 1905 год

В России 1905 года вопрос о том, насколько либеральные взгляды совместимы с принятием идеи революции, был самым что ни на есть практическим [Гейфман 1988; Гейфман 1997; Stockdale 1995]. После всех попыток добиться установления общественного строя, в котором соблюдались бы права человека и главенствовал принцип верховенства закона, либералы вынуждены были признать тот факт, что никакие гражданские формы протеста не оказали воздействия на царское правительство, чьи беспощадные разгоны мирных демонстраций, самым известным из которых стало Кровавое воскресенье 9 января 1905 года,

---

[16] О разногласиях между большевиками и меньшевиками по поводу сотрудничества с «освобожденцами» см. [Ascher 1988: 68–69].

в определенной степени оправдывали действия экстремистских групп[17]. Однако по мере того, как революционное движение набирало силу и росло число террористических актов, забастовок с применением силы и бунтов, либералы все яснее стали осознавать важность государства в деле сохранения порядка и тот факт, что без этого порядка столь ценимые ими права и свободы защитить невозможно. В бурных спорах о том, как именно следует противостоять самодержавию, мировоззрение членов «Союза освобождения», который впоследствии превратился в кадетскую партию, формировалось в зависимости от быстро меняющихся событий того времени.

В такой обстановке вопрос о соблюдении баланса между позитивной и негативной свободой был частью более общей проблемы, занимавшей умы всех российских граждан, желавших участвовать в политической жизни страны и вместе с тем сознающих недостатки существующей системы.

3.2.1. Свобода и революция

На фоне всеобщего недовольства властью, охватившего рабочих и крестьян, известия о поражении русского флота под Цусимой в мае 1905 года превратили ситуацию в Российской империи из беспокойной во взрывоопасную. Последовавшие за этим волнения: почти всеобщая забастовка, уличные беспорядки в Одессе и восстание на броненосце «Потемкин» — еще больше увеличили вероятность того, что с подачи революционных партий может начаться общенациональное восстание[18].

Умеренные либералы, верившие, что преобразования можно будет провести в рамках существующего государственного строя и в сотрудничестве с властью, были разочарованы полным нежеланием правительства запускать процесс полномасштабных реформ и его готовностью применять насилие по отношению

---

[17] О растущей политизации требований рабочих и крестьян см. [Сверчков 1925; Galai 1976].

[18] Об этих событиях см. [Bushnell 1985; Galai 1965].

к протестующим массам. После провалившейся попытки обратиться лично к царю через посредничество видного философа-неоидеалиста и земского деятеля князя С. Н. Трубецкого эти люди задумались о допустимости более радикальных методов протеста[19]. Даже Маклаков, впоследствии заявлявший, что либералы должны были больше сотрудничать с властью, писал тогда, что в череде крестьянских восстаний винить нужно было исключительно экономическое неравенство и систему правления в России [Маклаков 1949: 36–41]. Многие земцы, до того категорически возражавшие против политики террора, готовы были признать, что насилие оказалось эффективным методом воздействия на правительство, подтолкнув его хотя бы к тем реформам, на которые оно оказалось готово пойти[20]. В такой обстановке только малая часть либералов продолжала говорить об абсолютной ценности прав и свобод человека и о неприемлемости применения насилия даже в теории[21].

Другие «освобожденцы» стали все активнее склоняться в сторону более радикальных мер, особенно после событий Кровавого воскресенья, по итогам которого Струве назвал Николая II «врагом и палачом народа» [Струве 1905б: 233]. На страницах «Освобождения» он утверждал: «Активную, революционную тактику на современной стадии русской "смуты" я считаю единственно разумной для русских конституционалистов» [Струве 1905а: 281]. В мае 1905 года Милюков создал черновик воззва-

---

[19] Все это подробно описано в мемуарах И. И. Петрункевича [Петрункевич 1934: 382–385].

[20] См. статью «Земцы-конституционалисты о конституционно-демократической партии» в журнале съезда группы земцев-конституционалистов 9–10 июля 1905 года в Москве, перепечатанную в приложении к № 78/79 «Освобождения» от 18 октября (5 октября) 1905 года. С. 1–14.

[21] Например С. Л. Франк, который так объяснял П. Б. Струве свой выход из «освобожденческого» движения: «Как я ни жажду политической свободы, я не могу для нее ни убивать людей, ни звать на смерть, ни — говоря вполне откровенно — сам умереть в роли пушечного мяса. <...> Кто хочет теперь быть деятелем, должен, по сути, приблизиться к позиции социал-революционеров и не уклоняться от их тактики» [Франк 1992а: 286].

ния к русскому народу, который его биограф М. Стокдейл называет «самым радикальным документом, когда-либо им написанным» [Stockdale 1996: 135]. Вот что там говорилось: «Мы должны действовать, как кто умеет и может, как кто способен или считает нужным по своим политическим убеждениям. Как угодно, но действовать. Все средства теперь законны против страшной угрозы, заключающейся в самом факте дальнейшего существования настоящего правительства» [Сверчков 1925: 153; Милюков 1955, 1: 276–292]. В заключение он писал, что во время революции пацифизм является лицемерием, поскольку говорящие о нем, сами воздерживаясь от применения силы, извлекают выгоду из того, что это делают другие.

По мере того как «освобожденческое» движение в целом сближалось с социалистическими партиями, его участники тоже все сильнее склонялись к концепции позитивной свободы. Социально-экономическая программа «Союза освобождения», принятая на его III съезде в марте 1905 года, учитывала пожелания рабочих и крестьян и предусматривала возможность передачи земли в обмен на вознаграждение, а также устанавливала трудовое законодательство, в частности введение восьмичасового рабочего дня. Летом земцы, традиционно бывшие самыми консервативно настроенными участниками «освобожденческого» движения, уже начали требовать всеобщего избирательного права, автономии Польши и других приграничных территорий, а также проведения экономических и социальных реформ с целью устранения неравенства, настаивая в том числе на экспроприации земель [Smith 1958: 299–302, 420–424][22].

В это турбулентное время многие либеральные мыслители, основавшие «Союз освобождения», все больше склонялись к мысли, что революция, возможно, является лучшим средством для достижения их целей: создания правового государства, гарантирования прав человека и достижения свободы, которую они воспринимали как самоцель. Однако такое решение ставило

---

[22] См. статью «Июльский земский съезд: протокол съезда» в журнале «Освобождение». 1905. № 76. 15 сентября (2 сентября). С. 447–458.

перед ними глубокую моральную дилемму. Как писала М. Стокдейл, «на возникавшие этические и юридические вопросы,
в частности о взаимосвязи между целями и средствами и грани-
цах допустимого в политике, не было простых ответов, особенно
с учетом того, что эти вопросы не имели абстрактный характер,
а ставились... в период колоссальных социальных и политических
потрясений» [Stockdale 1996: 461–462]. Тот факт, что политика
террора находила поддержку как среди их потенциального элек-
тората, так и со стороны партий, которых они считали своими
ключевыми союзниками, в известной степени показывает, како-
го рода тактические решения приходилось принимать лидерам
либерального движения.

Установившаяся традиция причислять террористов к героям-му-
ченикам, сражающимся за свободу и благополучие российских
граждан, стала еще более трудной проверкой на их верность своим
этическим принципам; даже такие фигуры, как Струве и Маклаков,
испытывавшие искреннее отвращение к насилию, в какие-то моменты 1905 года соглашались с необходимостью террора[23].

3.2.2. Свобода и порядок

Во время Революции 1905 года российские либералы постепенно осознали, что у способности государства поддерживать порядок внутри общества есть этическая сторона, неразрывно связан-
ная с сохранением и защитой свободы[24]. Однако по мере того, как
им открывалась эта связь между порядком и свободой, между
ними стали разгораться споры о том, как эти понятия должны
соотноситься друг с другом. В частности, те, кто впоследствии
вступил в кадетскую партию, в массе своей утверждали, что
в исторических условиях, сложившихся в России, необходимо

---

[23] Об этических дилеммах, тревоживших в то время «освобожденцев» с кон-
     сервативными взглядами, см. [Rampton 2016].

[24] Как пишет Н. Лазар, «либеральный демократический порядок не имеет во-
     площения и наполнения без прав или содержащейся в них нравственной
     информации, а эти права не имеют воплощения без порядка» [Lazar 2009: 81].

принять некоторые позитивные меры, направленные на улучшение качества жизни беднейших слоев населения; однако их
взгляды на то, сможет ли царское правительство сохранять порядок в обществе, защищая при этом личные права граждан, существенно разнились. Милюков, чье мнение оказывало колоссальное
влияние на политику партии, опираясь на свой опыт историка,
утверждал, что в сложных ситуациях свобода должна восприниматься как цель, чью ценность надлежит сравнивать с ценностью
других конкурирующих с ней идей. В цикле лекций, прочитанных
им в 1903 году в Соединенных Штатах, он говорил о том, что
«политическая и личная свобода больше не представляются теми
абсолютными ценностями, которыми они считались на заре эры
свободы во Франции» [Milyoukov 1905: 224]. Во время кризиса он
готов был в значительной степени пожертвовать негативной
свободой ради создания более благоприятных условий для самореализации всех граждан. Маклаков, который по основному роду
деятельности был адвокатом и впоследствии в эмиграции стал
одним из самых непримиримых критиков Милюкова, также верил,
что в России роль позитивной свободы должна быть выше, чем
на Западе, однако, по его мнению, Россия нуждалась в сильной
власти из-за того, что русский народ совершенно не имел опыта
негативной свободы. В своих взглядах, которые он подробно из-
ложил в воспоминаниях, Маклаков исходил из того, что личная
свобода не может быть достигнута благодаря нарушениям прав
государства, и эта точка зрения нашла отклик внутри определенной группы кадетов, о чем будет более подробно рассказано
в четвертой главе. Когда «Союз освобождения» был распущен
и началась настоящая борьба между политическими партиями
с разными идеологическими платформами, те, кто разделял идею
о добросовестной конкуренции между различными либеральными ценностями, вошли в состав кадетской партии, но при этом
стало отчетливо ясно, что другие крупные группы бывших «освобожденцев» не разделяют этой позиции.

В октябре 1905 года, в процессе подготовки к участию в выборах в законосовещательную Думу (одна из уступок, на которую
пошло царское правительство), «Союз освобождения» был рас-

пущен, а на его руинах была создана конституционно-демократическая партия[25]. Как и у ее предшественника, программа партии была написана таким образом, чтобы привлечь в ряды ее сторонников как можно больше представителей нереволюционно настроенной интеллигенции, в том числе представителей национальных меньшинств из Польши и Финляндии[26]. Требования кадетов включали в себя равенство всех российских граждан перед законом, гарантию соблюдения основных гражданских прав и свобод, включая свободу слова, совести, передвижения и собраний[27].

Главным политическим требованием кадетов было создание национального законодательного собрания с помощью системы всеобщих, равных, прямых и тайных выборов, ответственность за проведение которых лежала бы на правительстве. За женское избирательное право выступали чуть больше половины членов партии, которые не требовали от остальных кадетов поддержки в этом вопросе; противники предоставления женщинам права свободно голосовать утверждали, что это слишком радикальная мера, которая не найдет понимания у крестьянства[28]. По этому поводу Милюкову, заявлявшему, что от требования действительно всеобщих выборов следует временно отказаться по тактическим соображениям, открыто возражала его жена — А. С. Милюкова (1861–1935), которая в мае 1905 года стала одной из со-основательниц Лиги равноправия женщин[29].

---

[25] О мерах, принятых царским правительством для успокоения общественного мнения, см. [Ascher 1988: 122–123]. О платформе кадетской партии см. [Enticott 2016: 38–46].

[26] См. ст. 3 программы конституционно-демократической партии (Партии народной свободы) [Павлов, Шелохаев 2001: 51–58]. Анализ кадетской программы см. в [Черменский 1970: 158–160].

[27] Об историческом контексте, под влиянием которого сформировалась позиция кадетов по вопросу свободы совести, см. [Werth 2014]. См. также [Michelson 2007; Poole 2012; Poole, Werth 2018].

[28] О борьбе за предоставление женщинам избирательного права в России см. [Edmondson 1984; Стайтс 2004; Ruthchild 2010].

[29] О Милюковой см. [Жихарева 1935].

Самым болезненным вопросом, вызывавшим наиболее ожесточенные споры между членами кадетской партии, был крестьянский. В конце концов в программе кадетов было туманно сказано, что отчуждение частновладельческих земель будет производиться с вознаграждением «по справедливой (не рыночной) оценке» и в «потребных размерах»[30].

В своей вступительной речи на учредительном съезде партии Милюков заявил о левоцентризме кадетов, сказав:

> ...наша партия ближе всего подходит к тем интеллигентским западным группам, которые известны под названием «социальных реформаторов» <...> наша программа является, несомненно, наиболее левой из всех, какие предъявляются аналогичными нам политическими группами Западной Европы [Милюков 1905; Милюков 1907a: 100–101].

В самом деле, позиция кадетской партии (особенно в том, что касалось аграрной реформы и трудового законодательства) впоследствии часто критиковалась как едва ли совместимая с идеями либерализма [Галай 1991; Леонтович 1995]. В частности, их осуждали за включение пункта об отчуждении земель как противоречащего принципу неприкосновенности частной собственности. Однако в рамках того подхода к либерализму, который используется в этом исследовании, аграрная программа кадетов представляет собой пример конфликта между конкурирующими друг с другом целями: полномасштабным перераспределением благ и прав в пользу значительной части населения России и негативной свободой землевладельцев, порожденной и сохраняемой самодержавным режимом. Канонический пример такого по-настоящему

---

[30] Радикальное крыло кадетской партии было солидарно с эсерами и социал-демократами, выступая за конфискацию всех помещичьих земель и их передачу крестьянам. Другая внутрипартийная группа, возглавляемая крупнейшим экономистом М. Я. Герценштейном (1859–1906), придерживалась той позиции, что экспроприация земель возможна только в исключительных случаях. Мнения лидеров кадетской партии по аграрному вопросу, включая Герценштейна, см. в одноименном сборнике статей [Герценштейн 1906]. См. также [Шелохаев 1970; Zimmerman 1967: 93–126].

либерального подхода к крестьянскому вопросу можно увидеть у члена кадетской партии П. И. Новгородцева, писавшего: «Правосознание нашего времени выше права собственности ставит право человеческой личности и во имя этого права, человеческого достоинства, свободы устраняет идею неотчуждаемой собственности, заменяя ее принципом публично-правового регулирования приобретенных прав с необходимым вознаграждением их обладателей в случае отчуждения» [Новгородцев 1905б: 220]. Тот факт, что кадеты постоянно выступали в защиту личных прав человека в других случаях и что, согласно либеральному консенсусу, право собственности не является «нерушимым», лишний раз доказывает, что кадетская партия пыталась в этих сложных исторических обстоятельствах достичь разумного компромисса между конкурирующими либеральными принципами[31].

Когда кадеты спорили о своей программе на фоне Всероссийской политической стачки и роста революционных настроений, царское правительство наконец пошло на первую существенную политическую уступку протестующим, выпустив 17 (30) октября 1905 года манифест «Об усовершенствовании государственного порядка» (так называемый Октябрьский манифест), в котором были провозглашены различные права и свободы, а также было объявлено о создании полноценного законодательного органа — Думы[32]. «Освобожденческое» движение, члены которого в разной степени верили в готовность правительства идти на реформы, раскололось на несколько политических партий. Крупные землевладельцы и предприниматели отделились от кадетов и сформировали «Союз 17 октября» — партию, идеология которой заключалась в том, что для распространения идей либерализма в России необходимо сотрудничать с царским правительством,

---

[31] Так, право владения имуществом гарантировано Всеобщей декларацией прав человека (1948), в которой также отмечено, что «никто не должен быть произвольно лишен своего имущества» (ст. 17). См. на сайте ООН. URL: https://www.un.org/ru/about-us/universal-declaration-of-human-rights (дата обращения: 13.02.2024).

[32] См. «Октября 17. Манифест» в Полном собрании законов Российской империи (1881–1917) (ПСЗ). Т. 25. Отд. 1. № 26803. С. 754–755.

и чьи члены в меньшей степени были озабочены поиском компромисса между концепциями позитивной и негативной свободы, чем кадеты. Хотя Шипов и другие основатели «Союза 17 октября» сумели в прошлом найти точки соприкосновения с будущими кадетами при создании «Союза освобождения», их партия (чем дальше, тем сильней) развивалась в сторону нетерпимости, великорусского шовинизма и консерватизма [Galai 2004][33]. В отличие от будущих октябристов, большинство кадетов отнеслись к положениям Октябрьского манифеста с недоверием. Последующие шаги царского режима, в том числе смертные казни и слабая политическая поддержка графа С. Ю. Витте (1849–1915), фактического автора Октябрьского манифеста, еще больше разубедили их в том, что правительство действительно собирается претворять в жизнь эти обещания.

В то время как вера либералов в благие намерения царского правительства слабела, революционеры действовали все более смело и широко, и возможность того, что старый порядок не выстоит против этих вооруженных выступлений, становилась все более осязаемой. Постоянные забастовки, захваты земель и призывы к насилию во имя социальных реформ в итоге вылились в организованное меньшевиками, большевиками и эсерами Декабрьское восстание в Москве 1905 года, которое было подавлено властями с использованием артиллерии. Социалистическое движение набирало обороты, но лидеры кадетов в целом воздерживались от критики революционных партий и (по крайней мере, на словах) по-прежнему возлагали ответственность за творящееся насилие на правительство, обвиняя его в бессмысленной жестокости и бездействии.

К концу 1905 года кадеты на собственном опыте убедились в том, что столь желаемые ими права и свободы не могут быть надежно защищены в период социальных волнений и экономических потрясений. В статьях отдельных членов кадетской партии видна их обеспокоенность перспективами сотрудничества с ре-

---

[33] Программу «Союза 17 октября» см. в [Павлов, Шелохаев 2001: 58–65]. Сравнение взглядов кадетов и октябристов см. в [Emmons 1983: 108–112].

шительно настроенными революционными партиями, которые пренебрежительно относились к идее государства как гаранта соблюдения порядка и посредника при поиске компромисса между различными правами и свободами. В частности, Струве писал:

> Мировоззрению социал-демократии... чужда идея права. Реакционное насилие самодержавия социал-демократия желает побороть революционной силой народа. Культ силы общий с ее политическим врагом; она желает только другого носителя силы и предписывает ему другие задачи. Право в ее мировоззрении есть не идея должного, а приказ сильного [Струве 1905в: 497][34].

Как будет показано в следующей главе, именно тогда он создал свое учение о несовместимости революционного насилия со свободой и с культурой. Хотя невозможно отрицать, что, преследуя свои долгосрочные цели, либеральное движение в течение длительного периода сотрудничало с революционными партиями, в тот момент лидеры кадетов пришли к мысли о том, что, если государство не способно поддерживать порядок и выполнять свои нормальные функции, самое существование прав и свобод человека находится под угрозой. Заново осознав важность государственных институтов, однако окончательно разуверившись в царском правительстве, кадеты начали готовиться к своему первому опыту парламентской деятельности.

3.3. Свобода и либеральная политика, 1906–1914 годы

Эксперимент по созданию российской конституционной монархии примечателен своей непродолжительностью: Первая Государственная дума просуществовала 73 дня, а Вторая — немногим

---

[34] Другой точки зрения придерживался, например, А. А. Чупров, призывавший кадетов к деятельному сотрудничеству с социалистами [Чупров 1906]. За координацию усилий между либералами и революционерами выступал и Петрункевич, см. ссылку 86 в [Emmons 1983: 413–414].

более трех месяцев. Принятие летом 1907 года нового избирательного закона — неправомерного и неконституционного — фактически положило конец этому эксперименту, так как новая Дума была куда более *лояльной царскому правительству*. Однако в первых двух созывах Государственной думы (1906–1907) кадеты играли важную и даже ведущую роль благодаря своей численности и тому, что их лидеры были компетентны, красноречивы, хорошо разбирались в парламентских процедурах. Значительная часть их законопроектов была направлена на формирование системы прав и свобод с учетом российских реалий. В то же время лидеров кадетской партии сдерживали тактические соображения, связанные с поисками политических союзников, и в целом специфика парламентской деятельности в ситуации вынужденного сотрудничества с враждебно настроенным правительством.

В последнем разделе этой главы будет показано, как из политических соображений кадеты пересматривали свои взгляды на проблему баланса между концепциями позитивной и негативной свободы.

3.3.1. Правовое государство

Когда кадеты готовились к работе в Думе I созыва, неясности, заложенные в Манифест 17 октября (и закрепленные в Своде основных государственных законов 23 апреля 1906 года), и тот факт, что царь, как писал Дж. Хоскинг, «хотел, чтобы было и самодержавие, и Октябрьский манифест» [Hosking 1973: 10], привели к резкому непониманию того, как теперь будут распределены властные полномочия. Хотя правительство готово было даровать населению некоторые гражданские и политические свободы, их объем был разным для различных слоев населения, а при новой правовой системе самодержец по-прежнему мог действовать по своему усмотрению и быть над законом[35]. При

---

[35] Подробнее об этой правовой неопределенности см. [Hosking 1973: 1–13]. В частности, произошло преобразование Государственного совета, который фактически стал верхней палатой парламента и обладал такими же законо-

таком положении дел вставал вопрос, может ли сотрудничество с существующим режимом быть продуктивным и вообще допустимым с моральной точки зрения.

Однозначно верного ответа на этот вопрос в той сложной ситуации не было. Некоторые либералы считали, что кадеты должны были идти в Государственную думу только для того, чтобы противодействовать правительству парламентскими методами и добиться фундаментальной перестройки всей политической системы. Другие, в том числе большинство членов ЦК партии, были твердо убеждены в том, что конструктивное участие в работе парламента необходимо для успокоения общества и восстановления доверия к государственным структурам[36]. Помимо этих существенных разногласий, кадеты не сходились друг с другом в вопросах тактики: бурно обсуждалось, должна ли партия требовать уступок от власти, объединившись с революционерами-социалистами, или поддержать правительство с целью восстановления порядка [Ascher 1988: 52–53; Милюков 1906a; Милюков 1907a: 234–239]. Чтобы улучшить образ партии в глазах власти, лидеры кадетов отказались от требований созыва Учредительного собрания и образования демократической республики, согласившись с идеей конституционной и парламентской монархии[37]. Однако и из эмоциональных, и из тактических соображений кадеты не могли полностью дистанциро-

---

дательными полномочиями, как и Дума. Эта реформа была крайне негативно воспринята либералами: Струве заявил о *coup d'état* (государственном перевороте), а Милюков назвал уравнение Государственного совета в правах с палатой народных представителей «оскорблением для последних» [Струве 1906; Милюков 1906б; Милюков 1907a: 87]. Полный текст Основных государственных законов от 23 апреля 1906 года см. в ПСЗ. Т. 26. Отд. 1. № 27805. С. 456–461.

[36] О состоявшейся по этому поводу дискуссии на II съезде конституционно-демократической партии 5–11 января 1906 года см. [Волобуев 1997–2000, 1].

[37] См. дискуссию об этом в протоколе утреннего заседания 22 апреля [Протоколы 1906: 47–55]. На партийном съезде в начале 1906 года к названию партии были добавлены слова «Партия народной свободы», а женщины получили право голоса.

ваться от оппозиционных партий, которые не пошли на уступки правительству и не до конца поверили в возможность конструктивной законотворческой работы в стенах Думы. Милюков, который в то время был главным создателем стратегии кадетов, называл это «соединением либеральной тактики с революционной угрозой» [Милюков 1955, 1: 316]. Но (с точки зрения царского правительства) кадеты так окончательно и не порвали с революционными партиями, поэтому оставались в высшей степени подозрительными [Пайпс 2001, 2; Черменский 1970: 217–219].

Впечатляющая победа, одержанная на выборах в Первую Государственную думу и достигнутая в первую очередь благодаря активной избирательной кампании с привлечением прессы, а также из-за бойкота выборов со стороны революционных партий, придала кадетам уверенности в собственных силах в их противостоянии с правительством[38]. Кроме того, стало очевидным, что ради претворения в жизнь либеральных идеалов в стране с ущербной политической системой необходимо вступать в коалиции и идти на компромиссы. Для формирования парламентского большинства кадетам нужно было объединиться примерно с 200 депутатами из числа трудовиков (народников-социалистов из «Трудовой группы») и беспартийных (преимущественно представителей крестьянства). Из-за состава этой коалиции главным в работе Государственной думы I созыва был земельный вопрос, при этом кадетам впервые пришлось столкнуться с трудным выбором тактики, которая удовлетворила бы их воинственно настроенных союзников, но не привела бы к разрыву с правительством [Galai 2005]. Подготовленный депу-

---

[38] О кадетах в Государственной думе I и II созывов написано очень много. Им симпатизировали такие газеты, как «Право», «Биржевые ведомости», «Народное право» и «Русские ведомости». Газета «Речь», основанная в 1906 году, фактически была печатным органом партии, хотя официальным ее изданием был «Вестник Партии народной свободы». Статьи лидеров кадетской партии содержатся в [Муханов, Набоков 1907]. Большой интерес представляют ретроспективные исследования [Винавер 1907; Маклаков 1939; Маклаков 1939–1941)].

татами проект ответного адреса на тронную речь Николая II завершался словами о том, что «трудовое крестьянство с нетерпением ждет удовлетворения своей острой земельной нужды», которое невозможно без «обращения на этот предмет земель казенных, удельных, кабинетских, монастырских церковных и принудительного отчуждения земель частновладельческих»[39]. Правительство резко отмело это предложение, в очередной раз заявив о неотчуждаемости и неприкосновенности частной собственности.

Неудивительно, что это противостояние в итоге завело обе стороны в тупик. В конце концов требования депутатов об отчуждении земель послужили поводом для роспуска Первой думы. Восьмого июля 1906 года Государственная дума была распущена, а И. Л. Горемыкин (1839–1917), руководивший в течение нескольких месяцев царским правительством, был отправлен в отставку и заменен более решительным П. А. Столыпиным (1862–1911). С подачи кадетов около трети депутатов Думы I созыва собрались на территории Великого княжества Финляндского в ближайшем к Санкт-Петербургу г. Выборге, где приняли воззвание «Народу от народных представителей» (Выборгское воззвание), объявив, что правительство хотело помешать парламенту провести обещанные реформы, и призвав население к гражданскому неповиновению, чтобы вынудить власть созвать новую Думу. Ни роспуск парламента, ни Выборгское воззвание не вызвали у россиян большого интереса, и кадеты вынуждены были признать, что их оппозиционные действия привели к разрыву отношений с властью и при этом не принесли им поддержки широких масс. Внутрипартийная группа, настаивавшая на том, что перераспределение земли является непреложным условием подлинного освобождения России, лишилась своего влияния, и возобладало мнение тех кадетов, которые считали, что свобода будет достигнута не сразу, а благодаря постепенному расширению гражданских и политических прав.

---

[39] Стенографические отчеты // Государственная дума. 1906. Т. 1. Сессия 1-я. Заседание пятое. 5 мая 1906 года. С. 241.

3.3.2. Законотворчество или революция

Новый глава правительства — Столыпин — был готов работать с Думой рука об руку, однако сразу дал понять, что это сотрудничество возможно только на его условиях. Летом и осенью 1906 года он на основании ст. 87 Свода основных государственных законов, то есть в обход Думы, поставив депутатов перед свершившимся фактом, принял ряд важных мер, в частности провел закон о военно-полевых судах и начал аграрную реформу[40]. Кадеты, планируя свою предвыборную кампанию, вынуждены были оглядываться как на печальный опыт Первой думы, показавший неэффективность радикальной позиции, так и на «незаконные» реформы Столыпина. После жарких споров кадетская партия избрала преимущественно оборонительную стратегию, заявив об «общем изменении тактики: "Не штурм, а правильная осада"» [Милюков 1955, 1: 419][41]. Понимая, что они могут окончательно утратить доверие к себе со стороны крестьянства и социалистов, и расходясь в оценке того, означает ли признание столыпинских реформ отказ от собственной программы, кадеты тем не менее решили, что сдержанная тактика и более скромные требования повысят шансы партии на достижение ее долгосрочных целей, связанных с обретением свободы.

Этой тактике пришлось пройти суровую проверку реальностью в Думе II созыва, которая была намного более политически

---

[40] Самым важным положением Столыпинской аграрной реформы стал указ от 9 ноября 1906 года «О дополнении некоторых постановлений действующего закона, касающихся землевладения и землепользования», согласно которому крестьянин приобрел «право свободного выхода из общины... с укреплением за собою в личную собственность причитающейся ему части [общинной] земли». См. ПСЗ. Т. 26. Отд. 1. № 27805. С. 970. О полемике вокруг этого закона см. [Ascher 1992: 267–274]. Согласно принятым в августе 1906 года Высочайшим повелениям об учреждении военно-полевых судов, «когда учинение лицом гражданского ведомства преступного деяния является... очевидным», обвиняемого в обход обычного судопроизводства допускалось предавать военно-полевому суду и на месте выносить ему приговор (как правило, смертную казнь). В России, где давно велась борьба за отмену смертной казни, этот закон был принят с возмущением и негодованием.

[41] См. [Zimmerman 1967: 304–310; Черменский 1970: 339–341; Levin 1940: 33–34].

пестрой, чем ее предшественница, и где представительство кадетов было куда меньшим[42]. Все их попытки заниматься трезвой и конструктивной законотворческой деятельностью, в том числе проекты законов о гражданских правах и местном самоуправлении, потерпели неудачу из-за того, что слишком много депутатов были заинтересованы в поднятии вопросов, которые неизбежно вели к конфронтации с правительством[43]. Хотя, согласно новой тактике кадетов, они должны были оттягивать обсуждение аграрной реформы настолько долго, насколько возможно, в такой радикальной Думе и на фоне недавних крестьянских волнений положить этот вопрос на полку было нереально [Тыркова-Вильямс 2007: 309–332; Кизеветтер 1929: 455–466]. Все их надежды на достижение компромисса с правительством пошли прахом в мае 1907 года, когда комитет Государственной думы по аграрным вопросам предложил законопроект, предусматривающий отчуждение частновладельческих земель, создание земельного фонда и отмену правительственных актов, проведенных по ст. 87 Свода основных государственных законов. Боясь лишиться поддержки все более воинственно настроенных крестьянских депутатов, кадеты поддержали этот проект [Ascher 1992: 320].

В этот период сложность этических, юридических и политических проблем, стоявших перед кадетской партией, вновь проявилась в двойственном отношении ее членов к политике террора. После октября 1905 года оправдание или осуждение революционного террора стали маркерами, которые разделили российские партии на те, кои поддерживали революцию, и те, каковые были на стороне закона и порядка [Stockdale 1995: 457]. Как парламентская партия, кадеты были обязаны выступать за мирный протест, а не насилие, однако с практической точки зрения существовало

---

[42] Во Второй думе, начавшей заседать в феврале 1907 года, укрепились позиции консерваторов, но и депутатов-социалистов тоже стало больше [Levin 1940: 65–69]. Несмотря на свое уменьшившееся представительство, кадеты по-прежнему играли в Думе ведущую роль. См. [Ascher 1992: 284–285; Emmons 1983: 365–371].

[43] О целях и тактике кадетов см. [Новая дума 1906: 3–16; Levin 1940: 353–359], а также [Zimmerman 1972], особенно с. 130–134.

множество причин, по которым их отношение к террору было далеко не таким однозначным [Гейфман 1988; Galai 1992: 82–83]. Как уже было сказано ранее, трудно было отрицать, что до 1905 года все попытки убедить царский режим пойти на уступки были безуспешными, в то время как силовое воздействие со стороны оппозиции запустило процесс реформ. С моральной точки зрения многие либералы считали, что главной причиной революционного террора были репрессивные меры правительства[44]; бездействие властей в отношении совершающих насилие реакционеров и националистов только усиливало эти настроения в либеральной среде[45]. Кроме того, кадеты нуждались в поддержке социалистических партий для того, чтобы привлечь на свою сторону большинство населения. В конце концов непоследовательность кадетов в этом вопросе привела к расколу между ними и другими политическими группами, при этом их отказ публично осудить террор нанес еще больший ущерб перспективам партии достичь соглашения с царским правительством[46].

К весне 1907 года стало ясно, что попытка кадетов заниматься продуктивной законотворческой деятельностью в стенах Думы, где все прочие партии были заинтересованы либо в продолжении революции, либо в том, чтобы положить ей конец, обречена на провал. Столыпин стремился реорганизовать Государственную думу и, использовав в качестве предлога связи между депутатами революционных партий и солдатами, 3 июня 1907 года, способствовал роспуску парламента. Сразу после этого был принят новый избирательный закон, который увеличил представитель-

---

[44] Столыпинский «закон о военно-полевых судах» был вопиющим нарушением гражданского права и придавал веса словам о том, что царское правительство само придерживается политики террора.

[45] Черносотенцы стояли за убийствами двух видных деятелей кадетской партии — М. Я. Герценштейна (июль 1906 года) и Г. Б. Иоллоса (март 1907 года), а также за призывами к убийству других кадетов и покушением на Милюкова в апреле 1907 года. Подробнее об этом см. в [Кизеветтер 1906: 53–54].

[46] См. описание Милюковым его встречи со Столыпиным в начале 1907 года, где шел разговор о том, осудит ли кадетская партия революционный террор [Милюков 1955, 1: 430–432].

ство в Думе тех партий, которые правительство считало заслуживающими доверия. Неслучайно двумя группами населения, наиболее сильно пострадавшими от введения новой избирательной системы, стали крестьяне и национальные меньшинства (особенно поляки)[47].

Создав некое подобие демократии на основе положений Октябрьского манифеста, правительство фактически положило конец революции и добилось победы.

3.3.3. Смена союзников, 1907–1914 годы

С восстановлением политической мощи режима в 1907 году наступила новая эра, в которой пришлось действовать сторонникам либеральных реформ. Опыт Первой и Второй Государственных дум привел к переосмыслению связей между кадетами и партиями, открыто поддерживавшими революцию. Милюков признал в 1907 году, что правильнее говорить о революционерах-социалистах как о «противниках», а не как о «друзьях»[48]. Тем временем сама идея Думы как форума, с помощью которого можно добиться социальных преобразований, была глубоко скомпрометирована. Многие либералы теперь считали, что бороться за принцип верховенства закона и права человека в этом муляже парламента более невозможно. Как будет показано в следующей главе, некоторые крупные фигуры, до того занимавшиеся политикой, переключились на другие сферы деятельности для выражения своих взглядов, в частности на литературу, философию, религию и искусство[49]. Тем, кто по-прежнему верил

---

[47] Согласно новому избирательному закону, в Думе увеличилось представительство крупных землевладельцев и российского населения благодаря уменьшению квоты национальных меньшинств. Подробнее о росте реакционных настроений в земствах см. [Manning 1982b; Levin 1962; Emmons 1983: 372–374].

[48] Он развил эту мысль в своей статье «У нас нет врагов слева» [Милюков 1907б: 2].

[49] Подробнее об этом см. в главе 4 (раздел 4.1). Т. Эммонс считает, что эта атрофия кадетской партии свидетельствует об утрате интереса к политике после лета 1907 года [Emmons 1983: 375–376].

в возможность изменений благодаря участию в работе парламента, реформы Столыпина оставили мало пространства для маневра. В Третьей и Четвертой думах власть принадлежала консервативному проправительственному большинству, главным образом октябристам, а роль кадетов была маргинальной [Hosking 1973: 45–47][50].

При этом новом раскладе сил кадетская партия заняла выжидательную позицию, отказавшись от открытой поддержки революционной оппозиции и показав готовность сотрудничать в вопросах внутренней политики с октябристами и некоторыми из их союзников[51]. Однако октябристы и правительство стремились создать провластное думское большинство для проведения откровенно националистической политики, в связи с чем кадетам пришлось самим ответить себе на целый ряд сложных вопросов, связанных с неопределенностью их собственной позиции в отношении прав национальных меньшинств[52]. Хотя в программе кадетской партии говорилось о равенстве и культурной автономии всех граждан России (без исключения), некоторые кадеты под влиянием идей Струве склонялись к тому, чтобы защищать права прежде всего российского населения[53]. Более того, защита прав национальных меньшинств в царящей тогда атмосфере великорусского шовинизма была политически крайне невыгодной, так как даже умеренная поддержка этих самых меньшинств воспринималась как отсутствие патриотизма и предательство

---

[50] Подробнее об этом сравнительно малоизученном периоде в истории кадетской партии см. [Шелохаев 2015: 272–412].

[51] О работе Третьей думы см. [Pinchuk 1973; Levin 1973; Щукин 2005].

[52] Националистические настроения особенно усилились в свете недавних унижений России на международной арене (поражение в Русско-японской войне в 1905 году и аннексия Австро-Венгрией Боснии и Герцеговины в 1908 году). Рост национализма в ту эпоху был общеевропейским феноменом, подробнее об этом см. [Hosking 1973: 106; Scally 1975: 173–175].

[53] В эту группу входили А. С. Изгоев (1872–1935), А. В. Тыркова (1869–1962), Н. А. Гредескул (1865–1941) и Д. Д. Протопопов (1865–1934). Подробнее о русском национализме в контексте Первой мировой войны см. [Stockdale 2016].

государственных интересов[54]. Хотя кадеты протестовали против законопроектов нового правительства, направленных на ущемление прав некоторых общепризнанных национальных меньшинств (например, финнов), горькая правда заключалась в том, что «демократическое» большинство выступало даже за более шовинистическую политику, чем та, о которой шла речь в новых законах[55].

Другим (не менее болезненным для кадетов) вопросом стало обсуждение главного законопроекта Третьей думы — разработанной Столыпиным во время существования Первой и Второй дум аграрной реформы, предполагавшей упразднение сельской общины и передачу земельных наделов в личную собственность крестьян[56]. Большинство кадетов выступили против этого проекта, в первую очередь из-за политических соображений: реформы Столыпина были приняты в обход парламента, и в их основе лежали политические интересы царского правительства[57]. Рассчитывая на поддержку со стороны крестьянства, лидеры кадетов заявляли, что установление в деревне частной собственности как абсолютной ценности шло вразрез с традиционным

---

[54] О разногласиях по национальному вопросу между Струве и Милюковым см. [Rabow-Edling 2019: 102–117]. О том, какое влияние это противостояние оказало на внешнюю политику кадетской партии, см. [Petrovich-Belkin et al. 2018].

[55] Великое княжество Финляндское, чей особый статус подтверждался наличием свода законов — «конституций», обладало широкой автономией. Кадеты возражали против поддержанного различными партиями предложения правительства о том, чтобы Финляндия была просто еще одной провинцией Российской империи.

[56] Здесь правительство извлекло выгоду из так называемого Третьеиюньского переворота, который позволил Столыпину заручиться поддержкой Государственного совета, октябристов и других консервативных партий, выступавших за неприкосновенность частной собственности.

[57] Кадеты также возражали против жестких условий этого законопроекта, согласно которому беднейшие крестьяне могли лишиться своих наделов и средств к существованию. В их проекте выход из общины мог быть только добровольным. Хотя в кадетском варианте закона напрямую не говорилось об изъятии помещичьих земель, предполагалось, что такой акт будет принят в дополнение к аграрной реформе.

для российских крестьян общинным правом[58]. Другие члены партии, говоря о принципе верховенства закона и рациональном компромиссе, возражали против явного перевода этого вопроса в политическую плоскость и поддерживали столыпинский проект реформы, поскольку он гарантировал права крестьян и уравнивал их в глазах закона с другими сословиями [Валицкий 2012]. Хотя многие историки, ссылаясь на упомянутые выше разногласия среди кадетов, утверждают, что они свидетельствуют о непреодолимом расколе между теми, кто верил в то, что временное сотрудничество с властью в текущих обстоятельствах ускорит освобождение России, и теми, кто считал, что свободы можно добиться только в дальнейшей политической борьбе, в следующих главах будет показано, что такой подход в известной степени ущербен, так как он не принимает во внимание то, что многие кадеты, участвующие в этом турбулентном политическом процессе, постоянно меняли свое видение свободы.

Хотя стратегия кадетов в Государственной думе III созыва заключалась в том, чтобы избежать критики со стороны как реакционеров, так и революционеров, выбрав золотую середину, они накликали на себя гнев тех и других. Тем временем падение авторитета Столыпина из-за принятого весной 1911 года закона о земстве в западных губерниях[59] и его попытки создать избирательную систему, обеспечивающей ему провластное думское большинство, все явственней свидетельствовали о слабой приверженности правительства идеям конституционализма и растущем влиянии реакционеров[60]. В связи со всеми этими обстоятельствами кадеты в Думе IV созыва (1912–1917) выбрали более конфронтационную по отношению к власти линию поведения и требовали отмены избирательного закона от 3 июня 1907 года,

---

58 Такой позиции придерживался Милюков [Stockdale 1996: 181–182].

59 Указ от 14 марта 1911 года «О распространении действия Положения о земских учреждениях 1890 года на Витебскую, Волынскую, Киевскую, Минскую, Могилевскую и Подольскую губернии». — *Примеч. ред.*

60 О кризисе из-за закона о земстве в западных губерниях см. [Hosking 1973: 106–149; Аврех 1961]. Столыпин был убит в 1911 году.

реформы Государственного совета и того, чтобы министерства несли ответственность перед собранием народных представителей[61]. Такая (более жесткая) позиция кадетской фракции отвечала чаяниям многих членов партии из провинции, но вместе с тем приводила к более сильным трениям между депутатами. Все эти тлеющие разногласия вскоре вырвались наружу, что чуть не привело к расколу партии[62].

Споры о том, насколько последовательны были кадеты в своей приверженности принципу верховенства закона и правам человека, продолжались и в эмиграции, и радикальность некоторых предпринятых конституционно-демократической партией шагов часто приводила к тому, что некоторые исследователи отказывались считать Милюкова и его последователей либералами. Однако если мы воспринимаем либерализм как конкуренцию между различными конфликтующими друг с другом ценностями, то у нас нет оснований априори списывать со счетов кадетов и отколовшиеся от них партии. Из всего сказанного выше становится очевидным, что у российской либеральной дилеммы не было простого решения, безупречного с нравственной точки зрения и одновременно политически осуществимого[63]. Первоисточники показывают существование внутри кадетской партии различных подходов к концепции свободы и то, как трудно разрешались в то революционное время моральные, политические и юридические вопросы, связанные с защитой прав человека, в особенности из-за того, что разбираться с ними приходилось в ситуации социальных и политических потрясений. Сделанное Маклаковым в его ме-

---

[61] Новая тактика партии заключалась в инициировании парламентского обсуждения кадетских законопроектов, касавшихся гражданских прав и введения всеобщего избирательного права, а также в постоянных жалобах на действия правительства и более агрессивном использовании полномочий Думы в области формирования бюджета. Подробнее об этом см. [Черменский 1947; Черменский 1976].

[62] Разногласия между октябристами в 1913 году завершились расколом думской фракции на три части; ожидалось, что аналогичное произойдет и с кадетами.

[63] Такого же мнения придерживается и один из крупнейших специалистов по Революции 1905 года А. Ашер [Ascher 2005: 4]. См. также [Kassow 1991].

муарах заявление о том, что кадетская партия и Милюков лично «общими силами столкнули Россию в бездну революционного хаоса», предполагает некую предопределенность событий, которая не подтверждается ни историческими свидетельствами, ни его словами и поступками в то время [Маклаков 1939: 7, 11].

На самом деле если брать за мерило либерализма убежденность в необходимости баланса между негативной и позитивной свободой, то все кадеты были в той или иной степени либералами. Все время рефлексируя на тему взаимоотношений между личностью и обществом, они постоянно переосмысливали свою приверженность принципу неприкосновенности частной собственности и рассуждали о возможности революции в существующих российских реалиях. Так как члены кадетской партии требовали фундаментальных изменений, а правительство в ответ шло лишь на ничтожные уступки, на различных этапах бурного политического процесса того времени перед кадетами открывались новые пути и возможности. Свобода, как ее понимали лидеры кадетов, была концепцией относительной и непостоянной, а прогресс представлял собой ускользающую и постоянно меняющую облик цель. Вместе с тем, являясь одной из главных движущих сил Революции 1905 года, кадеты с их непоследовательной позицией, безусловно, несут ответственность за то, что идея свободы в царской России так и не обрела четкой формы.

Однако, говоря о российском либерализме, нельзя ограничиваться одними лишь кадетами.

Глава 4
Конец либерализма

*Потеря сплоченности накануне революции
1917 года*

Летом 1909 года российский правовед и религиозный философ Е. Н. Трубецкой высказал следующее мнение о взаимосвязи между духовной жизнью и существующими формами общественной и политической деятельности:

> Всего чаще реакционность «Вех» доказывается тем, что они исходят из признания «теоретического и практического первенства духовной жизни над внешними формами общежития». Но и здесь в основе аргументации лежит явная натяжка. Признание первенства жизни духовной отнюдь не означает отречения или ухода от жизни и деятельности общественной. Как раз наоборот, подъем внутренней, духовной жизни должен иметь неизбежным последствием обновление и возрождение общественности, ибо внутреннее дает смысл внешнему: оно сообщает ценность и внешним преобразованиям общежития. В этом составители «Вех» отдают себе ясный отчет [Трубецкой 1909: 5].

Слова Трубецкого очень точно передают разницу во взглядах на взаимосвязь между внешней и внутренней свободой, которая выявила серьезные противоречия внутри либерального лагеря после Революции 1905 года. В эти годы вопрос о том, достаточно ли будет для создания освобожденного от оков общества гарантии защиты личных прав и свобод со стороны политических и гражданских институтов или эти реформы обязательно должны сопровождаться духовным преображением самих граждан, волновал и разделял всех представителей либерально мыслящей российской интеллектуальной элиты[1].

В предыдущих главах я избегала того, чтобы подробно останавливаться на взглядах тех или иных конкретных политиков, описывая вместо этого в целом аргументацию и деятельность тех движений, которых можно считать либеральными в широком смысле этого слова, но в этой части книги речь пойдет о различных выводах, которые представители российской либеральной традиции сделали из уроков Революции 1905 года и эксперимента по созданию конституционной монархии, и я более подробно остановлюсь на «либерализме» отдельных видных фигур того времени. Если до революции большинство российских образованных людей готовы были на время забыть о своих фундаментальных идеологических разногласиях с другими интеллектуалами, поскольку все они верили в то, что свободы можно будет добиться, если избавиться от деспотического режима, после событий 1905 года различия в оценке значения и итогов революционных событий привели к серии политических и партийных расколов. Как было сказано в предыдущей главе, в среде кадетов не было согласия относительного того, как именно будет происходить политическая трансформация России; в целом политические предпочтения тех, кто раньше ощущал идеологическое единство с товарищами по «Союзу освобождения», были теперь настолько не сходны из-за различного видения свободы, что бывшие «освобожденцы» враждовали друг с другом не менее остро, чем с другими движениями.

Источником бурных споров и дискуссий о судьбе российского либерализма после 1905 года стал сборник «Вехи», авторами статей в котором стали семеро виднейших интеллектуалов того времени, писавших о том, что в переходе России от самодержавия

---

[1] Среди исследований, посвященных этому периоду, см. [Flikke 1994; Колеров 1996; Read 1979; Rosenthal, Bohachevsky-Chomiak 1982; Scherrer 1973; Зернов 1991].

Конец либерализма | 147

к обществу, ценящему политическую и гражданскую свободу, ключевую роль должно сыграть преобразование внутренней, духовной жизни [Вехи 1909]. Выход в свет сборника «Вехи» в 1909 году стал одним из важнейших событий в истории российской мысли и российского либерализма в целом[2]. Составители «Вех» не только внесли большой вклад в формирование собственно российской либеральной традиции (пятеро из них: Струве, Франк, Бердяев, Булгаков и Кистяковский — участвовали также в издании сборника статей «Проблемы идеализма»), но и были членами «Союза освобождения», тесно связанными с кадетской партией, за исключением Бердяева и Булгакова. Их резкая критика революционной интеллигенции с ее позитивистским подходом к истории и неспособностью увидеть связь между внешними формами общежития и внутренними психологическими процессами была адресована не только социал-демократам и эсерам, но и кадетской партии, которая, как писал Струве, «считает своим долгом носить интеллигентский мундир» [Струве 1909a: 135].

Отчасти из-за обличения революционных симпатий российского либерализма «Вехи» иногда называли возвращением к «поверхностной, но в действительности более либеральной российской традиции», чем та, которой придерживались кадеты[3]. Г. Морсон охарактеризовал этот сборник как критику догматического учения в духе М. М. Бахтина (1895–1975) и несогласие с тем, что все вопросы духовной жизни связаны с политическими факторами [Morson 1993]. Выдающийся исследователь российского либерализма Дж. Зиммерман утверждала, что, за одним исключением, все составители «Вех» являлись представителями более современной либеральной традиции, которая исследует теоретические и метафизические неопределенности, возникаю-

---

[2]   Г. Оберлендер сравнивала «Вехи» со знаменитыми «Философическими письмами» П. Я. Чаадаева (1794–1856) [Oberländer 1965: 1]. О связи между Чаадаевым и «Вехами» см. [Aizlewood 2013].

[3]   Главным сторонником этой точки зрения является Л. Шапиро [Schapiro 1955; Schapiro 1987: 90]. А. Валицкий назвал «Вехи» «манифестом правого, антиреволюционного либерализма» [Walicki 2010: 102].

щие в результате конфликта несовместимых друг с другом ценностей [Zimmerman 1976: 326–327].

Однако после выхода в свет «Вех» далеко не все были готовы признать принадлежность этой книги к либеральному канону. Лидеры кадетской партии сразу объявили сборник реакционным по своей сути и начали большую кампанию по опровержению содержащихся в нем идей и утверждению тех ценностей, которые они считали скрепами либерализма. Милюков, отправившийся в лекционное турне с критикой «Вех», видел в его авторах представителей декадентского отношения к политике и описывал их взгляды как возвращение к консервативной формуле «люди, а не учреждения». Он писал: «Семена, которые бросают авторы "Вех" на чересчур, к несчастью, восприимчивую почву, суть ядовитые семена» [Милюков 1910: 105, 187]. Репутации «Вех», как рассадника реакционных идей, способствовало и то, что его хорошо приняли близкие к правительству люди, политические предпочтения которых были очень далеки от либеральных[4]. После переиздания «Вех» в постсоветской России некоторые деятели стали ссылаться на этот сборник, пропагандируя собственные религиозно-националистические взгляды, а радикальные националисты объявили его основополагающим текстом своего учения[5].

Споры о либеральной природе «Вех» ярко демонстрируют то несколько хаотичное состояние, в котором находился российский либерализм начала XX века. В этой главе я попытаюсь исследовать этот вопрос, проанализировав дискуссию в свете отношения ее участников к идее конкуренции между различными видениями

---

[4] В частности, архиепископ Антоний (Храповицкий) в своем письме авторам сборника «Вехи», перепечатанном впоследствии в приложении к книге Бердяева «Духовный кризис интеллигенции», приветствовал выход в свет «Вех» словами: «Это подвиг великий и прекрасный» [Антоний 1909; Бердяев 1998: 345].

[5] Так, название «Вехи» носила выходившая с 2005 года еженедельная телепрограмма о геополитике крупного российского идеолога радикального патриотизма А. Г. Дугина (См. «Вехи: геополитическая программа Александра Дугина на телеканале "Спас"», URL: http://vehi.evrazia.org/ (дата обращения: 16.02.2024). Подробнее о философии Дугина см. [Höllwerth 2007].

свободы. Как я покажу, сборник «Вехи» и реакция на него кадетов мало чем помогают нам в поиске того видения свободы, которое мы могли бы назвать однозначно либеральным. Все куда сложнее: хотя концепции свободы, предлагаемые некоторыми веховцами, демонстрируют, как далеко они вышли за рамки либерализма, на примере других мыслителей, с большим пониманием относившихся к конфликтам между конкурирующими друг с другом ценностями, видно с неменьшей ясностью, что бессмысленно и бесполезно искать либералов, являющихся образцом нравственной или идеологической чистоты.

Анализ полемики вокруг «Вех» дает возможность в пятой и шестой главах более предметно обсудить взгляды на прогресс и свободу некоторых видных фигур того времени, включая П. Н. Милюкова, М. М. Ковалевского, П. И. Новгородцева и Б. А. Кистяковского. Так, в частности, доводы Милюкова и Ковалевского в пользу того, что между свободой и равенством существует взаимоукрепляющая связь, представляли собой образец той присущей части российской интеллигенции риторики, которую веховцы подвергали анализу и (время от времени) критике. Обсуждение работ Кистяковского в следующей, а не в этой главе, притом что он был одним из авторов «Вех», имеет свои недостатки, главным образом из-за того, что его статья часто называется «классическим» трудом российского либерализма в защиту права ради сохранения либеральных ценностей [Poole 2003: 52; Валицкий 2012]. Однако есть несколько причин, по которым Кистяковскому, как и его коллеге Новгородцеву, лучше посвятить отдельную главу[6]. Главным образом это связано с тем, что их рассуждения о свободе отличаются о того, что говорили другие участники этой полемики, тем, что в них делается попытка осмыслить опыт российского либерализма в контексте процессов, происходивших на Западе. Поскольку Кистяковский и Новгородцев исследовали российский либерализм, зная, что история

---

[6] Особое место Кистяковского среди авторов сборника «Вехи» отмечали уже современники, хвалившие его статью [Милюков 1910: 103–104, 134–136; Чернов 2010: 174–176].

развития европейской либеральной мысли полна конфликтов и противоречий, для них было очевидно, что динамическое взаимодействие между либеральными идеями и конкретными историческими обстоятельствами является одновременно неизбежным и плодотворным. Как и в случае с наиболее либеральными веховцами, их апология конфликта между интересами государства и индивида служит более наглядной иллюстрацией того, как устроен либеральный процесс, чем любое однозначное утверждение о том, каким должен быть исход этого конфликта.

Сравнение философских и политических взглядов Кистяковского и Новгородцева с позициями Ковалевского и Милюкова дает возможность глубоко проникнуть в суть того, что представляют собой неоидеалистический и позитивистский либерализм.

4.1. Исторический фон для полемики: 1905–1909 годы

Грубо говоря, если настроения в российском обществе до 1905 года были революционно-оптимистическими, после Первой российской революции наступило глубокое уныние [Elkin 1961: 40–43]. Быстрое и полномасштабное восстановление самодержавия, антиконституционные действия правительства, роспуск Второй думы и «помещичье» устройство Третьей думы некоторые либералы восприняли не как временные трудности, а как свидетельство бесплодности политической борьбы как таковой. Их скептицизм в отношении существующей «конституционной» системы и вытекающее отсюда недоверие к политическим и правовым формам защиты свободы привели к переоценке внутренних и духовных измерений свободы. Как писала Ф. Нэтеркотт, многие либеральные мыслители теперь «утверждали, что светская, рациональная концепция негативной свободы должна быть заменена религиозным видением человека и культуры» [Nethercott 2010: 252].

Это вновь вошедшее в моду акцентирование внимания на возможной близости между либеральными ценностями и религиозным мировоззрением в России на рубеже XIX–XX веков было частью более широкого процесса обращения российского общества к вере, что только усилилось после 1905 года. По мнению Н. М. Зернова, этот возродившийся интерес к религии был так силен, что тот период можно было назвать «русским религиозным возрождением XX века» [Зернов 1991]. После вышедших в апреле 1905 года и октябре 1906 года указов о веротерпимости[7] начался расцвет духовных течений, восходящих к православию и протестантизму, который совпал со значительным всплеском общественного интереса к оккультизму, теософии и эсхатологии.

Этот уклон в сторону религиозного мистицизма в вопросах веры сопровождался обращением все большего числа российских интеллектуалов к эстетизму и многочисленными попытками наделить символическим смыслом события прошлого и настоящего [Rosenthal 2010: 242; Rosenthal 1977; Bristol 1985]. Тенденция проявилась в стремлении обсуждать как свободу, так и Революцию 1905 года с помощью символических терминов и понятий. Писатель-символист Д. С. Мережковский, поднимавший в своем творчестве множество важнейших тем того времени, воспринимал Первую русскую революцию как прелюдию ко Второму пришествию — новой эпохе в истории человечества, когда теократия позволит преодолеть все возможные конфликты между личностью и обществом[8]. Его соратник по символизму В. И. Иванов (1866–1949) создал идею общества, населенного мистическими существами, которые стремятся слиться друг с другом через любовь, противостоя эмпирическим личностям, чьи общественные интересы и права защищены законом[9]. Бердяев же утверждал, что исторический прогресс возможен только тогда, когда человечество очищается «от всякой скверны во имя Божие» [Бердяев 1907б; Бердяев 1998: 80]. Эти и другие примеры такого рода являются образцами того, что Р. Берд называл «дискурсом, вдохновленным

---

[7] Указ от 17 (30) апреля 1905 года «Об укреплении начал веротерпимости» и Указ от 17 (30) октября 1906 года «О порядке образования и действия старообрядческих и сектантских общин и о правах и об обязанностях входящих в состав общин последователей старообрядческих согласий и отделившихся от православия сектантов». — *Примеч. ред.*

[8] См., например, [Мережковский 1914, 13].

[9] Об Иванове см. [Bird 2006].

апокалиптическими образами конца света, часто не учитывающим ни того, как он будет достигнут, ни сложностей исторического процесса» [Bird 2010: 268][10].

Благодаря значительной свободе печати, появившейся в России после отмены цензуры в 1905 году, в средствах массовой информации стало публиковаться все больше материалов самой различной направленности, посвященных будущему России и свободе ее граждан [Илларионова 1999: 178–185]. Именно тогда, после 1905 года, во время бурного роста числа журналов и газет различные группы внутри либерального лагеря попытались осмыслить неудачу Первой русской революции и создать на основе извлеченного из нее опыта новое видение будущего России. Разочаровавшись в политической деятельности и стратегии борьбы с правительством, часть либералов еще сильнее укрепилась в существовавшей и до того внутри кадетской партии точке зрения, согласно которой абсолютные ценности и права личности стояли выше сиюминутных политических интересов[11]. Находясь под влиянием идей, впервые высказанных Франком и Струве в журнале «Полярная звезда», эта группа мыслителей, часть из которых участвовала в издании «Вех», утверждала, что позитивистское мировоззрение и моральный релятивизм лидеров кадетской партии (и российской интеллигенции в целом) представляют собой угрозу для всего либерального процесса, поскольку в их основе лежит не сохранение таких ценностей, как культура и государственность, а разрушение государственной власти.

---

[10] Эта же тенденция хорошо прослеживается и у некоторых радикальных социалистов, говоривших о необходимости синкретизации революции и религии. А. А. Богданов (1873–1928), А. В. Луначарский (1875–1933) и некоторые другие марксисты принадлежали к философскому течению, целью которого был не «поиск» Бога как надмировой сущности, а его «создание» политическими средствами; это течение получило название «богостроительство».

[11] После 1905 года Струве стал идеологическим лидером внутрипартийной группы (иногда называемой правым крылом кадетов, хотя это обозначение не совсем точно), в которую входили около 8 из 40 членов ЦК кадетской партии. См. об этом [Аврех 1968: 456–465]. Об отношении Струве к событиям 1905 года см. [Putnam 1967].

Кадеты, в числе которых были Маклаков, член ЦК партии Тыркова, правоведы Трубецкой, Новгородцев, Котляревский и Изгоев, глубоко осуждали массовое и революционное насилие,
говоря о необходимости более плодотворного и взаимоуважи-
тельного сотрудничества между государством и обществом.
Хотя эти люди и не доверяли царскому правительству, они все
равно подчеркивали правовую роль государства при переходе
к новому обществу[12]. Несмотря на то что некоторые члены этой
группы интересовались идеализмом, их убежденность в том, что
политические перемены и наступление эпохи свободы обязательно должны сопровождаться определенными социальными
и психологическими преобразованиями, базировалась на различных философских предпосылках.

Критика Струве и его соратников была отчасти адресована той
наиболее влиятельной внутрипартийной группе во главе с Милюковым, которая выступала за сотрудничество кадетов с социалистическими партиями и массовыми движениями и утверждала, что в свободе мало проку, если она не дает возможности
действовать и преследовать свои цели. Те представители российского либерализма, которым предназначалась эта критика, были
заинтересованы не в трансформации личности как в средстве
преобразования общества, а в законе и правовых институтах,
с помощью которых можно будет добиться социальных перемен
и создать условия для личностной самореализации. Наиболее
радикальной позиции в этом вопросе придерживались социалисты, которые оправдывали свое участие в деятельности либеральной партии тем, что для победы социализма пока еще нет подхо-
дящих условий; такая точка зрения была вполне распространен-
ной в некоторых сельских областях России[13].

---

[12] См., например, [Котляревский 1905б: 73–80].

[13] Считается, что в 1905–1907 годах этой позиции придерживалась примерно
треть депутатов Государственной думы. Их лидерами были А. М. Колюбакин
(1868–1915) из Тверской губернии и Н. В. Некрасов (1879–1940) из Томска.
Некоторые из них во главе с правоведом М. Л. Мандельштамом (1866–1939)
и другими ревизионистами, такими как Е. Н. Щепкин (1860–1920), участвовали в деятельности журнала «Жизнь».

«Вехи» с их обличением революционной интеллигенции задели важную струну в среде кадетов и их союзников. Особенно сильным ударом стало обесценивание веховцами той традиционной культурно-образовательной работы, которая была основой долгосрочной политической программы кадетской партии, а предположение о том, что протестное движение само было отчасти виновно в неудаче Первой русской революции, было воспринято кадетами как страшное оскорбление. Подняв вопрос о роли интеллигенции в российском обществе, «Вехи» дали кадетам возможность защитить и оправдать свои взгляды на прогресс и собственное участие в политических процессах. Как будет видно далее, выход в свет сборника «Вехи» в период все большего разочарования в политике позволил кадетам переосмыслить свое место на российской политической сцене.

Однако споры вокруг «Вех» показали и то, как отчаянно российский либерализм пытался вернуть то ощущение сплоченности и единства, которое было присуще ему всего пятью годами ранее.

4.2. Либерализм «Вех»

Хотя авторы статей в «Вехах» заранее не обсуждали друг с другом свои тексты [Колеров 1991; Проскурина, Аллой 1992], в своей критике традиционных представлений и убеждений российской интеллигенции они дополнили друг друга. Бердяев сделал упор на ее пренебрежительном отношении к философским истинам, не имеющим общественной ценности; Франк возражал против ее непризнания абсолютных и религиозных ценностей, а также осуждал ее утилитаристскую приверженность к удовлетворению нужд большинства; Кистяковский упрекал интеллигенцию в презрении к праву; М. О. Гершензон (1869–1925) писал о том, что увлеченность либералов революционной деятельностью привела к тому, что они забыли о духовном преображении, необходимом для развития общества; А. С. Изгоев обличал заблуждения юных радикалов, считавших высшим идеалом готовность умереть за правое дело; Булгаков утверждал, что в основе политического доктринерства российской интеллигенции лежит ее искаженное представление о религии.

В предисловии к первому изданию «Вех» Гершензон попытался обосновать объединение этих статей под одной обложкой, заявив, что для их авторов

> ...общей платформой является признание теоретического и практического первенства духовной жизни над внешними формами общежития, в том смысле, что внутренняя жизнь личности есть единственная творческая сила человеческого бытия и что она, а не самодовлеющие начала политического порядка, является единственно прочным базисом для всякого общественного строительства [Гершензон 1909a: ii][14].

Однако это утверждение Гершензона было справедливым в большей степени по отношению к нему самому с его безразличием к политике, а также к Булгакову и Бердяеву, враждебно воспринимавшим буржуазные ценности и культуру, которые ассоциировались у них с либеральным демократическим государством[15]. В статьях некоторых других авторов видно явное несогласие с этой «общей платформой»: вместо того чтобы объяснять, как можно заниматься общественным строительством благодаря внутреннему духовному обновлению личности, Кистяковский писал как раз о важности принципа верховенства закона, то есть внешнего средства формирования новых культурных ценностей. Франк и Струве делали акцент на том, что максимализм интеллигенции угрожает обесценить многочисленные социальные, политические и культурные формы общежития, которые гарантируют индивиду возможность искать истину так, как он сам того хочет. Изгоев прямым текстом объявил о своем несогласии со словами Гершензона об «общей платформе»[16].

---

[14] О попытках привлечь к участию в работе над сборником авторов-единомышленников см. [Horowitz 1999: 62–65].

[15] О взглядах Гершензона см. [Levin 1968; Проскурина 1998; Гершензон-Чегодаева 2000].

[16] См. сноску 1 к [Изгоев 1909: 209]. См. также [Изгоев 1910: 3–11].

Осознанно или нет, эти статьи раскрывали более сложную связь между внутренней и внешней свободой, чем та, о которой писал Гершензон[17].

Хотя составители «Вех» в целом придерживались концепции позитивной свободы, в основе которой лежат автономия личности и человеческое достоинство, защищая свои взгляды, они далеко не всегда признавали необходимость негативной свободы. Даже Франк и Струве, которые действительно верили в то, что различные ценности могут конфликтовать друг с другом, не слишком заботились о том, чтобы обосновать с позиции философии идею возможного столкновения между этими конкурирующими концепциями.

Анализ «Вех» показывает, до какой степени даже самые «либеральные» из его авторов могли быть слепы в отношении важных утопических аспектов своих учений.

4.2.1. Позитивная свобода

Как было сказано во второй главе, во время выхода в свет «Проблем идеализма» многие российские мыслители пытались доказать необходимость либеральной демократии и конституционной реформы с помощью этических и теоретических постулатов неоидеализма[18]. К 1909 году акценты сместились в другую

---

[17] К. Рид, говоря о разногласиях между авторами статей «Вех», выделяет три группы, такие как Гершензон, который был сам по себе и, как толстовец, отрицал идею того, что политическая деятельность может привести к каким-либо важным переменам; Бердяев и Булгаков, которые попали в «Вехи» из «пьянящей атмосферы мистического анархизма и символизма» и интересовались политическими идеями лишь постольку, поскольку это касалось занимавших их вопросов религии; остальные (Струве, Франк, Кистяковский и Изгоев), чей интерес в первую очередь лежал в области политических и социальных проблем и их связи с внутренним миром человека и культурой, а не в собственно религиозном мировоззрении и чьи взгляды не были прямо либеральными [Read 1979: 119]. О различных течениях внутри веховцев см., например, [Horowitz 1999; Kelly 1998: 155–200].

[18] Исключение составлял Изгоев, который мало интересовался философией идеализма.

сторону. Отчасти это стало результатом широкого неприятия того, что некоторые представители российской интеллектуальной элиты воспринимали как чрезмерную зацикленность своих соратников на вопросах социальной справедливости; по словам Гершензона, интеллигенция была виновна в абсолютизации верховного принципа, согласно которому «думать о своей личности — эгоизм, непристойность; настоящий человек лишь тот, кто думает об общественном, интересуется вопросами общественности, работает на пользу общую» [Гершензон 1909б: 71]. Поставив во главу угла не защиту гражданских прав, а возможность самореализации, некоторые веховцы перешли от концепции позитивной свободы с ее упором на достойное существование и участие в политической деятельности к внутренней свободе, в основе которой лежали духовная жизнь индивида и его самосознание. Бердяев писал: «Мы освободимся от внешнего гнета лишь тогда, когда освободимся от внутреннего рабства, то есть возложим на себя ответственность и перестанем во всем винить внешние силы» [Бердяев 1909: 22].

4.2.1.1. Социальная справедливость

Как и большинство либерально настроенных представителей российского общества, авторы «Вех» в целом разделяли ту точку зрения, согласно которой подлинная свобода подразумевает под собой удовлетворение достойных желаний человека и обеспечение минимального достатка и благополучия. Как правило, веховцы выступали за государственное вмешательство в экономику с тем, чтобы были созданы условия, при которых все граждане могли бы полностью реализовать свой потенциал[19], при этом противоречивое отношение некоторых веховцев к таким явлениям, как индустриализация и капитализм, подрывало их приверженность к социальным и экономическим аспектам свободы.

Веховцы были не согласны с имманентно содержащимся в социализме утилитаристским подходом, согласно которому

---

[19] На самом деле, Кистяковский и Булгаков считали идеальной формой государственного устройства социализм.

экономическая свобода может быть достигнута благодаря распределению и уравниванию. Проблема, на которую они указывали в связи с этим, заключалась в том, что уравнивание материальных условий ради блага крестьянства и пролетариата предполагает эгалитаристскую справедливость, основанную на чувстве жалости, которая отрицает абсолютную важность каждого отдельного индивида и его божественное происхождение. Цитируя формулу В. С. Соловьева о «праве человека на достойное существование», веховцы пытались показать, что идея благосостояния шире и богаче, чем просто распределительная справедливость, и фундаментом для нее является достоинство отдельного человека.

Франк исследовал этот вопрос в своей написанной для «Вех» статье «Этика нигилизма». Соглашаясь с тем, что социальное распределение необходимо, он, однако, настаивал на том, что «абсолютизация распределения и забвение из-за него производства или творчества есть философское заблуждение и моральный грех» [Франк 1909: 170]. Делать упор на материальном благополучии и удовлетворении субъективных нужд — значит абсолютизировать практическое мировоззрение и лишать благосостояние его ключевого духовного элемента — связи с культурой в широком смысле этого слова [Франк 1909: 161, 171]. Через год после выхода в свет «Вех» Франк писал, что развитие внутренней, духовной культуры может сопровождаться развитием внешней, материальной культуры, но излишняя вера в материальную культуру и благосостояние большинства может обесценить духовные, эстетические и религиозные идеалы, которые управляют жизнью человека [Франк 1910: 39–40; Brooks 1973: 37].

Хотя на этом этапе своей жизни Франк еще не осудил всеобщего благосостояния и материального богатства, связанных с «буржуазным» образом жизни, это сделали Булгаков и Бердяев. В этом их позиции сильно разошлись со взглядами других веховцев: Изгоева, Кистяковского и Струве. Бердяев неоднократно писал о том, что, как только материальный мир утрачивает связь с возвышенной духовной культурой, результатом этого становится «демоническое мещанство» [Бердяев 1905: 150; Бердяев

1906; Бердяев 1907а: 418–421]. Булгаков тоже с недоверием относился к «повседневным добродетелям», которые, по его мнению, были сопряжены с буржуазным мещанством [Булгаков 1909: 28, 69; Булгаков 1903в: 183–185][20]. Для Бердяева и Булгакова социальные и экономические аспекты жизни автономного индивида должны были быть связаны, как писал последний,

> с той стороной, которая обращена к подземным мистическим корням сущего, которой индивид реально соединяется с единым человечеством, мировой душой, и загадочное, мистическое переживание общечеловеческой солидарности есть голос, доносящийся на поверхность из глубины [Булгаков 1905][21].

Далее будет видно, что их представление о человеческом достоинстве заключалось не столько в законодательном закреплении некоторых прав и свобод, сколько в раскрытии связей между существованием индивида и мистической сущностью мира.

4.2.1.2. Самоуправление

У идеи позитивной свободы и ответа на вопрос «Кто управляет мною?» есть четкие политические коннотации, поскольку речь здесь идет о политическом устройстве общества, дающем возможность индивиду жить автономной жизнью. Если обязательства, которые государство имеет перед своими гражданами, имеют по большей части индивидуалистический характер, позитивная свобода может принимать форму коллективизма, когда для ее достижения требуется участие в коллективной деятельности. Однако, как было сказано во введении, такой подход к самоуправлению может парадоксальным образом привести к тому, что одна социальная группа будет во имя свободы угнетать другую. В результате либеральная поддержка демократии иногда сопровождается страхом перед «тиранией большинства» и тре-

---

[20] Гершензон также писал об «опасности погрязнуть в мещанском довольстве» [Гершензон 1909б: 95].

[21] Вопросы жизни. 1905. № 12. С. 89–90.

вогой из-за того, что, если демократическая форма правления будет установлена в политически необразованном обществе, его граждане не будут обладать достаточной информацией для принятия обдуманных решений. Хотя самые либерально настроенные авторы «Вех» настаивали на том, что демократическое правительство сможет защитить сферу негативной свободы, которую они считали важнейшим элементом построения гражданского общества, другие веховцы считали, что конституционная демократия в принципе неспособна дать им ту разновидность свободы, которая была их главной целью.

Веховцы много писали о том, в какой степени демократическое общество можно считать самостоятельным с учетом итогов Революции 1905 года. Так, Булгаков в 1910 году писал в «Московском еженедельнике» о царившем в то время деспотизме и о том, что население было деморализовано демагогией и классовой ненавистью [Brooks 1973: 35][22]. Настороженность в отношении массового общества и страх перед «бескультурьем» и интуитивным мировоззрением большинства внушали авторам «Вех» еще большую тревогу в связи с возможными бедами, которые может повлечь за собой бесконтрольная власть народа. В целом веховцы были согласны с тем, что революция должна была закончиться после издания Октябрьского манифеста, и предупреждали, что дальнейшая конфронтация приведет только к еще большему расколу между правительством и российским обществом [Струве 1909а: 135, 136, 138; Франк 1956: 215, 222]. В свете этого они призывали российскую прогрессивную общественность позаботиться о сохранении некоторых элементов власти, которые сформировались в течение столетий и имели определенный символический смысл. По их мнению, борьба против существующего строя была не только контрпродуктивна, но и глубоко ошибочна, так как угрожала разрушить тот фундамент, поверх которого можно было возвести новое общественное здание.

В принципе, эта точка зрения не была несовместимой с позицией кадетов и их приверженностью принципам политического

---

[22] См. также [Струве 1905г; Струве, Франк 1905а: 109].

плюрализма и верховенства закона. Так, Изгоев и Кистяковский подчеркивали как достоинства свободного политического общества, так и необходимость ограничительных мер, которые защитят индивида от произвола со стороны демократического правительства[23]. Франк и Струве восхищались способностью западных демократий находить баланс между требованиями общества и нуждами индивида, однако их убежденность в существовании связи между культурой, порядком и дисциплиной привела их к идее того, что на раннем этапе целесообразным строем является «аристократический деспотизм, безграничная власть лучших и умнейших над толпой» [Струве, Франк 1905б: 177]. Тот и другой были горячими сторонниками поступательных и медленных изменений в общественном укладе и традициях, утверждая при этом, что для сохранения политической стабильности, пока сознание «народных масс» постепенно не поднимется на новый уровень, Россия нуждается в сильной государственной власти.

В отличие от упомянутых выше мыслителей, Бердяев, Гершензон и Булгаков скептически относились к идее политического плюрализма и (каждый по-своему) отстаивали ту точку зрения, что политический процесс может со временем (при правильных обстоятельствах) завершиться полной гармонией между человеком и обществом. Булгаков, наименее утопический мыслитель из них всех, писал: «Разделение на партии, основанное на различиях политических мнений, социальных положений, имущественных интересов, есть обычное и общераспространенное... неизбежное зло», которое нарушает духовное и культурное единство нации [Булгаков 1909: 65][24]. Гершензон выступал за то, чтобы жить, воспринимая «все воздушные токи единой и целой Божественной истины», и называл славянофильскую концепцию «органической цельности народного бытия» как источника высшей образованности страны «лучезарным идеалом» [Гершензон 1909б: 73, 86–87].

---

[23] О Кистяковском см. в пятой главе. Об Изгоеве см. [Изгоев 1907; Изгоев 1908а; Изгоев 1910: 12–16].

[24] О христианском социализме Булгакова см. [Evtuhov 1997].

Однако, о какой бы форме общественного устройства и само-управления ни шла речь в этих текстах, в них далеко не всегда находилось место для концепции негативной свободы, то есть возможности граждан действовать по своей воле.

4.1.2.3. Культура

Как было показано выше, в вопросе о развитии личности ве-ховцы придерживались позитивистских позиций и в отношении прав человека, и в том, что касалось самоуправления, однако центральное место в их видении мира занимала культура. Соста-вители «Вех» настаивали на том, что в каждом обществе суще-ствует своя особая культура, дающая индивидам представление о нравственности, и что именно эта культура учит их тем поня-тиям и ценностям, благодаря которым они могут принимать осознанные и самостоятельные решения[25].

В 1905 году в издаваемом ими журнале «Полярная звезда» Франк и Струве изложили свою философскую позицию, согла-сно которой сохранение культуры и уважение к ней являлись неотъемлемыми элементами свободы[26]. В статье «Очерки фило-софии культуры» они дали такое определение этому феномену:

> Культура есть совокупность абсолютных ценностей, со-зданных и создаваемых человечеством и составляющих его духовно-общественное бытие. В сознании человечества живет ряд вечных идеалов, таких как истина, добро, кра-сота, святыня, подвигающих его на творчество научное, художественное, моральное и религиозное. Плоды этого творчества, все духовные приобретения, сменяющиеся работы поколений, образуют живую атмосферу сознатель-ного бытия, постепенное воплощение абсолютного идеала в собирательной жизни человечества [Струве, Франк 1905a: 110][27].

---

[25] О современных взглядах по этому вопросу см. [West 1998].

[26] Кроме того, эта тема постоянно обсуждалась на страницах журнала «Сво-бода и культура», с которым и Франк, и Струве сотрудничали в 1906 году.

[27] См. также определение культуры в [Франк 1909: 157–158].

В таком понимании культура представляет собой важнейшую одухотворяющую силу, которая дает толчок саморазвитию индивида, обеспечивая связь между абсолютными идеалами и творчеством. По мере того как индивиды прилагают усилия, чтобы реализовать абсолютные ценности эмпирическим образом, их сознание растет и развивается, что, в свою очередь, может привести к общественному прогрессу.

Для Франка и Струве культура была эксплицитно связана с гарантией негативной свободы. В 1905 году они писали: «Простор для духовного творчества, безусловное признание за каждой личностью права созидать идеал и действовать во имя его, образует принцип, непосредственно указуемый самой идеей культуры». Поскольку личность является «единственным творцом и носителем абсолютных ценностей», единственным проводником, с помощью которого эти ценности могут быть претворены в жизнь в реальном мире, Франк и Струве делали вывод, что «свобода личности есть первое и существеннейшее условие культуры» [Струве, Франк 1905б: 171][28]. Постулируя связь между культурой и конституционными свободами, они пытались подчеркнуть важность того, что культура является феноменом эмпирического настоящего, а не далекого будущего. В «Вехах» Франк указывал на то, что культура не может быть принесена в жертву отдаленному видению человеческого счастья, заявляя: «Культура существует не для чьего-либо блага или пользы, а лишь для самой себя; культурное творчество означает совершенствование человеческой природы и воплощение в жизни идеальных ценностей и в качестве такового есть само по себе высшая и самодовлеющая цель человеческой деятельности» [Франк 1909: 157]. По мнению историка философии Эйлин Келли, культура для этих мыслителей была «осязаемым и видимым доказательством того, что мы должны думать о свободе и самореализации человечества не как о будущей цели, а как о процессе, который происходит прямо сейчас и проявляется в вещах, институтах и социальных структурах, создаваемых и сохраняемых людьми,

---

[28] См. также [Swoboda 2010: 213–214].

пытающимися сформировать разумно устроенный мир» [Kelly 1998: 176].

Говоря о творчестве как о воплощении в жизнь космических, сверхъестественных ценностей, Франк и Струве критиковали тем самым традиционное «утилитарное понимание культуры», частью которого были «наивное непосредственное почтение к образованию», марксистская одержимость «материальной культурой», озабоченность «прогрессистами всех оттенков просвещением народа» и победоносность «либеральных идей и учреждений в культурной среде» [Струве, Франк 1905a: 106–107][29]. Снова и снова они указывали на то, что, хотя любовь к культуре в ее метафизической ипостаси глубоко укоренилась в определенных слоях европейского общества, для образованных российских людей она остается чуждым и даже враждебным элементом [Струве, Франк 1905a: 106; Франк 1909: 156–157][30]. В России, сетовали Франк и Струве, культура играет сугубо функциональную роль, и это ассоциирование культуры с удовлетворением субъективных нужд жизни несоизмеримо с ее подлинным чистым воплощением.

На первый взгляд эта концепция культуры, основанная на существовании минимальной сферы свободы, которая ни при каких обстоятельствах не может быть нарушена, подразумевает под собой культурный плюрализм и признание того, что в каждом обществе и в каждой культуре могут сосуществовать различные конечные цели. Однако Струве развил свою теорию культуры в сторону воинствующего национализма, практически проигнорировав конфликтующие друг с другом в российской культуре представления, концепции и проблемы самоидентификации.

Нелиберальные аспекты изложенной выше теории культуры, касающиеся способности сознательных индивидов самосовершенствоваться и тем самым ускорять духовное развитие истории, очень хорошо заметны в учении Струве о том, как культурное единство является ключевым условием политического и нравственного возрождения России.

---

[29] См. также [Brooks 1973: 24].

[30] См. [Котляревский 1906: 358].

4.2.1.4. Национализм

Струве связывал культурное творчество русского народа с мощью Российского государства и в различных статьях того времени, самыми известными из которых были «Великая Россия» (1908) и «Интеллигенция и национальное лицо (1909), высказывал откровенно националистические взгляды [Струве 1908а; Струве 1909б; Струве 1909в][31]. В его учении о национальной культуре «государство есть существо мистическое», во имя чести и величия которого «можно пожертвовать жизнью своей и других людей» [Струве 1908б: 187]. В то время, когда многие национальные меньшинства страдали от преследований со стороны царского правительства и практически все оппозиционные партии ассоциировали национализм с реакцией, призывы Струве к активному продвижению русской национальной идеи и агрессивной экспансии в сторону Черного моря были встречены с недоумением и насмешками. Так как кадетская партия выступала за равные права для национальных меньшинств и придерживалась космополитических взглядов на культуру, ее представители поспешили дистанцироваться от Струве с его взглядами; эта специфическая разновидность национализма, проповедуемая Струве, повлияла на восприятие либералами сборника «Вехи» в целом[32].

В таком метафизическом восприятии культуры нет имманентной составляющей, непосредственно связанной с шовинизмом и империализмом, и другие веховцы и неоидеалисты, заявляя о своей приверженности универсальным ценностям и культурной индивидуальности русского народа, не впадали в оголтелый национализм Струве, о котором им было хорошо известно. Тем не менее на момент выхода в свет «Вех» романтические идеи Струве о государстве нашли поддержку у некоторых других авторов сборника, в частности у Булгакова, писавшего, что патриотизм должен играть важную роль в возрождении русской куль-

---

[31] Изгоев, Франк и Гершензон были евреями, а Кистяковский — украинцем.

[32] Усиливающийся национализм Струве стал предметом разногласий между ним, Кистяковским, Котляревским и Е. Н. Трубецким.

турной жизни[33]. Франк же, перечисляя объективные ценности, которыми «человеческая деятельность руководится», упоминал в одном ряду с теоретической научной истиной, художественной красотой и объектом религиозной веры государственное могущество и национальное достоинство [Франк 1909: 153].

Хотя истоки национализма Струве лежат в его желании связать духовное творчество индивида с культурным благосостоянием и единством народа, его националистические взгляды плохо сочетаются с его же словами в защиту права каждой отдельной личности самой создавать себе идеалы и реализовывать их так, как она сама того хочет. В этом смысле национализм Струве можно трактовать как позитивное видение свободы, когда ответ на вопрос о конкретной форме правления решается чувствами и эмоциями, а не разумом.

Поскольку в рамках этой разновидности национализма предпочтение отдается культуре определенных национальных групп, права других народов игнорируются, а проводимая таким образом национальная политика вмешивается в жизнь отдельных граждан, это учение не признает необходимости конкуренции между различными ценностями, поэтому не может считаться либеральным.

4.2.2. «Вехи» и разногласия в либеральной среде

Иногда взгляды авторов «Вех» на культуру, национальное могущество и самоуправление ставят их в один ряд с типичными приверженцами позитивной свободы в трактовке И. Бёрлина: они верили, что цель общества — создать условия, которые позволят индивиду ощутить свою «высшую природу», свое «подлинное "я"», противопоставленное «погоне за сиюминутными удовольствиями, [своему] эмпирическому "я"» [Бёрлин 1992: 250]. Как было показано выше, в некоторых случаях обличение «ме-

---

[33] См., например, [Булгаков 1909: 26]. О причинах его национализма см. [Evtuhov 1997: 63–65]. См. также у Изгоева о его поддержке националистического движения младотурков [Изгоев 1909: 209; Изгоев 1908б].

щанства», о котором говорилось в предыдущем разделе, приводило к неясности в вопросе о том, должна ли негативная свобода быть защищена правовыми и политическими институтами общества. Так, в религиозном мировоззрении Бердяева источником общественного права был божественный закон, что в принципе исключало возможность конфликта между различными ценностями. Более того, неприятие Бердяевым «буржуазного мещанства» во всех его проявлениях привело его к утопической идее свободной и лишенной государственности теократии, в которой гарантированной законом негативной свободе и правам, полагающимся по факту гражданства, вообще не было места [Kelly 1998: 170–171][34]. Франк, в конце концов, тоже отступил от своей прежней позиции, согласно которой свобода должна была быть защищена правовыми механизмами, а человеческое достоинство — экономическими условиями; отчасти это было связано с тем, что в его представлении всеобщее благосостояние было соединено с «буржуазными», то есть негативными, ценностями [Swoboda 2010: 220]. В последующие десять лет его метафизические искания, касавшиеся слияния личности со всеединым бытием, привели Франка к тому, что он прямым текстом отверг идею о том, что целью общества является защита сферы негативной свободы, необходимой для самореализации индивида [Франк 1992б: 114].

В других случаях приверженность веховцев концепции негативной свободы и их вовлеченность в обсуждение проблемы ограничения власти государства и власти одного человека в отношении другого хорошо задокументированы. Философские убеждения Изгоева и Кистяковского не мешали им выступать в поддержку правового государства и личных свобод. Струве, несмотря на его только усиливающийся с годами национализм, всю свою жизнь отстаивал принцип верховенства закона и права человека. По словам биографа Струве Р. Пайпса, «главной за-

---

[34] Келли пишет о том, что Бердяев и Булгаков олицетворяли собой утопическое и нелиберальное течение в российском неоидеализме. См. также сноску 230 в [Poole 2003: 77].

дачей политического и общественного порядка он считал создание оптимальных условий для беспрепятственной "культурной работы", будь то в сфере художественного творчества или экономике» [Пайпс 2001, 2].

Хотя в «Вехах» можно найти некоторые следы либерального мировоззрения, приведенный выше анализ показывает, что в целом авторы этого сборника в своей критике российской интеллигенции были не слишком либеральны и последовательны. Однако этот непоследовательный либерализм «Вех» и, соответственно, некоторых крупнейших фигур, связанных с российским либеральным движением, позволяет увидеть некоторые более важные моменты. Такие мыслители, как Струве и Франк, несмотря на либеральные элементы, содержащиеся в их учениях, возможно, не так сильно дорожили ценностью различных форм свободы, как нам бы того хотелось. Хотя истории этих и других веховцев вновь демонстрируют, как трудно назвать того или иного мыслителя однозначно либеральным, они также напоминают о том, что вряд ли можно найти либерала, который мог бы с чистой совестью заявить о своей нравственной и идеологической безупречности. Либералы, как и другие мыслители, могут быть слепы по отношению к своим заблуждениям или пасть жертвами уверенности в собственной правоте и в результате отрицать конфликт между различными ценностями в угоду своему догматическому видению того, как лучше всего добиваться общественного прогресса и развития личности. Многочисленные примеры такого рода, встречающиеся в «Вехах», интересны не только потому, что дают нам возможность увидеть, как сильно те или иные мыслители вышли за рамки либерализма в 1909 году, но и потому, что они иллюстрируют размытость границ либерализма как такового и те меняющиеся, переходные формы, которые он может принимать.

В этом разрезе разница между теми веховцами, кто признавал, что внутри идеи индивидуальной свободы, общественной жизни и развития истории существует элемент непредсказуемости, и теми, кто это отрицал, представляется ключевой для всего либерализма в целом. В 1908 году Струве косвенным образом согласился с этим различием, когда написал, что «русская национальная литература» и философия в целом должны «разорвать старые, традиционные узы *“направленства”* [то есть идеологической направленности]» и перенять «недогматическое миросозерцание» [Струве 1908в: 174–175]. Хотя приверженцы более позитивной концепции свободы из числа веховцев верили в возможность достижения земного рая (так, например, Бердяев писал, что у лучших представителей русской философии была «жажда царства Божьего на земле») [Бердяев 1909: 19][35], в самом сборнике решительно опровергается идея того, что «царство Божье» может быть создано в реальном мире; скорее, под ним понималась некая духовная сущность, пребывающая в душе человека. Франк в «Этике нигилизма» резко обрушивается на теорию прогресса и социальный оптимизм с его верой в счастье в отдаленном будущем, предпочитая им «альтруистическое служение, изо дня в день, ближайшим нуждам народа» [Франк 1909: 163]. Струве тоже критикует догматизм и детерминизм интеллигенции и ее ошибочную уверенность в том, что после периода жестокости и очищения наступит эра абсолютного счастья. Он завершает свою статью в «Вехах» на отчетливой либеральной ноте, призывая к «упорной работе над культурой», «идеям» и «творческой борьбе идей» [Струве 1909а: 145].

4.3. Реакция на «Вехи»

Полемика, разразившаяся после выхода в свет «Вех», выявила целый ряд препятствий, которые мешали либералам открыто поддерживать идею необходимости компромисса между различными концепциями свободы. В основном реакция на «Вехи» была негативной; Н. П. Полторацкий писал об этом так: «Почти все, что

---

[35] Булгаков критиковал интеллигенцию за то, что она имеет ложные представления о Божьем царстве на земле, однако стремился, скорее, не опровергнуть существование земного рая, а объяснить, что он собой представляет, см., например, [Булгаков 1909: 54, 58; Булгаков 1906: 121].

"Вехи" критиковали, упорно защищалось; почти все, что они предлагали в качестве положительной программы, отвергалось» [Poltoratzky 1967: 96; Полторацкий 1963: 299–300][36]. Одной из причин этого было то, что «Вехи» были одобрительно восприняты в близких к правительству реакционных кругах, в частности одиозным архиепископом Антонием (Храповицким)[37]. Такая поддержка сборника со стороны одного из основателей «Союза русского народа» в то время, когда широко обсуждалось его участие в черносотенном движении, превратило публикацию «Вех» из «чисто литературного события в своего рода преступный акт» [Brooks 1973: 44]. Сравнительно небольшое количество положительных откликов на «Вехи» вышло в издаваемой Струве «Русской мысли», «Московском еженедельнике» братьев Е. Н. и С. Н. Трубецких, санкт-петербургской газете «Слово», полуправительственном «Новом времени» и журнале символистов «Весы».

Хотя выход «Вех» широко обсуждался в прессе и спровоцировал дискуссию, не утихшую и после революции 1917 года, этот сборник, если цитировать Дж. Брукса, «имел большое значение только для либералов» [Brooks 1973: 43]. Кадеты дружно осудили веховцев и ответили целым рядом собственных выступлений и публикаций, самой главной из которых стал сборник статей «Интеллигенция в России» [Арсеньев и др. 1910][38]. В тех обстоятельствах, когда кадетская партия обладала определенным политическим влиянием, «Вехи» (поскольку их авторы сами к ней принадлежали) стали для нее внутренним вызовом, заставив кадетов защищать в интеллектуальных спорах роль российской

---

[36] Этот факт отмечали и некоторые из веховцев. В примечании ко второму изданию «Вех» Бердяев писал: «Верность моей характеристики интеллигентской психологии блестяще подтверждается характером полемики, возгоревшейся вокруг "Вех". Не ожидал я только, что неспособность критиковать по существу духовно-реформаторскую работу "Вех" оказалась столь всеобщей» [Бердяев 1909: 4].

[37] См. сноску 4 выше.

[38] Среди других важных сборников, в которых публиковались посвященные «Вехам» статьи кадетов, см. [Арсеньев 1909a; Боборыкин и др. 1909]. О полемике вокруг «Вех» см. [Oberländer 1965; Сапов 1998].

интеллигенции (чье революционное наследие было им дорого) и свое видение либерализма в целом[39]. Однако кадетская критика «Вех» примечательна тем, что в ней нет всестороннего анализа и обсуждения проблем, поднятых веховцами. Кадеты почти не осуждали «Вехи» за то, что в них недостаточно внимания уделено правам человека и принципу верховенства закона. В следующем разделе я более подробно остановлюсь на философских и идеологических причинах того, почему кадеты не могли в полной мере ответить на поставленные веховцами вопросы об их политической позиции и отношении к революции. Одна из важнейших либеральных полемик в России начала XX века по факту была, как метко заметил Келли, не столько спором, сколько «чередой проповедей и филиппик, обращенных друг к другу представителями враждебных политических групп»[40].

Высказанная в «Вехах» идея того, что внутреннее самосовершенствование является необходимым условием политических изменений, была иронически охарактеризована как «сначала вера, потом конституция» [Штернберг 1909: 15]. В целом критики сходились на том, что веховцы установили ложную связь между двумя видами свободы: «Самоусовершенствование, которому они придают такое громадное значение, — писал один из них, — требует не только внутренней, но и внешней свободы» [Арсеньев 1909б: Арсеньев 1995: 61]. Другой утверждал, что интеллигенции нужны «сперва реформы, потом — успокоение; сперва улучшение условий общественной жизни, потом — улучшенный, умиротворенный, более совершенный человек» [Игнатов 1909а; Игнатов 1909б: 97]. Даже А. Кизеветтер, кадет, которому было что сказать в поддержку идеи личного самосовершенствования, подчеркивал, что «активная работа на общественной ниве, постоянное участие в устроении "внешних" условий наше-

---

[39] О полемике вокруг внутренних вызовов российскому либерализму см. [Putnam 1965].

[40] Статья «Signposts Movement». Routledge Encyclopedia of Philosophy / Ed. by E. Craig et al. URL: https://www.rep.routledge.com/articles/thematic/signposts-movement/v-1 (дата обращения: 20.02.2024).

го существования входит необходимым элементом в программу этого воспитания» [Кизеветтер 1909: 137]. Помимо этого, он писал о том, что проблема российской интеллигенции заключается не в неумении исповедоваться, а в том, чтобы «практически и целесообразно применять результаты этих исповедей на действительное благо себя самих и наших сограждан» [Кизеветтер 1909: 137].

Однако настаивая на том, что политические и гражданские свободы имеют первоочередное значение по сравнению с внутренними и духовными аспектами развития личности, кадеты, как правило, руководствовались позитивистским подходом к истории, а не верой в то, что различные ценности невозможно примирить друг с другом. Во многих случаях именно эта философская предпосылка была источником их оптимистической оценки событий 1905 года (в отличие от явного пессимизма веховцев); она же побуждала их преувеличивать как роль революции в деле борьбы за личную свободу, так и ее последствия для российской интеллигенции [Oberländer 1965: 79–80][41]. В частности, кадеты в большинстве своем верили, что интеллигенция постепенно оставит свои «идеологические» предрассудки в прошлом и станет ближе к образованным классам Запада:

> Но масса интеллигенции, занятая на различных поприщах культурного труда, который с развитием культуры все более специализируется, найдет смысл жизни в этом самом труде, при очевидности его пользы, и ее творчество, теряя в экстенсивности, какой характеризуются идеологии, выиграет в интенсивности [Овсянико-Куликовский 1910: 219][42].

Они были убеждены, что само развитие истории со временем снимет с интеллигенции тот идеологический груз, который в настоящий момент давит на ее внутреннюю свободу. Часто под этой уверенностью имплицитно подразумевалось, что свободы

---

[41] Иной точки зрения явно придерживался Маклаков; подробнее см. в третьей главе.

[42] См. также [Туган-Барановский 1910].

и равенства в мире становится больше и что эти понятия в итоге совместимы друг с другом. В своей статье для сборника «Интеллигенция в России» М. М. Ковалевский, основатель Партии демократических реформ, отколовшейся от кадетов, исследовал историю западной политической мысли именно в этом ключе [Ковалевский 1910a][43].

Лидер кадетов Милюков был одним из самых горячих защитников идеи о том, что возможная несовместимость между личной автономией и гражданскими обязанностями может быть преодолена [Милюков 1910: 105][44]. Будучи рационалистом, он верил, что Россия развивается по тем же законам истории, что и Западная Европа, и оптимистично считал, что всякая революция после буржуазной фазы придет к собственному естественному концу. Хотя Милюков в своих рассуждениях уделял определенное внимание нравственным аспектам общественной жизни, в первую очередь он рассматривал проблему взаимоотношений между внутренней и внешней свободами сквозь призму того, как это влияет на установление конституционализма и создание политически сознательных граждан [Breuillard 1992: 103]. В 1908 году в своем первом большом исследовании, посвященном итогам Революции 1905 года, Милюков возлагал вину за ее провал на трех участников: революционеров, царское правительство и дворянство, — которые из-за своего безответственного отношения к аграрному вопросу превратили борьбу за конституцию в «кровопролитную классовую схватку» [Miliukov 1908: 25]. Со временем его оценка Первой русской революции стала менее однобокой, и он начал принимать в расчет как моральные факторы, так и то, что он называл слабо развитой в России «национальной традицией» [Miliukov 1922: 8–17]. Однако в своем видении свободы он полностью так и не признал возможности существования неразрешимых конфликтов между интересами личности и общества.

В отличие от авторов «Вех», кадеты и сочувственно относящиеся к ним печатные органы делали упор на важности внешне-

---

[43] См. также шестую главу.

[44] См. также [Oberländer 1965: 81–82, 91].

го, активного участия в общественной и культурной жизни, видя в нем инструмент для достижения знания. Они отвергали основополагающий, как им казалось, посыл «Вех»: философия, рефлексия и идеи должны заменить участие в политической деятельности [Лурье 1909а; Лурье 1909б; Лурье 1998: 290]. В частности, им казалось, что учение об абсолютных идеалах, которыми необходимо руководствоваться в общественной жизни, опасно и следование этим идеалам без учета реальных интересов индивида может привести к абстрактному максимализму [Лурье 1909а; Лурье 1998: 289]. Как писал Милюков в ноябре 1909 года, для постепенного реформирования требовались

> рост сознательности... быстрый рост потребности во всякого рода организованном общении: культурном, на почве образовательных учреждений, экономическом, на почве кооперативных и профессиональных организаций, административно-хозяйственном, на почве местного самоуправления [Милюков 1909: 2; Brooks 1973: 41].

Под этим подразумевалось, что после успеха политической и экономической реформы индивиды обретут и личную автономию.

В обществе, раздираемом обостренными политическими противоречиями, одновременно выступать и за право личности развиваться согласно ее представлениям о добре, и за социальную реформу часто на практике оборачивалось либо поддержкой чего-то одного и принижением значимости другого, либо заявлением о том, что обе эти цели совместимы между собой. И реакция кадетов на «Вехи», и сам этот сборник во многом были обусловлены политическим контекстом того времени. Для кадетов по тактическим соображениям было важно не допустить раскола внутри российской интеллигенции, в то время как признание потенциально неразрешимого конфликта между личной свободой и социальной справедливостью могло повлечь за собой потерю союзников из числа социалистов. Вместо того чтобы обвинять определенные либеральные течения в ущербном толковании понятия свободы, они пытались представить интеллигенцию оптимистичным и дружным классом, который поднял русский народ на революцию и добился прогрессивных изменений в отношении как свободы, так и равенства[45]. Эти же политические соображения заставляли их вновь и вновь говорить о необходимости общественной и политической деятельности, важность которой подвергали сомнению авторы «Вех», и осуждать аполитичные и связанные с религией поиски духовного самосовершенствования[46]. Сходным образом веховцы в своей критике российской интеллигенции обрушивались на ее безапелляционную поддержку революции и ущербное видение свободы, но не предлагали какого-либо альтернативного решения, которое было бы последовательно либеральным. Некоторые авторы «Вех» высказывали суждения о сложной взаимосвязи между моральной ответственностью, с одной стороны, и установлением гражданских прав и политических свобод, с другой, которые были столь же категоричны и догматичны, как то, что утверждали их оппоненты; другие защищали с либеральных позиций одновременно свободу и равенство, но их аргументация была непоследовательной.

Сегодня «Вехи» представляют для нас интерес и как кривое зеркало либерализма, и как памятник либерального гуманизма.

---

[45] См., например, [Петрункевич 1910: iii–xv].

[46] Об этой полемике см. [Brooks 1973: 47].

Глава 5
Диалог с Западом, часть 1
Конфликт между ценностями

В предыдущих главах было показано, как современные теории, описывающие либерализм в виде набора концепций, относящихся к человеческой природе и свободе, который уместнее было бы называть «либерализмами, а не либерализмом» [Ryan 2007: 361], позволяют увидеть российский либеральный проект в новом свете. В этом исследовании я подробно писала о существенных расхождениях между различными либеральными учениями о личности, свободе и обществе и указывала на то, что крупные фигуры того времени, активно участвовавшие в политической деятельности, редко (если не сказать никогда) являли собой образец либерала, безупречного идеологически и нравственно. Их приверженность идее сосуществования различных универсальных идеалов в плюралистическом обществе иногда давала трещину из-за чрезмерной уверенности в собственной правоте, а защита либеральных ценностей могла привести к неожиданным политическим последствиям. Поскольку крайне трудно сформулировать единые философские принципы собственно российской либеральной традиции, мне показалось более продуктивным подойти к обсуждению либерализма в контексте его открытости постоянному поиску компромисса между различными конкурирующими друг с другом идеями и ценностями.

В этой главе я подробно остановлюсь на деятельности двух крупнейших фигур российского либерализма: П. И. Новгородцева и Б. А. Кистяковского. Эти мыслители, близкие к авторам «Вех» и активные члены кадетской партии, выделялись на общем фоне тем, что в своем видении либерализма исходили из неизбежности конфликта между различными ценностями и пытались осмыслить опыт российского либерального движения в контексте истории либерализма в целом со всеми его имманентными внутренними противоречиями[1]. Новгородцев в двух своих классических трудах: «Кризис современного правосознания» (1906–1911) и «Об общественном идеале» (1911–1916) — писал об уроках, которые следует извлечь из западной истории либерализма, а Кистяковский в целом ряде объемных статей: «Государство правовое и социалистическое» (1905), «Как осуществить единое народное представительство» (1907) и «В защиту права» (1909) — продемонстрировал противоречивую и непостоянную природу либерализма.

Именно поэтому многие темы, поднимаемые в этой главе, возвращают к полемике о содержании, об использовании и о значимости либеральных ценностей (и как философских концепций, и как политических целей), о которых шла речь во введении к этой книге. Сравнивая то, что Новгородцев и Кистяковский считали ключевыми элементами либерального учения, с тем, о чем говорилось во введении, можно рассматривать их деятельность как попытку объяснить российскому обществу важность западноевропейского либерального наследия. После Революции 1905 года Новгородцеву и Кистяковскому пришлось столкнуться с теми же фундаментальными дилеммами, которые встали перед всей либерально настроенной российской интеллигенцией. Как и другие либералы, они осознавали противоречие между декларируемыми ими призывами к мирным и постепенным реформам и той активной (и иногда и революционной) деятельностью, которой они занимались в ходе событий 1905 года. Кроме того, они задавались вопросом о том, действительно ли реформы станут лучшим гарантом свободы, или все это законотворчество

---

[1] Согласно С. Хойман, в действительности Кистяковский так и не вступил в кадетскую партию [Heuman 1998: 30].

окажется совершенно бесполезным без глубинных изменений в сознании отдельных людей. Выбор между внешней и внутренней свободой и путями развития России осложнялся еще и тем, что у революционных партий было свое активное видение свободы и равенства, а пространства для маневра между сторонниками правительства и радикалами было крайне мало.

Новгородцев и Кистяковский обладали достаточно широким кругозором, чтобы попытаться ответить на эти вопросы, и их вклад в интеллектуальное наследие российского либерализма не остался незамеченным. Статья Кистяковского «В защиту права», вышедшая в «Вехах», неоднократно удостаивалась похвалы со стороны многих исследователей: Л. Энгельштейн отметила, что его наблюдения, относящиеся ко взаимосвязи между дисциплиной и правом, дополняют концепцию Фуко [Engelstein 2009], а С. Хойман, биограф Кистяковского, назвала его провидцем, чье «современное учение о правах человека опередило Всеобщую декларацию прав человека на 43 года» [Heuman 1998: 2].

Столь же лестными словами отмечался и вклад в российскую либеральную теорию Новгородцева: его называли «самым последовательным и глубоким кантианцем в Московском психологическом обществе» [Poole 2003: 17] и человеком, который «возродил естественное право в России» [Nethercott 2010: 250].

С учетом важной роли, сыгранной обоими этими мыслителями в истории российского либерализма, в этой главе их учения будут проанализированы достаточно подробно. Хотя в своих философских взглядах и политических предпочтениях Кистяковский и Новгородцев не во всем были согласны друг с другом, оба придерживались неоидеалистического либерального мировоззрения и отличались от своих современников тем, что выступали в защиту эмпирической личности и признавали существование внутреннего конфликта между различными либеральными ценностями. Их интеллектуальное наследие демонстрирует одновременно и то, как вдумчиво они исследовали историю западного либерализма, и то, с какими трудностями им пришлось столкнуться при попытке перенести этот опыт на российскую почву.

5.1. Личная свобода и социальная справедливость: правовой социализм Кистяковского

5.1.1. Научно-философский идеализм

Кистяковский был представителем неоидеалистического направления в русской философии, однако некоторые аспекты его учения выделяют его на фоне современников[2]. Родившись в Киеве в семье профессора Киевского университета, Кистяковский с ранних лет интересовался правоведением (его отец — А. Ф. Кистяковский (1833–1885) — был юристом и криминалистом) и участвовал в украинском национальном движении. Отец Кистяковского, его дядя, В. Б. Антонович (1834–1908), впоследствии — его жена, М. В. Беренштам (1869–1932), — все были активными участниками украинского национального движения; на Кистяковского особенно большое влияние оказали идеи украинского автономиста М. П. Драгоманова (1841–1895), друга семьи, выступавшего за федерализм, конституционализм и социализм[3]. По мнению Хойман, именно связь с украинским национальным движением укрепила убежденность Кистяковского в том, что «в каждом обществе универсальные ценности и истины, такие как естественные права человека, должны быть сформулированы собственным социальным и политическим языком» [Heuman 1998: 2]. Участие в подпольных украинофильских кружках и возникший в юности интерес к марксизму привели к тому, что Кистяковского последовательно исключили из нескольких российских университетов и он был вынужден продол-

---

[2] Лучшие исследования, посвященные жизни и творчеству Кистяковского, см. в [Депенчук 1995; Heuman 1998]. Заслуживает также внимания [Heuman 1979]. Работая над этим разделом, я опиралась на свою статью о Кистяковском, см. [Rampton 2013].

[3] В. Б. Антонович в соавторстве с Драгомановым издал важный труд по украинской этнографии, см. [Драгоманов, Антонович 1874–1875]. Хойман отмечает, что «в течение всей своей жизни Кистяковский в своей научной деятельности уделял большое внимание личности и творчеству Драгоманова, стремясь познакомить российского читателя с наследием украинского национального движения» [Heuman 1998: 11].

жить свое образование за границей [Василенко 1994]. В 1895 году он уехал в Германию и поступил на философский факультет Берлинского университета; это стало началом нового этапа в его интеллектуальном развитии.

К тому моменту, как Кистяковский начал свое обучение в Берлине, неокантианство уже утвердилось в качестве главного направления немецкой философии, и в большинстве немецких университетов кафедры философии возглавляли профессора, которые в той или иной степени разделяли неокантианское мировоззрение[4]. В Берлине учителем Кистяковского стал видный социолог Г. Зиммель (1858–1918); затем, после недолгой стажировки в Сорбонне, Кистяковский переехал в Страсбург, где в 1898 году защитил докторскую диссертацию под руководством одного из главных деятелей движения «Назад к Канту» — В. Виндельбанда[5]. Столь же сильное влияние на формирование взглядов Кистяковского в отношении демократического социализма оказала Марбургская школа неокантианства, возглавляемая Г. Когеном[6]. Хотя в 1899 году Кистяковский вернулся в Россию, его сотрудничество с немецкими учеными продолжилось и после этого: он регулярно проводил несколько месяцев в году за границей, поддерживая и укрепляя свои связи с европейскими научными кругами. Во время этих ежегодных поездок он часто останавливался в Гейдельберге, который был центром не только немецкой академической жизни, но и российской эмиграции; там он посещал пользовавшиеся большой популярностью семинары своего друга — неокантианца-государствоведа Г. Еллинека (1851–1911), встречался с М. Вебером и Виндельбандом, ставшим

---

[4] См. вторую главу.

[5] Кистяковский выразил благодарность Виндельбанду в посвящении к своей докторской диссертации, см. [Kistiakowski 1899]. В Страсбурге его учителями были экономист Г. Кнапп (1842–1926) и философ Т. Циглер (1846–1918).

[6] О связи Кистяковского с баденскими неокантианцами написано немало, но многие исследователи упускают из виду его близость к философам Марбургской школы. Так, Н. А. Дмитриева в своем масштабном исследовании о российском неокантианстве ничего не пишет о близости политических взглядов Кистяковского и Когена [Дмитриева 2007].

в 1903 году профессором Гейдельбергского университета [Василенко 1994: 130][7]. Эта связь с академическими кругами Германии, а также периодическое дистанцирование от политической ситуации в России существенно повлияли на его представление о том, каким должен быть российский либерализм.

Как и другие российские неоидеалисты, Кистяковский обращался к учению Канта для того, чтобы противостоять позитивистам с их уверенностью в том, что любая интеллектуальная деятельность может быть объяснена с помощью законов природы, и писал, что «наряду с законами совершающегося или законами природы существуют еще особые законы оценки, законы человеческие или нормы, определяющие истину или ложь, добро и зло, прекрасное и уродливое» и что «факт установления особых законов оценки, или норм, свидетельствует об автономии человека, а последняя, несомненно, указывает на свободу человека вообще и человеческой личности в особенности» [Кистяковский 1907; Кистяковский 1916а: 193][8]. Однако именно те идеи, из-за которых Кистяковский отказался от марксизма в пользу неокантианства, и отличали его от таких российских мыслителей, как Струве, Бердяев, Булгаков и Франк[9]. Как и другие приверженцы юго-западной (баденской) школы неокантианства, Кистяковский разделял учение о существовании двух классов наук: естественных и «наук о культуре» — и считал, что изучение общества должно проводиться строго научными методами. Вслед за Виндельбандом и Г. Риккертом (1863–1936) он утверждал, что социология является естественной наукой (*Naturwissenschaft*) с соответствующей четкой методологией, основанной на категориях Канта. Как и в естественных науках, все социальные явления следовало разбить на отдельные факты, и только после этого

---

[7]   См. также [Кистяковский 1911]. Кистяковский был информантом Вебера, предоставив ему ценный материал для статей о России [Вебер 2007а; Вебер 2007б].

[8]   В сборнике 1916 года в текст этой статьи были внесены незначительные изменения.

[9]   Об особом положении Кистяковского среди авторов «Вех» см. [Rampton 2013].

можно было определить причинно-следственные связи между ними и выявить общие закономерности, регулирующие общественные отношения[10].

Кистяковский был приверженцем аксиологического подхода Виндельбанда и его последователей из юго-западной школы неокантианства, считавших, что вопрос об объективности моральных ценностей можно разрешить трансцендентально, не прибегая к метафизике, однако в своем антионтологическом видении неоидеализма он зашел дальше других мыслителей[11]. Здесь он опирался на учение Зиммеля, говорившего об эпистемологической ограниченности «культурных» (гуманитарных) наук, и заявлял о необходимости научного изучения общества без использования онтологического подхода[12]. Кистяковский возражал против сведе́ния всех процессов и структур к единому главному принципу; именно такой редукционизм и привел к тому, что многие неоидеалисты занялись формулированием метафизических постулатов о нравственном мировом порядке и вере. В предисловии к своей докторской диссертации «Общество и индивид (методологическое исследование)» он писал: «Всякий монизм — как материалистический, так и идеалистический — оказывается необходимым образом и метафизическим. Он представляет собой конечный, а не исходный пункт развития науки» [Kistiakowski 1899; Кистяковский 2002; Щедровицкий: 18][13]. Подход Кистяковского был в большей степени индуктивным: его не столько интересовали истоки (метафизические или

---

[10] См., например, [Kistiakowski 1899: 42; Кистяковский 2002].

[11] Общий обзор неокантианства см. в [Ollig 1998]. О взглядах Виндельбанда и Риккерта см. [Copleston 2003, 7: 364–365].

[12] См. [Vucinich 1976a: 131, 138]. Кистяковский был одним из тех, кто познакомил российского читателя с учением Зиммеля, см. [Кистяковский 1909a].

[13] Докторская диссертация Кистяковского, изданная в 1899 году, имела большой успех и широко обсуждалась немецким научным сообществом. Рецензии на нее вышли в целом ряде немецких журналов (Kantstudien, 5 (1900), 252–255; Zeitschrift für Sozialwissenschaft, 3 (1900), 748–749; Archiv für öffentliches Recht, 16 (1901), 144–146; Jahrbücher für Nationalökonomie und Statistik, 3 (1901), 878–879).

нет) нравственного мирового порядка, сколько то, что можно узнать о социальных процессах с помощью научного исследования нравственного поведения индивидов. Он был убежден в том, что этика является чисто научной дисциплиной и что этические проблемы можно исследовать (и разрешать) исключительно научными методами, не обращаясь к метафизике. Резюмируя свою статью, написанную для сборника «Проблемы идеализма», Кистяковский подчеркивал: «Мы добиваемся осуществления наших идеалов не потому, что они возможны, а потому, что осуществлять их повелительно требует от нас и от всех окружающих нас сознанный нами долг» [Кистяковский 1902: 393]. В итоге он отнес это «сознание долга», которое в своем роде объективно и необходимо, к реальности, определенной им как трансцендентально-нормативная [Щедровицкий: 19].

В 1904 году Бердяев писал о том, что российский неоидеализм разделился на две фракции, отличающиеся своим отношением к метафизике, о котором шла речь выше: «Одна решительно метафизическая, с тяготением к религии трансцендентного, другая этико-гносеологическая, плывущая в русле кантовского трансцендентального идеализма» [Бердяев 1904б: 684]. В 1907 году Кистяковский еще четче заявил о своей принадлежности к отдельной «этико-гносеологической» ветви идеализма в своей статье «В защиту научно-философского идеализма» [Кистяковский 1916a: 190][14]. Его нежелание помещать личность и идеалы в высшую онтологическую реальность имело важные последствия для его либерального учения. Вместо того чтобы исследовать индивидуальную автономию в кантовском понимании (путь, который привел многих неоидеалистов к метафизике и религии),

---

[14] Кистяковский писал, что идеалисты-метафизики отвергли установленное Кантом в «Критике чистого разума» различие между трансцендентальными формами и содержанием нашего познания; потребность таких мыслителей, как Струве, к «целостности, законченности и закругленности» подтолкнула их в сторону метафизики, в результате чего они совершили ошибку, отказываясь различать абсолютное и относительное, долженствование и бытие. Важно также отметить еще одно отличие Кистяковского от других неоидеалистов: большинство из них были людьми глубоко верующими, а о религиозных убеждениях Кистяковского ничего не известно.

Кистяковский задался вопросом, как индивидуальное сознание долга связано с жизнью в обществе. Рассуждая о близости между индивидуальной автономией и моральной ценностью, он пришел к выводу, что социальная справедливость является категорическим императивом. Все это, в свою очередь, перекликалось с его увлеченностью идеей о том, что стремление индивидов к самосовершенствованию неизбежно обусловлено социальным контекстом и что наши личные цели зависят от взаимоотношений с другими людьми (подробнее об этом Кистяковский писал в своих политических работах).

Отказавшись от персоналистского подхода к свободе и нравственности и пытаясь расширить идеализм Канта, выводя его за рамки индивидуального и частного, Кистяковский естественным образом стал склоняться к понятийному аппарату, в котором важная роль принадлежала таким концепциям, как справедливость, закон и гражданское сознание.

5.1.2. От социальной этики к социализму

На размышления Кистяковского о взаимосвязях между личной свободой, нравственностью и общественным благополучием, опубликованные в различных статьях того времени, в значительной степени повлияли его давняя дружба со Струве, с которым он познакомился еще в студенческие годы в Германии, и участие в «освобожденческом» движении. В июле 1903 года он принял участие в учредительном съезде «Союза освобождения» в Шаффхаузене (Швейцария), а затем стал активным членом кадетской партии. В описываемое время он уделял большое внимание редакторской работе в журналах «Юридический вестник» и «Критическое обозрение», а также преподаванию права[15].

Политическое мировоззрение Кистяковского сформировалось под влиянием философии Канта и кантианской идеи о нравственной ответственности индивида. В этике он исходил из идеали-

---

[15] Он получил должность профессора права в Киевском университете в 1917 году. См. сноску 85 в [Nethercott 2007: 171–172], а также [Heuman 1998: 23].

стического представления о том, что форма «долженствования» неизменна, но его содержание меняется по ходу прогресса, что нравственные законы едины для всех индивидов (без исключения) [Kistiakowski 1899: 155; Кистяковский 2002]. Однако особенно его интересовали установление взаимосвязи между практическим разумом, по Канту, и более общими социальными процессами и вопрос о том, как универсальные этические принципы могут быть реализованы с учетом исторического контекста в той или иной «культурной общественности» [Кистяковский 1916a: 251; Vucinich 1976a: 138]. Кистяковский пытался связать воедино социальные и индивидуальные аспекты кантовского учения, объявив справедливость объективной и универсальной категорией, необходимой для понимания социальных явлений, пусть даже только в социальном, а не природном мире [Кистяковский 1916б: 176–186][16]. Согласно Кистяковскому, «стремление к справедливости», являвшееся нравственным, но при этом, по сути, социальным принципом, было одним из имманентных и безотносительных условий человеческого существования. В частности, всеобщее стремление к уважению и признанию, по его мнению, было обусловлено тем, что все индивиды обладают равной моральной ценностью. Кистяковский писал о том, что нравственные обязательства по улучшению жизни индивида внутри общества традиционно принимали форму правовых норм. Таким образом, закон берет на себя историческую и необходимую с научной точки зрения роль внешней оболочки социальной справедливости: обобщенные социальные ощущения и устремления, побуждающие нас создавать правовые нормы, также детерминированы «безусловной необходимостью» [Кистяковский 1916б: 187].

Как и Кант, Кистяковский считал право фундаментом, на котором стоит гражданское общество, однако, рассуждая о той ключевой роли, которую играет право в формировании социаль-

---

[16] Кистяковский пишет о «неотъемлемости и общеобязательности (*Allgemeingültigkeit*)» справедливости [Кистяковский 1916б: 186]. Для него постулирование априорной ценности справедливости ни в коей мере не является препятствием к тому, чтобы изучать общество естественно-научными методами.

ной дисциплины, он идет дальше немецкого философа[17]. В частности, он утверждал, что внешняя дисциплина, установленная законом, позволяет индивиду более глубоко осознать свои нравственные обязательства («мы нуждаемся в дисциплине внешней именно потому, что у нас нет внутренней дисциплины») и способствует развитию гражданского общества, основанного на уважении к правам всех его членов [Кистяковский 1909б: 120][18]. Таким образом, право (и политические институты в целом) играет важнейшую роль в процессе создания гражданского общества, а сознание индивидом своего долга трансформируется в активную гражданскую позицию [Кистяковский 1905: 142]. Фактически правовые и политические институты могут стать инструментом воплощения в жизнь неоидеалистического образца социума, в котором устремления отдельных индивидов направлены на реализацию общего блага. При такой трактовке государственные институты выполняют важную дидактическую функцию, информируя граждан об их правах и солидарных интересах и одновременно с этим давая им возможность полностью реализовать свой потенциал: государство «облагораживает и возвышает человека. Оно дает ему возможность развивать лучшие стороны своей природы и осуществлять идеальные цели» [Кистяковский 1906: 471; Кистяковский 1990: 142].

Кистяковский подчеркивал, что закон является не только инструментом установления социальной справедливости, но и гарантом прав человека. По его мнению, в основу правового государства должен быть положен принцип негативной свободы, то есть нерушимых и неотчуждаемых прав индивидов, и его позиция по этому вопросу, которая особенно хорошо прослежи-

---

[17] Кант также очень интересовался воспитанием, под которым понимал среди прочего дисциплину. См., например, лекцию «О педагогике», где он писал: «Человек может стать человеком только путем воспитания. Он то, чтó делает из него воспитание» [Кант 1994: 401]. Кистяковский, однако, обозначил грань между дисциплиной и правом более четко, заявив: «Право в гораздо большей степени дисциплинирует человека, чем логика и методология или чем систематические упражнения воли» [Кистяковский 1909б: 97].

[18] См. также [Engelstein 2009].

вается в тех работах Кистяковского, где он поэтапно пишет о культурной автономии Украины, оставалась неизменной до конца его жизни[19]. Кистяковский считал, что каждому индивиду нужна свобода для достижения тех абсолютных идеалов, к которым он стремится, и что задача закона заключается в том, чтобы установить границы этой свободы [Кистяковский 1990: 144][20]. Он признавал, что определить точные контуры негативной свободы априори невозможно, поскольку интересы и сферы свободы различных индивидов будут неизбежно сталкиваться друг с другом, однако это только заставляло его еще выше ценить право [Кистяковский 1905: 144]. Задача права, писал он, заключается не только в создании структуры для реализации абсолютных идеалов, но и в том, чтобы эта система учитывала конкретные экономические и социальные условия того общества, где она будет использоваться. В своей знаменитой статье «В защиту права» (1909), обличавшей как российскую интеллигенцию с ее притупленностью правосознания, так и всю восходящую к Герцену и славянофилам интеллектуальную традицию, согласно которой в российской правовой неорганизованности заключалось определенное преимущество, Кистяковский исследует историю права и приходит к такому выводу:

> Нет единых и одних тех же идей свободы личности, правового строя, конституционного государства, одинаковых для всех народов и времен, как нет капитализма или другой хозяйственной или общественной организации, одинаковой во всех странах. Все правовые идеи в сознании каждого отдельного народа получают своеобразную окраску и свой оттенок [Кистяковский 1909б: 102].

Несмотря на свою убежденность в том, что жизнеспособное государство может существовать только на основе права и негативных свобод, Кистяковский активнее, чем большинство других российских либералов, выступал в поддержку социалистическо-

---

[19] Хойман много пишет о позиции Кистяковского по украинскому вопросу.

[20] См. также [Шлюхтер 2007: 129].

го устройства общества как наиболее эффективного политического режима и для защиты личных прав и свобод, и для самореализации индивидов [Кистяковский 1990: 155][21]. В частности, он подчеркивал, что, если общество не осознает взаимосвязи личных и политических свобод с экономическими и социальными целями, эти свободы обесцениваются. Негативные свободы, по его мнению, не могут быть полностью реализованы в ситуации, когда один класс занимает доминирующее положение по отношению к другому или отсутствуют определенные позитивные меры, направленные на устранение социального неравенства[22]. В число таких позитивных мер, необходимых для личного саморазвития (Кистяковский называл их «социалистическими правами»), входили права на труд, получение помощи в случае болезни, наступления старости или лишения возможности работать, полное развитие своих способностей и нормальное образование. «Все они [эти права], — писал он, — объединяются одним общим правом на достойное человеческое существование» [Кистяковский 1990: 156]. Готовность социалистического государства закрепить такое право законодательно и делало этот политический режим в глазах Кистяковского лучшей формой государственного устройства[23]. Вот что он писал по этому поводу в «Вехах»:

> Правовой порядок есть система отношений, при которых все лица данного общества обладают наибольшей свободой деятельности и самоопределения. Но в этом смысле правовой строй нельзя противопоставлять социалистическому. Напротив, более углубленное понимание обоих приводит к выводу, что они тесно друг с другом связаны и социалистический строй с юридической точки зрения есть только

---

[21] О неокантианском социализме в Германии см. [Keck 1977; Willey 1978; Linden, van der 1988].

[22] См., например, [Кистяковский 1905: 121].

[23] Вот что он пишет в той же статье: «В социалистическом обществе право на достойное человеческое существование не будет лишь осуществлением социальной справедливости, чем-то аналогичным призрению бедных, а вполне действительным личным правом каждого гражданина и человека» [Кистяковский 1990: 157].

более последовательно проведенный правовой строй. С другой стороны, осуществление социалистического строя возможно только тогда, когда все его учреждения получат вполне точную правовую формулировку [Кистяковский 1909б: 108–109].

Опираясь на труды правоведов, изучавших связь между социализмом и правом, в частности А. Менгера (1841–1906), Г. Еллинека и О. фон Гирке (1841–1921), Кистяковский защищал свою точку зрения, что социалистический строй является лучшей формой государственного устройства, гарантирующей и защиту негативных свобод, и достижение социального и экономического равенства. Доказывая это, он обращался к европейской истории, в которой находил свидетельства связи между укреплением гражданских прав и свобод и расширением сферы деятельности государства[24]. Хотя Кистяковский не закрывал глаза на недостатки современного ему западного общества, он тем не менее считал, что оно наглядно демонстрирует достоинства политики компромиссов, при которой законы государства создаются с участием всех политических партий (включая социалистические) [Кистяковский 1905: 396]. Хотя некоторые его сравнения России с «другими цивилизованными народами» сейчас выглядят анахронизмом, в целом учение Кистяковского выигрышно отличает от многих других то, что он стремился создать политическую и социальную теорию на основе практического опыта [Кистяковский 1909б: 107].

Говоря о своей стране, Кистяковский выступал за сотворение нового общества, в фундамент которого были бы положены как европейская политическая теория, так и опыт и традиции собственно России. Выражая осторожный оптимизм относительно того, что он называл «внутренним сознанием о праве и не-праве, живущим в народной душе», он указывал на некоторые существовавшие в России формы общественной организации (земельные общины, артели и т. д.), в которых действовал принцип

---

[24] Кистяковский часто ссылался на опыт Англии, а также Германии, Франции и Австрии.

распределительной справедливости [Кистяковский 1909б: 114]. Российское правосознание, по его мнению, можно развивать, если закреплять в законе эти внутренние этические нормы, заниматься внутренними, духовными поисками: чтобы пробудилось правосознание российской интеллигенции, она «должна уйти в свой внутренний мир, вникнуть в него для того, чтобы освежить и оздоровить его» [Кистяковский 1909б: 126]. Уважение к праву и личное саморазвитие должны были помочь установлению правого строя и созданию социалистического государства.

В своем видении внутренней и внешней свободы (мы могли бы сейчас назвать их нравственной и политической соответственно) Кистяковский следовал Канту и подчеркивал, что связь между внешней свободой, гарантированной законом, и внутренним духовным развитием может быть взаимной. «Но внутренняя, более безотносительная, духовная свобода, — писал он, — возможна только при существовании свободы внешней, и последняя есть лучшая школа для первой» [Кистяковский 1909б: 98][25]. Однако при этом он вовсе не отрицал возможности конфликта между двумя видами свободы; согласно его концепции, ограничения, накладываемые законом на полномочия государства и власть одного индивида над другим, должны постоянно пересматриваться для того, чтобы у каждой личности была возможность максимально полно реализовать свой потенциал. В социалистическом государстве, писал он, позитивные меры, направленные на уменьшение неравенства, в какой-то степени будут ущемлять сферу негативной свободы индивида [Кистяковский 1990: 159]. Однако он считал, что это не так уж плохо: по мнению Кистяковского, когда не оспаривается безусловное право на существование обоих видов свободы, понятия «правовой» и «социалистический» сливаются друг с другом.

Таким образом, его доводы в защиту права представляют собой попытку примирить друг с другом концепции свободы, заложенные в основу как либерализма, так и социализма, при этом

---

[25] О концепции внешней свободы Канта см. [Кант 1997; Guyer 2000; Benson 1987].

признается, что, поскольку они постоянно взаимодействуют, установить окончательное равновесие между ними принципиально невозможно.

5.2. Конфликт между свободами и либеральной историей: П. И. Новгородцев

5.2.1. Метафизический идеализм

П. И. Новгородцев не писал мемуаров, и источников, которые содержат значимые факты его биографии, совсем немного[26]. Он родился в Бахмуте, уездном центре Екатеринославской губернии, в купеческой семье. Окончив в 1884 году с золотой медалью Екатеринославскую гимназию, поступил на юридический факультет Московского университета. Четыре года (между 1888 и 1899 годами) он провел в Европе, по большей части в Германии (Гейдельберге и Берлине), а также во Франции (Париже). Поездки за границу должны были расширить его академический кругозор, в перспективе привести к написанию докторской диссертации и получению профессорского звания. Эти стажировки, пришедшиеся на годы, когда формировалось его философское и юридическое мировоззрение, оказали огромное влияние на Новгородцева [Литвинов 2006: 10]. В 1896 году он начал читать лекции в Московском университете и вскоре после этого опубликовал два своих труда: магистерскую диссертацию «Историческая школа юристов, ее происхождение и судьба. Опыт характеристики основ школы Савиньи в их последовательном развитии» [Новгородцев 1896] и докторскую диссертацию «Кант и Гегель в их учениях о праве и государстве. Два типических построения в области философии права» [Новгородцев 1901a], в которых четко прослеживается его увлеченность неоидеализмом.

---

[26] Приведенные здесь факты по большей части взяты из статьи А. Н. Литвинова о молодых годах Новгородцева [Литвинов 2006]. Среди других источников биографических сведений о Новгородцеве см. [Гурвич 1924; Ильин 1923–1924; Флоровский 1998; Putnam 1977]. Содержательная часть этого раздела основана на моей статье, см. [Rampton 2014].

Новгородцев был одним из самых ярких правоведов своего времени, членом Московского психологического общества и партии кадетов, а также глубоко верующим человеком. Принимая самое активное участие в возрождении интереса к идеализму в России, он уделял большое внимание борьбе с тем, что представлялось ему фундаментально неправильным в учении Канта, которое он считал слишком абстрактным, поэтому неспособным связать воедино нравственность и общественное благо[27]. По мнению Новгородцева, кантовское разделение материальной необходимости и духовной свободы было ущербным в том плане, что оно почти никак не помогало индивиду скорректировать свое нравственное поведение [Новгородцев 1901б: 304–308; Новгородцев 1902в: 831]. Опираясь на слова Гегеля о том, что проблема свободы и равенства, если у нее вообще есть решение, может быть снята только в конкретную историческую эпоху, Новгородцев посвятил много своих работ доказательству того, что нравственность имеет смысл только тогда, когда речь идет о поведении эмпирических личностей в реальных исторических обстоятельствах [Новгородцев 2000а: 237, 257].

В отличие от Кистяковского, Новгородцев был убежден в том, что вера и онтологический подход к идеализму дают возможность выделить конкретные и объективные аспекты свободы, отсутствие которых в кантовском учении так его беспокоило[28]. Он утверждал, что, только признав существование более высокой, чем люди, силы — трансцендентальной реальности, которую, по его словам, мы воспринимаем как «живого Бога нашей души» [Новгородцев 1905а: 25], мы сможем отказаться от утопического видения личности и свободы и стать лучше благодаря нравственному воспитанию, учитывающему исторический контекст эпохи. Настаивая на том, что у каждого человека есть связь с Богом и представление об абсолютном принципе добра, Новгородцев

---

[27] Эта мысль получила развитие в его докторской диссертации [Новгородцев 1901а; Новгородцев 2000а]. См. также [Новгородцев 1902в: 833–836; Новгородцев 1898: 888].

[28] О религиозной составляющей учения Новгородцева см. мою статью [Rampton 2014].

говорил, что существование вечной божественной реальности доказывает важность следования таким христианским принципам, как любовь, гармония и единение в земной жизни [Новгородцев 1921: 95; Новгородцев 1899: 118]. Эти моральные принципы могут не только наполнить содержанием кантовскую идею «долженствования», но и дать толчок прогрессу и направить общественную жизнь в нужное русло [Новгородцев 1901в: 124]. Согласно учению Новгородцева, божественный (или трансцендентальный) элемент, присутствующий в каждом индивиде, обязательно воплощается в его или ее земном предназначении: люди из плоти и крови становятся личностями в полном смысле этого слова только тогда, когда стремятся приблизиться к Богу. Такое религиозное мировоззрение, при котором свобода личности, ее ценность и предназначение рассматриваются в рамках теистической парадигмы, было свойственно не только Новгородцеву, но и некоторым другим профессорам, принадлежавшим к Московскому психологическому обществу [Котляревский 1905а: 125; Струве, Франк 1905б: 174].

5.2.2. Естественное право и права личности

Будучи неоидеалистом, Новгородцев верил, что «абсолютная форма не может быть заполнена адекватным содержанием, никогда нравственный призыв не может удовлетвориться достигнутым результатом» [Новгородцев 1902г: 288]. Нравственная жизнь должна быть автономной, чтобы доказать абсолютную природу нравственного закона, в то время как его эмпирическое содержание зависит от конкретных исторических обстоятельств. Анализируя эту «абсолютную форму» со своих религиозных позиций, Новгородцев пришел к идее «естественного права», которое он определял как *«одно из проявлений связи права и нравственности»* и *«реакцию нравственного сознания против положительных установлений»* (курсив — автора цитаты) [Новгородцев 1896: 9]. Как он представлял, естественное право было основано на высших нравственных нормах. Представляя собой земное воплощение таких трансцендентных ценностей, как человеческое достоинство, свобода и равенство, оно являлось справедливой и объективной системой принципов, относившихся к общественной и политической жизни.

«Право и нравственность, — писал Новгородцев, — являются силами, обуздывающими произвол человеческих страстей, вносящими мир и порядок во взаимные отношения людей и противопоставляющими эгоизму частных стремлений интересы общего блага и требования справедливости» [Новгородцев 1899: 115]. Чтобы система права функционировала нормально, она должна подкрепляться «некоторой нравственной атмосферой» [Новгородцев 1899: 133][29]. Поскольку справедливость является неотъемлемой частью нашего нравственного мировоззрения, «право вносит принципы ограничения и уравнения во взаимные отношения общественных классов и частных лиц» [Новгородцев 1899: 131]. Роль государства, заключающаяся в том, чтобы быть «опорой... против бесправия и неравенства, привилегий и монополий, выделений и исключений», таким образом, оказывается продиктованной нравственным законом и закрепленной юридическим правом [Новгородцев 1904б, 5: 520][30].

Новгородцев считал, что естественное право является соединительным звеном между внутренней, нравственной, свободой и внешней, существующей в сфере общественной и политической жизни [Новгородцев 1896: 9]. В частности, гарантия негативной свободы дает индивидам возможность принимать решения на основании высших нравственных законов, улучшать законодательство и совершенствоваться как членам общества [Новгородцев 1899: 125–127]. В основе этой идеи Новгородцева лежит его недогматическое представление об историческом прогрессе: он писал, что поскольку поиск истины является бесконечным процессом, то каждый индивид вправе сам искать свою уникальную

---

[29] См. также «Историческую школу юристов», в которой он пишет, что без нравственной поддержки «право превращается в мертвую букву, лишенную жизненного значения» [Новгородцев 1896: 8].

[30] Статья «Государство и право», из которой взята эта цитата, вышла в двух частях в журнале «Вопросы философии и психологии».

истину, будучи защищенным законом от чьего-либо вмешательства в эту сферу деятельности [Новгородцев 1904а: 76].

Рассуждая об истории либерализма, Новгородцев признавал важность защиты внутренней, духовной, свободы публичным и наглядным образом. В своих лекциях по истории философии права он говорил о том, что принцип свободы совести и его производные стали первыми воплощениями идеи негативной свободы как неотъемлемого права человека. «Нравственная свобода, — писал он, — без должных гарантий со стороны права и государства останется пустой фикцией» [Новгородцев 1901в: 119]. На исторических примерах он показывал, что естественное право лучше всего гарантирует «неотъемлемые права» личности и сферу свободы, защищенную от вмешательства со стороны государства [Новгородцев 1898: 886–887]:

> Естественное право является выражением того самостоятельного абсолютного значения личности, которое должно принадлежать ей при всяких формах политического устройства. В этом виде оно является чем-то большим, чем требование лучшего законодательства, — оно представляет протест личности против государственного абсолютизма [Новгородцев 1902г: 294–295].

Именно с этих позиций он считал, что для России лучшей формой политического устройства является конституционное государство на основе естественного права[31].

После событий 1905 года Новгородцев много писал о том, что никакие общественные институты или правовые механизмы не могут полностью гарантировать свободу: в своих научных статьях, например «Государстве и праве» (1904), он утверждал, что гармонии государства и права не существует, а конкретному историческому процессу и живому нравственному сознанию присущ «постоянный дуализм, вечный процесс столкновений между тем правом, которое *должно* быть, и законом государственным» [Новгородцев 1904б, 5: 511]. Однако его высказывания,

---

[31] См. [Новгородцев 1904б], а также [Walicki 1992: 312–318; Валицкий 2012].

относившиеся к тому, что происходило тогда в России, показывают, к каким трудностям приводил отказ от открытой дискуссии в такой сложной политической обстановке. Новгородцев обрушивался на сторонников Д. Н. Шипова, которых он называл «славянофилами XX века», упрекая их в политической пассивности и ошибочном пренебрежении сферой негативной свободы; при этом они, по его мнению, отказывались признавать, что Россия должна присоединиться к остальному «цивилизованному миру», встав на путь «прямого и открытого конституционализма» [Новгородцев 1905в: 357, 366, 374–376].

В то время Новгородцев безоговорочно поддерживал идею о том, что Россия должна перенять политическое устройство, созданное на Западе, и был убежден, что его страна уже уверенно движется в этом направлении; впоследствии, глубоко осмысливая этот опыт, он много думал о том, являются ли западные модели демократии универсальными[32].

5.2.3. Социальная справедливость

Как уже было сказано выше, в философском мировоззрении Новгородцева центральное место занимала его вера в равную нравственную ценность всех людей. В свете политических событий, происходивших в России, и собственной увеличившейся вовлеченности в политику — сначала как участника «Союза освобождения», а потом как члена кадетской партии — в политической и социальной философии Новгородцева все большее место стала занимать концепция позитивной свободы, в основе которой лежит идея человеческого достоинства. В статье, опубликованной в декабре 1905 года, он писал о критической важности *права каждого на достойное человеческое существование*, без которого, по его мнению, «не будет той солидарности, которая спасает одинаково и от деспотизма, и от анархии» *(курсив — автора цитаты)* [Новгородцев 1905б: 214]. Не отрицая важности негативной свободы, Новгородцев теперь утверждал, что забота о мате-

---

[32] См. раздел 5.2.4.

риальном благополучии эмпирической личности должна быть такой же частью права, как и более анархичные формы свободы [Новгородцев 1905б: 216]. В частности, для закрепления права на достойное существование необходимо принять следующие законодательные меры: регулирование условий труда, обеспечение на случай болезни, неспособности к труду и старости, создание профсоюзов и признание права на труд как такового, которое, по его мнению, должно было быть заложено в основу земельной реформы [Новгородцев 1905б: 215, 217–218, 220–222]. Без этих прав и государственных структур, необходимых, чтобы они соблюдались, чрезмерное увлечение негативной свободой может разрушить фундамент гражданского общества. Резюмируя, Новгородцев писал, что право на достойное существование не менее важно, чем свобода мысли или совести, поскольку оно создает подходящие внешние условия для «положительного осуществления идеала внутренней свободы» [Новгородцев 1905б: 215].

Приверженность Новгородцева принципам как негативной свободы, так и достойного существования нашла отражение в его политической деятельности[33]. При подготовке к участию в работе Первой думы он настаивал на том, чтобы включить в программу кадетской партии пункт о признании права на труд как одного из элементов права на достойное существование, говоря, что решение аграрного вопроса должно быть связано с автономией личности[34]. Уже став депутатом Первой думы, он заявлял, что двумя важнейшими проблемами, ставшими перед парламентом, были аграрный вопрос и то, что он называл «действительной неприкосновенностью личности». Относительно последнего он предложил «законопроект об обеспечении действительной неприкосновенности личности», построенный вокруг двух разных, но взаимосвязанных идей: права личности и ответственности власти; некоторые из положений этого проекта были заимство-

---

[33] О выступлениях Новгородцева в ЦК партии кадетов см. [Павлов, Канищева 1994–1999, 1: 34, 45].

[34] Партия отвергла это предложение Новгородцева, сочтя его избыточным с учетом других условий, предъявленных кадетами правительству [Pearson 1986: 202].

ваны из западноевропейской практики[35]. Однако политическая карьера Новгородцева — и, по сути, его участие в деятельности кадетской партии в целом — закончилась после подписания им Выборгского воззвания в 1906 году. Помня о том уважении к праву как к инструменту защиты и негативной, и позитивной свободы, которое красной нитью проходит через все его труды, можно представить трудность выбора, который ему пришлось сделать, подписывая документ, призывавший российских граждан не повиноваться закону.

Впоследствии Новгородцев называл свое решение «нравственным» и принятым из-за чувства долга [Новгородцев 1907: 20]; в царской России те, кто видел в принципе верховенства закона главное средство защиты прав и свобод, иногда вынуждены были добиваться своих целей только путем призыва к нарушению закона.

5.2.4. Переосмысление концепции свободы после революции

Сразу после Революции 1905 года взгляды Новгородцева претерпели существенную трансформацию. В то время как основное ядро кадетской партии всеми силами убеждало российскую общественность в том, что естественным итогом либерализма является западная демократия, и пыталось добиться социальных и политических преобразований благодаря улучшению гражданских и государственных институтов, Новгородцев опубликовал два научных труда, в которых подробно описал условия, необходимые для полной самореализации личности в конституционном и правовом государстве [Laserson 1957: 390]. Пытаясь поместить опыт российского либерализма в более широкий академический и исторический контекст, он сумел обратить внимание читателей на один важный аспект либерального учения: достижение равновесия между конкурирующими друг

---

[35] Об этих предложениях Новгородцева см. Стенографические отчеты // Государственная дума. 1906. Т.1. Сессия 1-я. Заседание седьмое. 12 мая 1906 года. С. 295–298, 316–318; заседание девятое. 15 мая 1906 года. С. 371–372.

с другом ценностями полностью зависит от сопутствующих исторических обстоятельств. Хотя он не оставил автобиографических свидетельств, объясняющих, каким образом он пришел к этому новому подходу к российскому либерализму, очевидно, что ключевую роль в этой трансформации взглядов Новгородцева сыграли его деятельность в период Первой российской революции и работа в Государственной думе I созыва. Свой следующий крупный научный труд, озаглавленный «Кризис современного правосознания», он посвятил изучению вопроса, хорошо знакомого ему из опыта участия в российской политике, а именно проблеме сохранения негативной свободы при вовлечении граждан в процесс установления общественного контроля над делами государства [Новгородцев 1909; Новгородцев 2006б][36].

Исследуя эту тему, Новгородцев опирался на труды своих предшественников, критиковавших представление о том, что личная воля и свобода могут быть в полной мере реализованы в политических институтах, особенно таких мыслителей, как Дж. Милль, Г. Еллинек, ирландский теоретик У. Лекки (1838–1903), британский правовед Дж. Брайс (1838–1922) и российский политолог еврейского происхождения М. Я. Острогорский (1854–1921), и создал собственную теорию о качественных и количественных недостатках всех форм политического представительства, включая те, что существуют при демократических режимах [Новгородцев 2006б: 112–127][37]. Новгородцев выделил ряд факторов,

---

[36] Изначально это исследование выходило в виде отдельных статей в «Вопросах философии и психологии» между 1906 и 1908 годом, а в 1909 году было издано отдельной книгой.

[37] Лекки в 1896 году опубликовал двухтомное исследование под названием «Демократия и свобода», в котором изучил современную демократию на примере таких государств, как Великобритания, Франция и США [Lecky 1896]. Главным трудом Брайса считается «Американская Республика» в трех частях, где он подверг анализу политические институты и механизмы в США [Брайс 1889–1890]. Острогорский был автором классического труда «Демократия и политические партии» [Острогорский 2010]. Хотя его взгляды были близки к кадетским, Острогорский испытывал такое сильное недоверие по отношению к политическим партиям, что избрался в Государственную думу I созыва независимым депутатом [Quagliariello 1995: 7–30].

препятствующих отдельному индивиду самому определиться с позицией по тому или иному вопросу, в том числе доминирующее положение влиятельного меньшинства, формирующего общественное мнение, авторитет политических партий и внутрипартийную дисциплину. Кроме того, идея о том, что большинство может в полном объеме гарантировать как личное материальное благополучие, так и социальную справедливость, ставит перед обществом серьезную проблему юридического и эмпирического свойства. Представительное правительство, писал он, является всего лишь еще одним шагом на пути создания более совершенной политической системы — правового государства, которое сможет защищать одновременно и равенство, и свободу [Новгородцев 2000б: 110, 194]. Политические институты и правоприменение играют очень важную роль, однако сами по себе они никогда не смогут ни решить вечной либеральной проблемы поиска баланса между конкурирующими друг с другом ценностями, ни стать «альфой и омегой политической жизни» [Новгородцев 2000б: 161].

5.2.4.1. Либеральная концепция личности

Новгородцев считал, что эта чрезмерная уверенность в коллективистской позитивной свободе проистекает из ложных учений о личности, последователей которых больше интересовала «родовая сущность» индивидов, а не их благополучие. Главной проблемой такого подхода, по его мнению, было то, что он подразумевал под собой возможность полной гармонии между свободой и равенством. Европейская философия, писал Новгородцев, с одной стороны, породила такое ущербное представление о личности, с другой, располагает средствами, чтобы развенчать этот миф.

По мнению Новгородцева, первое философское учение, из которого логически появилась идея о возможности достижения полной гармонии между свободой и равенством, было создано Руссо. Тот определял свободу как «право лица на участие в народном суверенитете», а равенство в его трактовке означало, что «это право принадлежит всем в одинаковой мере»; иными словами, согласно Руссо, оба понятия были частями целого [Новгородцев 2006: 218].

Далее эту идею подхватил Кант, определивший свободу как «независимость от чужой воли, поскольку она совместима со свободой каждого другого», а равенство он понимал как «право не обязываться относительно других к большему сравнительно с тем, к чему их можно обязать взаимно» [Новгородцев 2006: 229][38]. Кантовское представление о свободной личности как о «носителе всеобщих и необходимых законов» противоречило идее того, что свобода и равенство являются различными понятиями, которые иногда конфликтуют друг с другом.

Далее эта идея Канта получила развитие в трудах Гегеля, в то время как для Л. Фейербаха, К. Маркса (1818–1883) и Ф. Лассаля (1825–1864) личность, по мнению Новгородцева, была, по сути, абстрактным понятием; это находило отражение в их ошибочных утверждениях о том, что между личностью и государством возможна совершенная гармония. Критикуя учение Маркса, он едко замечает, что в нем «счастье и свобода обещаются человеку тогда, когда он отречется от себя и сольется с обществом, когда он отождествит свою силу с политической» [Новгородцев 2006: 234].

Новгородцев писал о том, что эти учения о личности, восходящие к философии Руссо, ущербны, поскольку их авторы слишком много рассуждают о том, что объединяет людей, и слишком мало — о тех проявлениях воли и творчества, которые делают их непохожими друг на друга [Новгородцев 2006: 254–255]. С практической точки зрения такой подход может привести как к чрезмерной уверенности в способности государства создать свободных и счастливых личностей, так и к другой крайности, создателями которой считаются английские мыслители А. Смит (1723–1790) и И. Бентам (1748–1832), а именно к вере в то, что от свободной личности возникнет свободное и счастливое государство [Новгородцев 2006: 237, 255]. Истина, по мнению Новго-

---

[38] Цитаты взяты из «Метафизики нравов» Канта, см. часть 1 [Кант 2014, 5: 108–109].

родцева, находилась где-то посередине между этими двумя противоречащими друг другу доктринами.

Новгородцев отмечал, что в европейской философии существовали теории, которые брали человека «*во всем богатстве его своеобразных особенностей и творческих проявлений*» и содержали в себе предпосылки для создания учения о личности, основанного на возможности конфликта между свободой и равенством *(курсив — автора цитаты)* [Новгородцев 2000б: 225, 228, 255]. Особенно он выделял Б. Констана как первого философа, который существенно обогатил идею свободы Руссо, проведя грань между индивидуальной (истинной) свободой и политической («только ее гарантией»). Такое разделение свобод, сделанное Констаном, породило идею об их возможной несовместимости друг с другом и заложило основу для его постулата о том, что ради поиска баланса между ними необходимо «нравственное воспитание граждан» [Новгородцев 2000б: 245]. Эти идеи Констана развил А. де Токвиль, утверждавший, что политическая власть не всегда находится в состоянии гармонии с индивидуальной свободой; отчасти причиной того, что он считал необходимым укреплять «индивидуальную независимость и самобытность лиц», был страх де Токвиля перед тем, что «демократия более стремится к равенству, чем к свободе», но именно «в этом стремлении к равенству во что бы то ни стало Токвиль видел опасность, от которой есть только одно действительное средство — свобода» [Новгородцев 2000б: 247]. Впоследствии об этом писал Милль, объясняя, что «процесс развития правового государства приводит к остановке культуры, прекращению индивидуального развития» и всеобщему уравнению, которое сам Новгородцев считал серьезной опасностью для свободы [Новгородцев 2000б: 257].

Новгородцев писал, что эти и другие мыслители внесли большой вклад в продвижение идеи о том, что «целью и личного, и общественного совершенствования [является] самобытное и оригинальное развитие лиц» [Новгородцев 2000б: 252]. Вторя авторам «Вех», он подчеркивал важность личного самосовершенствования, утверждая, что «проблема индивидуальности коренится не в культурном или общественном проявлении личности, а в глубине ее собственного сознания, моральных и религиозных потребностях» [Новгородцев 2000б: 259]. Политические механизмы и институты играют важную роль, но не могут ни целиком удовлетворить все нужды и потребности индивидов, ни защитить все аспекты индивидуальной свободы от процессов нивелирования, которые «в своих глубочайших основах коренятся в общих условиях культуры» [Новгородцев 2000б: 265]. Роль государства заключается в том, чтобы создать пространство свободы, в котором личности могли бы развивать независимое мышление, поступать согласно своей воле, а также формировать более однородную социальную среду, чтобы взрастить в обществе чувство справедливости и единства. Хотя государство обязано обеспечить выполнение этих обязательных условий, нельзя возлагать на него полную ответственность за нравственное воспитание человека, которое может происходить только в сознании отдельного человека. «Стремление быть самим собою, верным своему внутреннему идеалу, голосу собственной души, совести есть то, что составляет драгоценнейшее достояние человека, — резюмирует Новгородцев, — и это достояние не может быть ему заменено никакими удобствами и преимуществами внешнего положения, уравнивающего его с другими» [Новгородцев 2000б: 259].

На примере современных западных государств он показывал, как может быть реализовано на практике равновесие между различными видами свободы и какими возможными опасностями чреват этот процесс. В Англии, по его мнению, многообещающее решение этой проблемы было найдено такими либеральными политиками, как Г. Асквит (1852–1928): Новгородцев одобрительно отзывается о поддержке Асквитом позитивной концепции свободы, понимаемой им как возможность «*сделать лучшее употребление из своих способностей, благоприятных обстоятельств, своей энергии, жизни*» (курсив — автора цитаты) [Новгородцев 2000б: 271][39]. Основываясь на этих предпосылках, Асквит говорил

---

[39] Приведенные здесь цитаты взяты из предисловия, написанного Асквитом к книге Г. Сэмюэла [Asquith 1902: x].

о таких политических задачах, как улучшение в сфере народного образования, борьба с народным пьянством, решение жилищного вопроса и улучшение условий социальной и промышленной жизни [Новгородцев 2000б: 272]. Понимая под равенством не равноправие всех перед законом, а равенство возможностей («равенство исходного пункта»), английский либерализм объединял в идее свободы концепции как справедливости, так и индивидуального творчества [Новгородцев 2000б: 288]. Как писал Новгородцев, «равенство исходного пункта не только не исключает свободы, но и, напротив, предполагает ее: свободно развивающиеся лица уравниваются только в начальных условиях своего развития, *поскольку это зависит от общих и внешних условий общественной жизни; все дальнейшее предоставляется их свободе*» *(курсив — автора цитаты)* [Новгородцев 2000б: 286].

Далее Новгородцев обращается к опыту французского либерализма, где тоже была сделана попытка разрешить возможный конфликт между свободой и равенством, но при этом стало ясно, что ущербная теория личности может привести к несвободе. Он замечает, что в полемике вокруг единства культуры, частью которой стала борьба с клерикализмом, французские либералы-антиклерикалы утратили представление об абсолютной ценности каждого индивида, утверждая, что ради создания «общей души» можно пренебречь личными интересами в пользу общественных [Новгородцев 2000б: 306]. Возражая против этой точки зрения, Новгородцев цитирует Струве и Франка:

> Если личности могут в известных отношениях объединиться, согласовать свои желания, действия и идеалы, они не могут никому делегировать всю свою душу, отчуждать без остатка собственное право на культурное творчество... чтобы оно не умерло и не заглохло, ему необходимы простор и свобода, чтобы этим свободным развитием оно питало и обновляло также ту свою часть, которая подчинена порядку и организации [Новгородцев 2000б: 310][40].

---

[40] Новгородцев цитирует здесь «Очерки философии культуры» Струве и Франка, см. [Струве, Франк 1905б: 178–179].

По его мнению, такое насаждение определенных культурных форм и тенденций было несовместимо с идеей негативной свободы, лежащей в основе гражданского общества.

Рассуждая о кризисе современного правосознания на Западе, Новгородцев пишет о том, что либералы ощущают недостаточность правовых начал и считают необходимым подкрепить их воздействием нравственных факторов [Новгородцев 2006б: 324, 328]. В связи с этим, говоря о соотношении правового и нравственного элементов, он ссылается на Котляревского: «Как всемогущество народного суверенитета требует противовеса в создании неотчуждаемой области личных прав, так эти последние должны свободно ограничиваться чувством солидарности» [Новгородцев 2006б: 324][41]. В то же самое время Новгородцев настаивает на том, что все способы достижения социального прогресса имеют свои пределы. Нельзя ни изменить человеческую природу, ни создать идеальное общество; люди всегда будут иметь «эгоистические чувства и своекорыстные стремления», и об этом никогда нельзя забывать, рассуждая о человеческом поведении [Новгородцев 2006б: 329]. Таким образом, прогресс может быть только частичным и медленным: достижение индивидуального благополучия является трудным процессом, представляющим собой «длинный путь сложных усилий и постепенного совершенствования, предельная цель которого лежит в бесконечности» [Новгородцев 2006б: 327]. В «Кризисе современного правосознания» Новгородцев глубоко и продуманно обосновал свою старую теорию о телеологическом развитии общества в сторону конституционной демократии. Милль первым отметил, что распространение идей демократии и равенства в Европе несет угрозу индивидуальной свободе; Новгородцев же пришел к выводу, что философский либерализм не может быть связан с каким-то одним политическим режимом и что свобод становится то больше, то меньше.

---

[41] Новгородцев цитирует здесь «Предпосылки демократии» Котляревского [Котляревский 1905а: 122].

Это, по его мнению, было прямым следствием конфликта между различными ценностями, возникающего тогда, когда абсолютные принципы обретают воплощение в конкретных исторических обстоятельствах.

5.2.4.2. Либеральная концепция свободы

В своем следующем произведении о политической философии — «Об общественном идеале» — Новгородцев подверг еще более серьезной критике позитивистский подход к истории, говоря об опасности, которую представляет собой идея прогресса, ведущего к обществу с единой моделью устройства и заранее определенным набором свобод[42]. По мнению Новгородцева, свобода принципиально несовместима с представлением о том, что человечество «*приближается к заключительной и блаженной поре своего существования*» и что существует спасительная истина, «*которая приведет людей к этому высшему и последнему пределу истории*» *(курсив — автора цитаты)* [Новгородцев 1921: 3]. Как и в своей предыдущей книге, Новгородцев остановился на тех аспектах учений Руссо, Канта, Гегеля и Маркса, а также позитивистов Конта и Спенсера, которые содержали в себе утопическую идею о достижимости «высшего и последнего предела истории» и в ложном свете представляли сложную и многогранную связь между свободой и равенством. У Руссо эта идея приняла форму теории народного суверенитета; Кант верил в существование «вечного мира» и в то, что человечество «все ближе и ближе подходит к своей цели» [Новгородцев 1921: 4]. Однако общим для всех этих теорий общественного прогресса, писал Новгородцев, было то, что они на основании ложных предпосылок пытались найти такое общественное или политическое устройство, при котором индивид мог бы достичь полной гармонии со своей социальной средой и в итоге слиться с ней в единое целое [Новгородцев 1921: 18]. Какую бы форму ни принимали

---

[42] Это исследование выходило в виде отдельных статей в «Вопросах философии и психологии» в 1911–1916 годах.

эти учения, вера их создателей в существование заключительной стадии истории человечества (Absolutrechlicher Zustand, das letzte Stadium der Geschichte, l'état final, the highest state, das Reich der Freiheit) лежит в основе всех тех попыток создания социальной утопии, которые, согласно Новгородцеву, происходят в настоящий момент.

Хотя Новгородцев сказал несколько добрых слов об идеях французского социалиста П.-Ж. Прудона (1809–1865), в целом он считал, что социализм в том виде, как он изложен в теориях Маркса и Энгельса, представляет собой наиболее яркий пример того, как игнорируется имманентный конфликт между личной свободой и общественной жизнью. По мнению Новгородцева, Маркс, представлявший будущее человечества как «состояние полной свободы, где исчезнут все виды угнетения и несправедливости, уничтожатся разделения между людьми, не будет ни национальной розни, ни классовой вражды, ни семейного деспотизма», полностью отвергал идею о том, что различные ценности могут конкурировать друг с другом [Новгородцев 1921: 149]. Вместо того чтобы видеть в противостоянии между государством и обществом проявление свободы и разнообразие частной жизни, Маркс и его последователи пытались поглотить и подавить это разнообразие ради единства общей государственной цели. Игнорируя конфликт между разными ценностями, социализм выходит за пределы свободы и нарушает ее [Новгородцев 1921: 200, 226].

Собственное представление Новгородцева о свободе базировалось на его убежденности в том, что «в самом понятии нравственного стремления заключается начало бесконечности и представить себе идеал достигнутым и конечным значило бы отрицать бесконечную силу нравственного стремления и абсолютный смысл идеала, не вмещающийся в относительные формы» [Новгородцев 1921: 17][43]. Ни свобода, ни нравственное совершенствование не ждут нас в грядущем земном раю, и достичь их

---

[43] Новгородцев пишет, что почерпнул идею о бесконечном стремлении к совершенствованию у Е. Н. Трубецкого, и ссылается на его двухтомник «Миросозерцание В. С. Соловьева», см. [Трубецкой 1913].

можно только путем «неустанного труда и бесконечного стремления — вперед, всегда вперед, к высшей цели» [Новгородцев 1921: 21]. Те, кто стремится к общественному прогрессу, могут участвовать в активной политической деятельности, но они не должны рассчитывать на то, что им удастся достичь идеала. По мере развития истории будут меняться политические формы, поддерживающие равновесие между конкурирующими концепциями свободы, и абсолютный идеал будет осуществляться в совокупности этих дополняющих друг друга общественных институтов, в частности церкви, государства и народного единства [Новгородцев 1921: 23, 77]. Новгородцев подчеркивает, что его выбор «равенства исходного пункта» является лишь одним из возможных способов реализации принципа бесконечного стремления и творческого напряжения, лежащего в основе нравственного прогресса [Новгородцев 1921: 19, 42, 75]. Хотя правовое государство не может оправдать все возлагаемые на него ожидания, оно тем не менее представляет собой способную к дальнейшим улучшениям прочную структуру, поскольку обеспечивает определенную внешнюю свободу и дает возможность значительной части населения участвовать в политическом процессе.

В последующие годы после войны, эмиграции и революции 1917 года мировоззрение Новгородцева приобрело выраженный религиозный характер, а он сам перенял некоторые из тех утопических идей, развенчанию которых он посвятил так много усилий в прошлом[44]. Его надежда на чудесное установление Царства Божия, слова о том, что в мире воцарится единый (православный) порядок и что это исторически неизбежно, показывают, что к концу жизни и его либеральные убеждения дали трещину[45]. В своем главном труде он написал:

> Одно из двух: или *гармония, или свобода*; или принудительный режим полного согласия, в котором противоречия и различия стерты и уничтожены, неожиданные осложне-

---

[44] См. его более поздние работы [Новгородцев 1923; Новгородцев 1922].
[45] Подробнее об этом см. [Rampton 2014].

ния первоначального плана заранее преграждены; или свободный путь для широкого проявления всяких новых возможностей и творческих сил, свободная почва для любых противоречий и конфликтов, на которых зреет и растет человеческая личность (курсив — автора цитаты) [Новгородцев 1921: 83].

Нет никаких сомнений, что в тот период Новгородцев уделял огромное внимание вопросу о том, каким образом государство должно разрешать возможные противоречия между правами и свободами своих граждан. В его трудах, как и у Кистяковского, этот конфликт рассматривался как неотъемлемая часть общего либерального наследия. Различия между метафизическим нео- идеализмом одного и научно-философским неоидеализмом другого обусловили их расхождение в вопросе толкования сво- боды и личности, однако это не так важно. Большее значение имеет то, что объединяло их и сделало Новгородцева с Кистяков- ским ключевыми фигурами российского либерализма, — их стремление подчеркнуть принципиальную противоречивость либеральных взглядов на личность, свободу и общество. Пока- зательно, что оба отвергали идею о том, что абстрактная модель демократического либерального государства по западному об- разцу неизбежно является завершающей стадией развития об- щества. Напротив, поддержка Кистяковским идеи социалисти- ческого государства как, возможно, лучшего строя для защиты либеральных ценностей и критика демократических институтов Новгородцевым доказывают, что они опережали свое время, отказываясь признавать априорное превосходство каких-либо догматических институциональных форм и делая выбор в поль- зу динамического равновесия между абстрактными принципами и историческим контекстом.

Новгородцев и Кистяковский были представителями широ- го круга мыслителей, которые придерживались консервативных позиций в отношении реформ и с отвращением относились к идее насилия — как на практике, так и в теории. Однако на рубеже XIX и XX веков им волей-неволей пришлось признать, что текущее положение дел в России достойно сожаления. В этих обстоятельствах люди различных взглядов объединились вокруг идеи о том, что самодержавный режим российского государства можно улучшить и что участие в его преобразовании является не только моральным долгом, но и более разумной стратегией, чем отойти в сторону и пассивно наблюдать за действиями радикально настроенных революционных групп. В годы, предшествующие Первой русской революции, эти либералы-консерваторы заключили временный союз с другими сторонниками реформ, придерживавшихся самых разных убеждений, сойдясь на том, что самодержавный строй должен быть изменен мирными методами и что лучшей его заменой станет представительная демократия. События 1905 года оставили глубокий след на российской политической элите. Грубо говоря, те, кто раньше интуитивно склонялся к консервативным реформам, заразились в это время революционным оптимизмом, но после 1905 года они испытали глубокое разочарование, в частности, некоторые мыслители, которые активно участвовали в разработке философии права, применимой в российских реалиях, утратили прежнюю веру в теорию общественного прогресса, обратившись к мировоззрению, которое было менее прямолинейным и уходило корнями в консерватизм[46]. В итоге именно те мыслители, которые оказались временно вовлечены в революционную борьбу, стали рассуждать о достоинствах консервативного подхода к реформированию общества. В свете недавних событий в области либеральной философии и интеллектуальной истории неудивительно, что в последние годы существования Советского Союза интерес к учениям этих философов необыкновенно возрос; так, А. Н. Литвинов, говоря об этом, употребил выражение «новгородцевский бум» [Литвинов 2006: 35].

Вопрос о том, выйдет ли их популярность за пределы России, остается открытым.

---

[46] Подробнее об этом см. [Rampton 2016].

Глава 6
Диалог с Западом, часть 2
Прогресс и свобода

«Словосочетание "позитивистский либерализм" может показаться оксюмороном, — отмечает Ч. Курцман, — однако в первое десятилетие XX века интеллектуалы считали, что эти идеологические конструкции дополняют друг друга» [Kurzman 2008: 33]. В предыдущих главах было показано, что большинство лидеров кадетской партии были приверженцами так называемого мягкого позитивизма и российское либеральное движение в целом придерживалось позитивистского видения истории. В этой главе будет подробно описано, как различные учения о свободе и прогрессе повлияли на формирование либеральных взглядов П. Н. Милюкова и М. М. Ковалевского и как в результате всего этого сложилась их политическая карьера. В частности, я детально проанализирую то, как в своей научной и политической деятельности Милюков и Ковалевский опирались на детерминистский подход к истории и как они пытались совместить свои позитивистские убеждения с идеями моральной ответственности и свободы воли. Хотя оба были ключевыми фигурами российского либерального движения, эти элементы их учений, предполагающие, что история неизбежно движется в сторону прогресса и идеального общественного устройства, противоречат недогматическому и плюралистскому видению либерализма.

И Милюков, и Ковалевский были плодовитыми учеными с колоссальным научным кругозором, которые оставили после себя множество трудов. В них они исследовали российский исторический опыт в более широком общеевропейском контексте.

Ковалевский много писал о западных государственных институтах, распаде общинного землевладения, обращаясь к сравнительно-историческому методу. Среди его важнейших трудов необходимо отметить четырехтомник «Происхождение современной демократии» (1895–1897) и трехтомник «Экономический рост Европы до возникновения капиталистического хозяйства» (1898–1903). Ковалевский был видным общественным деятелем, хорошо известным как в России, так и на Западе; он умер в 1916 году, и, по словам М. И. Туган-Барановского, «со времени смерти Толстого русское общество не переживало другой, столь же крупной, потери» [Ковалевский 2005: 100; Туган-Барановский 1917: 51; Pasvolsky 1916: 1][1].

Милюков был не только одним из самых известных в мире российских политических деятелей, но и крупнейшим российским историком: его «Очерки по истории русской культуры» (1896–1903) в трех томах выдержали семь изданий, они часто называются его лучшей и прошедшей испытание временем работой; «Россия и ее кризис» (1905), написанная для американского читателя, представляла собой революционное историческое исследование, в котором была показана связь между либерализмом и социализмом в России [Милюков 1896–1903; Milyoukov 1905][2].

Ковалевский и Милюков много времени проводили в Западной и Центральной Европе, а также Америке; их знания о Западе базировались не только на книгах, но и на богатом личном опыте[3].

---

[1] Французский социолог Р. Вормс, друг Ковалевского, назвал его «символом русской науки в области социальных знаний», а Д. Шляпентох — «крупнейшим российским либеральным интеллектуалом» [Worms 1916; Shlapentokh 1996: 89].

[2] На рубеже XIX и XX веков П. Б. Струве писал: «Среди новейших русских историков г. Милюков занимает одно из первых мест; в молодом поколении, без всякого сомнения, — первое» [Струве 1897: 89; Stockdale 1996: xii]. См. также [Riha 1969: 55].

[3] Подробнее о серии лекций, прочитанных ими в Америке по приглашению Чикагского университета, см. [Holowinsky 1990].

Они впервые встретились друг с другом на историко-филологическом факультете Московского университета, где Ковалевский, бывший тогда молодым профессором, познакомил Милюкова с «Курсом позитивной философии» О. Конта, в котором выделялись три стадии развития человеческого сознания: теологическая, метафизическая и позитивная [Милюков 1955, 1: 85–86][4]. Влияние идей Конта на обоих деятелей было огромным, и всю свою жизнь Милюков и Ковалевский оставались убежденными позитивистами. То, что они прямым текстом заявляли об эвристической ценности исторического прогресса, однозначно характеризует их как мыслителей, философские убеждения которых сформировались в XIX веке[5]. Однако ни тот, ни другой не были сторонниками редукционизма: скорее, они считали себя «эмпиристами», пытающимися делать выводы на основе наблюдений и исследований. Кроме того, они не отрицали важности роли, которую играют в жизни человека психологические (то есть субъективные) факторы, и интересовались тем, каким образом культура обусловливает конкретные проявления свободы в том или ином обществе.

Одной из проблем, с которой они столкнулись и как историки, и как политики, было то, что реалии российской жизни постоянно опровергали попытки доказать развитие истории в сторону прогресса на основе эмпирических фактов.

6.1. Глава из истории прогресса: учение М. М. Ковалевского

6.1.1. Интеллектуальное развитие

Несмотря на научные заслуги Ковалевского и его полную событий жизнь, наследие этого мыслителя изучено сравнительно плохо[6].

---

[4] О русских переводах Конта и восприятии его книг в России см. [Mokievsky 1890: 155].

[5] По словам его друзей, предсмертными словами Ковалевского был призыв «любить свободу, равенство и прогресс» [Pasvolsky 1916: 3].

[6] В англоязычной научной литературе Ковалевский по большей части воспринимается как знакомый К. Маркса (об этом знакомстве см. ниже). Сам он описал свою жизнь в статье «Мое научное и литературное скитальчество»

Он родился в 1851 году в дворянской семье в Харьковской губернии и начальное образование получил дома от французских и немецких учителей. По окончании гимназии поступил в Харьковский университет, где на него большое влияние оказали идеи его наставника — правоведа Д. И. Каченовского (1827–1872)[7]. Именно Каченовский, опираясь на труды Конта и Милля, показал ему, что общественные явления можно исследовать научными методами, не прибегая к метафизике [Ковалевский 1905: 30]. Он также учил студентов тому, что можно «обхватить одним взглядом в его главных и существенных чертах прогрессивный ход развития общественно-политических форм» [Ковалевский 1895: 64], тем самым привив Ковалевскому интерес к сравнительно-историческому методу изучения истории. Ковалевский писал о Каченовском в воспоминаниях:

> С Каченовским исчез человек, в значительной степени определивший мою дальнейшую судьбу, зародивший во мне первые семена политического свободомыслия, давший мне первые сведения о конституционных порядках западноевропейских стран, вызвавший во мне желание посвятить себя проповеди тех начал гражданской свободы, местного самоуправления, народного представительства и судебной ответственности всех органов власти от высших до низших, истерический рост которых он так умело излагал в своих лекциях об английской конституции [Ковалевский 2005: 90][8].

Окончив в 1872 году Харьковский университет, Ковалевский продолжил свое образование в Западной Европе, где познако-

---

[Ковалевский 1895] и мемуарах [Ковалевский 2005]. См. также биографические работы о Ковалевском [Сафронов 1960; Куприц 1978; Cigliano 2002]. Неполный, но очень полезный список трудов Ковалевского см. в [Кондратьев 1917].

[7] Каченовский был близким другом Герцена и Грановского, как писал Ковалевский, «англоманом» [Ковалевский 1895: 64]. См. также воспоминания Ковалевского о Каченовском в [Ковалевский 1905].

[8] Как и его учителя, Ковалевского интересовало «мирное сожитие подданных без различия национальностей и веры под кровом свободных учреждений» [Ковалевский 2005: 90].

мился со всеми новейшими течениями в философии, социологии и истории[9]. В Берлине он ходил на лекции Р. фон Гнейста (1816–1895), эксперта в области сравнительно-исторического изучения институтов самоуправления и члена немецкой Национал-либеральной партии, и встречался с представителями немецкой исторической школы политической экономии, в том числе с Г. фон Шмоллером (1838–1917), благодаря чему у него зародился интерес к изучению «хозяйственных порядков, предшествующих торжеству капитализма или уцелевших в более или менее вымирающем виде и после наступления этого торжества»[10]. В основном он жил во Франции, оказавшись в этой стране после установления Третьей республики; здесь Ковалевский обучался в Школе хартий и Коллеже де Франс (в частности, посещал лекции политика и правоведа Э. Лабулэ (1811–1883)) и завел знакомства в позитивистских кругах французской столицы[11].

В Англии, где он провел один год, Ковалевский познакомился с виднейшим философом-позитивистом Дж. Льюисом (1817–1878) и Г. Мэном (1822–1888), чье сравнительно-историческое исследование деревенских общин произвело на него глубокое впечатление[12]. Более того, состоявшееся в то время знакомство

---

[9] Его кандидатская диссертация «О национальных движениях в Австрии и соглашении чехов с немцами в министерстве Гогенварта» была посвящена национально-освободительным движениям в Габсбургской империи; эта тема продолжала интересовать его и далее. См. об этом [Cigliano 2002: 45]. Об учебе Ковалевского на Западе см. [Ковалевский 2005: 90–201].

[10] Эта школа, опираясь на гегелевскую философию и теорию эволюции, пыталась создать альтернативу неоклассической экономической теории, восходящей к Д. Рикардо (1772–1823) [Ковалевский 2005: 111].

[11] В Париже он свел знакомство с Г. Н. Вырубовым (1843–1913), российским эмигрантом, который совместно с Э. Литтре (1801–1881) издавал журнал «La Philosophie positive», и И. В. Лучицким (1845–1918), автором основополагающих работ о крестьянских движениях и земельном вопросе во Франции, который впоследствии стал членом совета «Союза освобождения». Подробнее о Лучицком см. [Погодин 1997], о Вырубове см. [Валицкий 2013: 376–381].

[12] О Льюисе и об английском позитивизме см. [Wright 1986: 50–61]. Мэн был видным юристом и историком права, его теория о разнице между прогрессивными европейскими и статичными азиатскими обществами сыграла

Ковалевского с трудами таких британских антропологов, как
Л. Морган (1818–1881) и Дж. Мак-Леннан (1827–1881), которых
иногда называют «классическими эволюционистами», пробудило в нем интерес к изучению социокультурных явлений с позиций
эволюционизма [Ковалевский 2005: 159][13]. Помимо этого, в Лондоне он близко сошелся с Марксом, под влиянием которого
впоследствии стал исследовать связи между историей землевладения, экономическим ростом и политическими изменениями
[Ковалевский 2005: 198, 200][14].

Европейские знакомства Ковалевского демонстрируют не
только многообразие существовавших в то время философских
и научных концепций, но и взаимосвязь между ними (например,
между английскими позитивистами и последователями Маркса)[15]. Академические интересы самого Ковалевского были очень
широки, и он пытался объединить идеи немецкой исторической
школы, которая была в большей степени нацелена на изучение
уникальных особенностей различных обществ, с подходом
британских ученых, таких как Г. Спенсер, исследовавших социальные проблемы методами естественных наук [Vucinich 1976b].
Несмотря на свое давнее знакомство с Марксом, Ковалевский
с большим скепсисом относился к историческому материализму,
считая, что Маркс чрезмерно большое значение придавал экономическому обоснованию исторических процессов, и выражал
сожаление, что Маркс «был и остался [больше] гегельянцем»,
нежели позитивистом[16]. Более того, Ковалевский утверждал, что

большую роль в формировании и функционировании британской администрации в Индии. О Мэне см. [Mantena 2010]. Кроме того, в Англии Ковалевский познакомился с Ф. Гаррисоном (1831–1923), об этом см. [Vogeler 1984].

[13] Об антропологических теориях Мак-Леннана и Моргана см. [Stocking 1998].

[14] Это влияние было взаимным: Ковалевский познакомил Маркса с исторической ситуацией в России, а Маркс называл Ковалевского другом «по науке» [Маркс, Энгельс 1951: 106]. Об отношениях между Ковалевским и Марксом см. [White 1996: 211].

[15] См. вторую главу. См. также [Harrison 1959; White 2016].

[16] См. письмо М. М. Ковалевского к И. И. Янжулу от 15 октября 1875 года. Архив АН СССР. Ф. 45. Оп. 2. № 475. Л. 5. Цит по: [Казаков 1969: 100].

марксизм преуменьшает и вообще неверно трактует роль личности в истории. Отвергая идею о том, что над индивидами властвуют высшие, общественные, силы, Ковалевский придерживался той точки зрения, что личные и коллективные интересы неизбежно будут конфликтовать друг с другом: «Индивид, — писал он в статье, посвященной философии Маркса, — не может быть принесен в жертву государству и даже международному союзу, как не мог и не может он стушеваться перед семьею, родом, сословием или классом» [Ковалевский 1909; Ковалевский 2005: 200].

В 1880 году, через три года после своего возвращения в Россию, Ковалевский был избран ординарным профессором Московского университета, где он читал лекции по конституционном праву[17]. В университете он занял видное место среди «молодых профессоров» — конституционалистов, которые в широком смысле этого слова интересовались эмпиризмом, методом сравнительного анализа и «закономерностями» в истории и общественной жизни[18]. Представители этой группы, в которую входили лингвист В. Ф. Миллер (1848–1913), правовед И. И. Янжул (1846–1914) и историк П. Г. Виноградов (1854–1925), использовали в своей работе следующий социологический подход: они накапливали массив эмпирических данных и с помощью аналогий и сравнений пытались найти законы и закономерности, существующие в истории и общественной жизни [Ковалевский 1910б; Ковалевский 2005: 202–236]. Как правило, эти люди выступали за легальную и рациональную политическую деятельность, гра-

---

[17] Ковалевский получил степень магистра, защитив диссертацию по теме «История полицейской администрации (полиция безопасности) и полицейского суда в английских графствах с древнейших времен до смерти Эдуарда III. К вопросу о возникновении местного самоуправления в Англии» [Ковалевский 1877], и с 1877 года стал преподавать конституционное право в Московском университете. Три года спустя он получил докторскую степень за свою работу «Общественный строй Англии в конце Средних веков» [Ковалевский 1880a].

[18] Авторство термина «молодые профессора» принадлежит Ковалевскому: в 1878 году все они были не старше 40 лет [Ковалевский 1910б: 179; Ковалевский 2005: 10, 203]. См. также [Stockdale 1996: 8].

жданские свободы и постепенные общественные изменения законными и нереволюционными методами. Этот круг московской профессуры оказал большое влияние на формирование мировоззрения молодого Милюкова[19].

В своих лекциях Ковалевский положительно оценивал западный парламентаризм и конституционализм, и его позиция была не только академической, но и политической. Более того, тесное сотрудничество Ковалевского с такими журналами, как «Юридический вестник» и «Критическое обозрение», целью которых было распространение в России западных политических идей, вызвало недовольство властей[20]. В 1887 году Ковалевский был отстранен от преподавания в Московском университете; следующие 20 лет он провел в изгнании, читая лекции в Стокгольмском университете, Оксфорде, *Collège libre des sciences sociales* в Париже, Брюссельском свободном университете, а также Чикаго[21].

За эти годы изгнания (в Россию он вернулся в 1905 году) Ковалевский опубликовал многие свои главные труды и завел знакомства с ведущими западными учеными, в том числе с Г. Тардом (1843–1904), Э. Дюркгеймом (1858–1917) и Р. Вормсом (1869–1926).

---

[19] Именно тогда Ковалевский и Милюков познакомились друг с другом. См. [Милюков 1955, 1: 77; Stockdale 1996: 17–20], а также раздел 6.2.

[20] Издателем «Юридического вестника» был С. А. Муромцев, правовед и профессор Московского университета, с которым Ковалевский тесно сотрудничал; впоследствии Муромцев стал одним из лидеров кадетской партии. Что касается «Критического обозрения», Ковалевский был одним из основателей и редакторов этого журнала в первые 18 месяцев его существования. Он также вместе с другими конституционалистами принял участие в земском съезде 1879 года [Galai 1973: 17].

[21] Он был сооснователем Международного института социологии в Париже, став в 1895 году его вице-президентом, а в 1907 году — президентом. Ковалевский говорил на английском, немецком, французском, итальянском и испанском языках, а также читал на латыни и древнегреческом; у него была большая библиотека, которую он взял с собой в эмиграцию. В 1901 году он сыграл большую роль в создании в Париже Русской высшей школы общественных наук, в которой в течение пяти лет читались курсы по социологии, экономике и политике.

6.1.2. Учение о свободе и реальность свободы

Главное достоинство сравнительно-исторического метода Ковалевского заключалось в том, что он тщательно исследовал не только исторический и этнографический материал, но и архивные данные (например, из министерства по делам Индии). Он совершил несколько летних этнографических экспедиций на Кавказ, описав малоизученные местные народы, и собрал богатый материал о различных социальных группах, существовавших в Российской империи[22]. Научная деятельность Ковалевского поражала своим масштабом: он стал пионером в использовании данных, относящихся практически ко всем континентам и историческим периодам, для сравнительно-исторического анализа экономических, политических и правовых институтов. Так, в некоторых своих трудах, включая «Общинное землевладение: причины, ход и последствия его разложения» (1879) и «Очерк происхождения и развития семьи и собственности» (1890), он сопоставлял проблемы, возникшие в ходе экономической модернизации России, с тем, что происходило во многих других странах мира — от Швейцарии до Мексики, Перу, Индии и Алжира [Ковалевский 1879; Ковалевский 1890][23].

Теория Ковалевского строилась на его убежденности в том, что все люди имеют некоторое фундаментальное сходство: они стремятся удовлетворить свои базовые физиологические потребности, жить в обществе, где в какой-то форме существует власть и приняты определенные правила, и избегать некоторых главных опасностей, например пыток и рабства. Желание удовлетворить эти всеобщие потребности, по его мнению, и лежало в основе

---

[22] Материал, собранный им во время этих поездок, был опубликован в ряде научных статей и книгах «Modern Customs and Ancient Laws of Russia: Being the Ilchester Lectures for 1889–1890» и «Coutume contemporaine et loi ancienne. Droit coutumier ossétien, éclairé par l'histoire comparée» [Kovalevsky 1891; Kovalewsky 1893].

[23] В предисловии к «Общинному землевладению» Ковалевский пишет, что опирался на идеи историка права Г. фон Маурера (1790–1872) и Г. Мэна [Ковалевский 1879, 1: i–vii].

универсальных законов человеческой эволюции[24]. Постулируя психологическое единство человечества, Ковалевский подверг критике идею западных социальных эволюционистов (разделяемую, в частности, его приятелем Г. Тардом) о том, что общества развиваются в основном путем заимствования друг у друга различных обычаев[25]. По его мнению, скорее, имел место независимый — часто параллельный — прогресс, так как людям приходилось перестраивать свои общественные институты и механизмы, приноравливаясь к изменяющимся внешним обстоятельствам. Ковалевский подчеркивал, что, хотя условием социальных изменений является трансформация личности, каждый индивид несет в себе целый набор убеждений, правовых механизмов, обычаев и общественных институтов, сформировавшихся в результате исторических процессов [Kovalewsky 1904: 257–260]. Подытоживая эти наблюдения, он писал, что «в основе всей социальной эволюции лежит изменение в коллективной психологии» [Kovalewsky 1904: 262].

Однако Ковалевского никогда не интересовал чисто описательный подход; он всегда стремился увязать эмпирический материал с какими-то закономерностями в общественной и политической жизни. В то же время его убежденность в том, что социальная эволюция представляет собой движение в сторону прогресса, влияла на работу Ковалевского с собранным им этнографическим и историческим материалом[26]. Его рассуждения о том, когда в социологическом исследовании уместно обращаться к дедуктивному методу, а когда — к индуктивному, примечательны своим отсутствием; из-за этого А. Вучинич утверждает, что использование Ковалевским исключительного дедуктивного метода превращает его «сравнительно-исторический подход в разновидность культурного эволюционизма, при котором

---

[24] См., например, [Kovalewsky 1904: 248].

[25] В статье «Psychologie et sociologie» Ковалевский объясняет, чем его взгляды на развитие общества отличаются от учения Тарда [Kovalewsky 1904]. См. также [Ковалевский 1903; Селезнева 1999].

[26] См. [Ковалевский 1939: 15–16; Ковалевский 1880б].

теория всегда стоит выше эмпирического анализа» [Vucinich 1976b: 168]. Так, движущей силой научной деятельности Ковалевского было его желание доказать, что, несмотря на свое несходство как в языковом плане, так и в историческом, различные концепции свободы могут быть объяснены тем местом, которое то или иное общество занимает в универсальной эволюционной парадигме. С помощью этих же аргументов он возражал против тех теорий исторического прогресса, в которых Запад представал центром индивидуализма и свободы, а Россия — носителем неисторического, неизменного и уникального «общинного» духа [Semyonov 2012: 71; Siljak 2001]. В своих исследованиях общинной собственности в германской культуре, а также в Скандинавии, Англии и во Франции, Ковалевский стремился показать, что частная собственность (следовательно, и все виды негативной свободы, которые он связывал с либерализмом) характерна не для Запада как такового, а для определенного этапа универсальной эволюции общества [Kovalewsky 1895]. Так, в предисловии к очерку о распаде общинного землевладения в швейцарском кантоне Ваадт он писал, что этот швейцарский опыт должен ответить на вопрос о том, обязано ли российское правительство «гарантировать всем членам крестьянской общины долю в общинном землевладении или приложить все усилия для того, чтобы русский крестьянин получил кусок этой земли в частную собственность» [Kovalevsky 1877: i][27].

Однако именно неспособность дать четкий ответ на этот вопрос показывает, что в своей научной деятельности Ковалевский так и не смог разрешить противоречие между дедуктивным и индуктивным методами[28]. С одной стороны, он утверждал, что пришло время отказаться от сентиментальности и вывести вопрос об общинном землевладении «из области чувств в область

---

[27] Впервые это исследование было опубликовано годом ранее в Лондоне под заголовком «Очерк истории распадения общинного землевладения в кантоне Ваадт» [Ковалевский 1876]. См. также его предисловие к «Общинному землевладению» [Ковалевский 1879, 1: i–vii].

[28] О двойственной природе работ Ковалевского см. [Соколовский 1887; Vucinich 1976b: 158; Kingston-Mann 1999: 150–151].

положительного знания», основанного на историко-сравнительном методе [Ковалевский 1879, 1: i][29]. Как правило, выводы, к которым Ковалевский приходил во многих своих исследованиях, содержали в себе мысль о том, что универсальные законы социальной эволюции диктуют постепенное разложение «архаичного коммунизма» и наступление новой эры буржуазии и коммерциализации [Ковалевский 1879, 1: iii; Kovalevsky 1890: 190]. С другой, внимательное чтение его работ показывает, что Ковалевский тонко чувствовал сложное динамическое устройство сельской общины, которую он считал жизнестойким экономическим институтом, способным к увеличению продуктивности и адаптации к изменяющимся внешним обстоятельствам. Он приводил примеры из российской истории, показывающие, что общинное землевладение было составной частью социоэкономического и географического устройства России [Kovalewsky 1895: 29; Kovalevsky 1888: 272][30]. Более того, он критиковал то, «с каким неумением, непониманием и предубеждением» колониальные державы относятся к общинному землевладению, уничтожая его «главным образом под влиянием искусственных причин» [Ковалевский 1879, 1: 210][31]. Анализируя взаимосвязь между капитализмом и демократией в европейской истории, Ковалевский дает примеры того, как экономические свободы далеко не всегда приводят к увеличению благосостояния основной массы населения [Ковалевский 1893; Ковалевский 1895–1897][32].

На самом деле, во многих своих трудах он критикует колониализм с его представлением о том, что «создание частной поземельной собственности рассматривается как необходимое условие всякого прогресса в сфере экономической и социальной» [Ковалевский 1879, 1: 210].

---

[29] См. также [Лаптин 1971].

[30] См. анализ работ Ковалевского о русской общине в [Badredinov 2005].

[31] Бо́льшая часть этого исследования Ковалевского посвящена положению дел в Индии и Алжире.

[32] О том же пишет и Шляпентох [Shlapentokh 1996: 88].

6.1.3. 1905 год и его последствия

Когда в 1905 году Ковалевский вернулся в Россию, он был ученым и лектором с мировым именем, автором многих статей в научных журналах и интеллектуальным лидером российской эмиграции. В России он сразу же окунулся в науку и политику и вместе с Милюковым принял участие в реорганизации «Союза освобождения» в политическую партию[33]. Однако сам Ковалевский не вступил в конституционно-демократическую партию, а стал сооснователем небольшой Партии демократических реформ, ядро которой составила редакция журнала «Вестник Европы»[34]. В 1906 году он был избран депутатом Первой Государственной думы, где, по словам Т. Эммонса, «в большинстве случаев Партия демократических реформ выступала сателлитом кадетской партии» [Emmons 1983: 359][35]. Один из его современников, В. Д. Кузьмин-Караваев, вспоминал впоследствии, что «почти по каждому возникавшему в Думе вопросу М. М. Ковалевский всходил на кафедру и в ярких красках живого образного слова давал справку из истории парламентаризма и действующего законодательства Англии, Америки и Франции» [Кузьмин-Караваев 1917: 87]. На следующих выборах (в 1907 году) его

---

[33] Он получил должность профессора в Петербургском политехническом институте и вошел в состав редакции нескольких журналов, в том числе «Вестника Европы».

[34] Членами этой партии были М. М. Стасюлевич (1826–1911), И. И. Иванюков (1844–1912), В. Д. Кузьмин-Караваев (1859–1927) и К. К. Арсеньев (1837–1919). Эта партия позиционировала себя как чуть более правая по отношению к кадетам, их программа отличалась от кадетской в некоторых важных пунктах: они поддерживали двухпалатную систему парламента, считали, что региональная автономия допустима только в исключительных случаях, и аргументированно не соглашались с аграрной политикой кадетов. Подробнее о Партии демократических реформ см. сноски 260, 263 в [Emmons 1983: 201; 466–467]. А. В. Тыркова писала, что Ковалевский, как лидер собственной партии, хотел играть более важную роль в политике, чем та, на которую он мог бы претендовать, будучи всего лишь одним из многих ярких деятелей в партии кадетов [Тыркова-Вильямс 2007].

[35] С представительством всего в шесть депутатов эта партия была самой малочисленной в составе Первой Государственной думы.

кандидатура была отвергнута избирателями, после чего он стал членом Государственного совета (верхней палаты российского парламента) от академических организаций и университетов [Kovalevsky 1912; Кони 1917].

В своей книге, посвященной событиям 1905 года, Ковалевский попытался сравнить Первую русскую революцию с другими социальными потрясениями, происходившими в Европе начиная со Средних веков. Однако, по его мнению, масштаб, размах и внезапность случившегося в России не имели аналогов в истории [Kovalewsky 1906: 17][36]. Рассуждая о возможном решении проблем в России, Ковалевский писал, что мало кто предполагает, будто от них можно избавиться благодаря какому-то одному политическому или экономическому институту. Он выступал за федеральную республику, всеобщее избирательное право и меры по улучшению жизни рабочих и крестьян, однако возражал против предложения немедленно заменить самодержавие парламентской республикой, предоставить право голоса всем без исключения (по его мнению, избирательного права должны были быть лишены лица без определенного места жительства, не имеющие минимального образования) и решить аграрный вопрос простой раздачей земель крестьянам [Kovalewsky 1906: 254–258]. Кроме того, он писал, что является «безусловным русским монархистом, хоть и симпатизирующим идее федеральной республики», поэтому не поддерживает никакой партии и политической программы [Kovalewsky 1906: 257].

Опасения Ковалевского по поводу власти неготового к демократии большинства и бесконтрольных социальных реформ никак не повлияли на его позитивистскую убежденность в том, что накопление и распространение знания могут оказать облагораживающее влияние на общество. Он осуждал «варварские действия» 1905 года, в том числе еврейские погромы и убийства студентов и ученых: Россия, писал он, «с ее невежеством, пред-

---

[36] Ковалевский писал, что в русскую революцию были вовлечены по меньшей мере четыре различные социальные группы: либералы, рабочие, крестьяне и национальные меньшинства.

рассудками и варварством, властью попов, монахов и начальников (светских и духовных) и толпами людей, которых интересуют только грабежи, пребывает в Средневековье» [Kovalewsky 1906: 5–6]. Считая необходимым просветить русский народ и отвадить его от насилия, он решительно отмежевался от всяких связей с российскими революционерами; в 1906 году Ковалевский упрекал Милюкова в том, что ему не хватило мужества порвать с теми, кто в итоге так и не оценил этой попытки примирения [Kovalewsky 1906: 266][37]. Фактически Ковалевский признал, что Революция 1905 года вскрыла много конфликтов и противоречий в российском обществе и отражением всего этого стала ситуация в представительных органах власти. Он писал, что успех отечественного конституционного движения будет зависеть от того, «удастся ли… примирить потребности различных национальных меньшинств с идеей русского единства и свободой (*libre élan*), позволяющей удовлетворять желания — как индивидуальные, так и коллективные» [Kovalewsky 1906: 17]. Его поддержка сильной централизованной власти в России отчасти проистекала из элитистской убежденности Ковалевского в том, что в установлении надлежащего государственного строя ключевую роль должны сыграть интеллектуалы.

Вера Ковалевского в то, что современные общества по большей части обладают схожими характеристиками, вновь была подвергнута испытанию во время аграрных реформ П. А. Столыпина[38]. В различных публикациях на эту тему он писал, что введение частной собственности на землю и напрасное ускорение процесса распада русской общины грозят обеднением крестьянства и новыми социальными и экономическими потрясениями[39].

---

[37] Стоит, однако, отметить: в 1906 году Ковалевский подчеркивал, что российская социал-демократия ничем не отличается от французской, немецкой или итальянской, и высмеивал тех, кто упрекал ее в чрезмерной «мелкобуржуазности».

[38] См. третью главу.

[39] Ковалевский высказывал свое мнение о столыпинских реформах в ряде статей того времени [Ковалевский 1910в; Ковалевский 1910г; Ковалевский 1911].

Он аргументировал эти соображения, указывая на недостатки частного землевладения (например, увеличение имущественного неравенства в деревнях) и достоинства общины (защищенность, гарантированная традиционным общинным укладом). Таким образом, хотя Ковалевский и соглашался с тем, что частная собственность увеличивает пространство негативной свободы индивида, он говорил о том, что для крестьян в России начала XX века общинное землевладение было лучшей формой собственности[40]. Хотя Ковалевского не обошел стороной имманентно присущий неокантианству элитизм и он разделял идею просветительской миссии интеллектуальной верхушки, Ковалевский приводил примеры положительных изменений, происходивших внутри сельской общины.

Несмотря на все происходившее в России после 1905 года, он оставался преданным последователем «оптимистического рационализма» Конта, веря в гармонию между различными социальными целями и в то, что свобода и равенство являются дополняющими друг друга концепциями[41]. Кроме того, в эти годы он с большей систематичностью писал об объективной ценности прогресса, указывая, что он «сводится к расширению сферы солидарности как внутри политически обособившихся национальных групп, так и между этими группами, обнимаемыми общим понятием человечества» [Ковалевский 1913: 351–352]. В своей рецензии на «Вехи», вышедшей в сборнике «Интеллигенция в России» (1910), Ковалевский упрекал веховцев в том, что, по их мнению, «свобода и равенство находятся между собою в необходимом, органическом противоречии»; сам он называл это ложным представлением о свободе, характерным для восточных деспотий [Ковалевский 1910а: 60, 66]. Ссылаясь на Зиммеля, Дюркгейма, а также юриста и теоретика права и государства Л. Дюги (1859–

---

[40] Вучинич пишет об этом как о «внутреннем конфликте между Ковалевским-историком и Ковалевским-политиком» [Vucinich 1976b: 158]. См. также [Kingston-Mann 1999: 173, 178].

[41] Об «оптимистическом рационализме» Ковалевского см. [Котляревский 1917: 132].

1928), Ковалевский писал о том, что прогресс происходит тогда, когда общество становится более сознательным и нравственным, а его граждане все сильнее проникаются идеями солидарности. По его мнению, Локк теоретически обосновал возможность гармонии между свободой и равенством, а Англия служит конкретным примером их параллельного развития благодаря электоральным реформам, законам о веротерпимости и замене милитаризма индустриализацией [Ковалевский 1910a: 66–67][42]. «Уравнительная свобода потому не является химерой, а положительным требованием современной гражданственности, — писал Ковалевский, — что ею автономия личности признается не препятствием, а условием развития общественной солидарности» [Ковалевский 1910a: 88]. Как и в других своих исторических работах, доказывая, что принцип верховенства закона, свободная торговля и социальное государство могут сосуществовать друг с другом, он приводит много примеров из прошлого; так, говоря о Великой французской революции, Ковалевский соглашается с тем, что «людям, пережившим тот ряд событий, который открылся переворотом 10 августа, положившим конец монархии, и далеко не закончился 9-м термидора и наступившим затем белым террором, вполне обоснованным могло показаться утверждение, что оба начала: свободы и равенства — противоречат друг другу» [Ковалевский 1910a: 65]. Одним из авторов этого учения Ковалевский называет Б. Констана.

В поздних работах Ковалевскому не удалось преодолеть противоречия между восходящей к эпохе Просвещения и столь близкой ему теорией о том, что все общества развиваются по универсальным законам прогресса, и теми реалиями российской истории, которые его так тревожили. Со временем он пришел к мысли, что критически настроенный наблюдатель должен не столько искать универсальные правила и закономерности, сколько отмечать те особые обстоятельства, которые делают каждое

---

[42] Ковалевский считал, что Локк составил программу достижения человечеством лучшей жизни. О взглядах современных исследователей по этому вопросу см. [Gray 2000: 2].

общество уникальным. По словам П. А. Сорокина, именно этот акцент на множественность факторов, влияющих на общественную жизнь, и отличает поздние работы Ковалевского от его ранних исследований [Сорокин 1917: 181; Ковалевский 1913; Ковалевский 1910д]. Именно в эти годы Ковалевский ближе всего подошел к концепции прагматичной политики, которая признает необходимость одновременно позитивной и негативной свободы, но при этом не настаивает на безусловной ценности какой-то конкретной формы правления. В статье, озаглавленной «Прогресс», написанной в 1912 году, Ковалевский, обращаясь к истории европейских институтов власти, пишет, что, хотя формы государственного устройства постепенно эволюционируют, «говорить... об эволюции политических форм в смысле перехода от монархии к республике значило бы идти вразрез с историческими данными», [Ковалевский 1912]. Рассматривая историю Европы под этим углом, Ковалевский особое внимание обратил на то, что не всякое государство с республиканской формой правления лучшим образом защищало свободы своих граждан и давало им возможность самим определять свою политическую судьбу [Ковалевский 1912: 237–238]. Более того, он пытался убедить своих читателей в том, что в российских условиях более предпочтительным государственным устройством может быть монархия. Однако, заявляя, что «не в наличности или отсутствии правящей династии надо видеть ближайшее различие политической организации народа, а в большей или меньшей автономии личности, с одной стороны, и большем или меньшем участии всего гражданства в руководительстве политической жизнью страны, с другой», Ковалевский ставит под сомнение самую идею того, что какая-то одна политическая система может считаться прогрессивной по отношению к другой [Ковалевский 1912: 257]. В заключение он выступает в защиту некоторых принципов общественного устройства — секуляризации, (экономической) независимости, достигнутой благодаря торговле, представительным органам власти и равенству, — которые, по его мнению, являются лучшими гарантами личной свободы [Ковалевский 1912: 249].

Хотя интеллектуальное наследие Ковалевского невозможно понять, не держа в уме его убежденность в универсальность прогресса, работы ученого показывают также многообразие форм, которые мог принимать этот так называемый прогресс.

6.2. Между историей и политикой: либерализм П. Н. Милюкова

6.2.1. Личность между законами и культурой

В предисловии к переизданию книги «Россия и ее кризис» Д. Тредголд писал, что «достоинства и недостатки либерализма в России более или менее совпадали с достоинствами и недостатками самого Милюкова». В этом разделе будет показано, как тесно судьба Милюкова была переплетена с историей российского либерального движения [Treadgold 1962: 5]. Однако при этом детальный анализ его социологического либерализма дает возможность лучше понять то более широкое направление в позитивистском либерализме, на развитие которого он так сильно повлиял.

Милюков родился в 1859 году в Москве, и его интеллектуальные способности и тяга к знаниям проявились еще в подростковом возрасте[43]. В 1877 году, через год после возвращения Ковалевского из-за границы, Милюков поступил в Московский университет и скоро оказался принят в «кружок молодых профессоров», чьи научные интересы, склонность к использованию сравнительного метода и увлеченность идеями таких авторов, как Конт и Спенсер, во многом определили его дальнейшую судьбу [Милюков 1955, 1: 86–89][44]. Под влиянием двух выдающихся историков, П. Г. Виноградова и В. О. Ключевского, которые убедили его в том, что историю необходимо изучать максимально широко, при этом научными методами, Милюков остановил

---

[43] Воспоминания Милюкова под редакцией М. М. Карповича и Б. И. Элькина были изданы в Нью-Йорке в 1955 году [Милюков 1955]. Фундаментальный труд о Милюкове см. в [Stockdale 1996].

[44] См. также раздел 6.1.1 выше.

свой выбор профессии именно на истории [Милюков 1955, 1: 87][45]. В своем «Курсе русской истории», который до публикации в 1904 году представлял собой просто цикл университетских лекций, Ключевский утверждал, что история любой нации находит отражение в универсальных исторических процессах (эту идею Милюков впоследствии воспроизвел в «Очерках по истории русской культуры»)[46]. В этом смысле Ключевский и его ученик Милюков пытались преодолеть противоречие между двумя концепциями российской истории, согласно одной из которых у России есть свой особый путь, а согласно другой она развивается в том же направлении, что и другие европейские страны. В последующие годы многие работы Милюкова по российской истории были посвящены поиску закономерностей исторического процесса, где он уделял особое внимание истории различных институтов и идей.

Позитивизм и историзм Милюкова проявлялись в том, что в человеческой личности он видел прежде всего продукт исторической эпохи и социальных законов[47]. В «Очерках по истории российской культуры» он писал, что «весь процесс человеческой эволюции совершается под влиянием могущественного импульса — необходимости приспособиться к окружающей среде», хотя и указывал на то, что эгоистичные мотивы человеческих поступков могут быть разными в зависимости от обстоятельств времени и места[48]. Однако, поскольку поведение человека априори было определено законами истории, Милюков указывал, что деятельность личности «есть только одно из видоизменений причинной связи явлений: это тот же закономерный процесс,

---

[45] См. также [Милюков 1930б; Emmons 1992].

[46] М. Стокдейл утверждает, что работа Ключевского представляла собой «применение методов изучения российской истории и идеологических установок молодых московских профессоров, хотя сам Ключевский не входил в этот круг» [Stockdale 1996: 10].

[47] О том, как Милюков трактовал концепцию «законов истории», см. [Stockdale 1996: 54].

[48] См., например, [Милюков 1896–1903, 2: 4].

перенесенный из области внешнего мира в область психической жизни». Даже признавая тот факт, что отдельные личности могут оказывать влияние на ход истории хотя бы временно, Милюков утверждал, что их свобода принципиально ограничена и что «свободное творчество личности никоим образом нельзя противопоставлять законам исторического процесса, так как и самое это творчество входит в рамки тех же самых законов» [Милюков 1896–1903, 1: 8]. Впрочем, говоря о закономерностях социального развития, Милюков подчеркивал, что историческая реальность зависит от бесконечно разных географических, климатических, культурных и прочих условий и задача историка состоит в том, чтобы объяснить эту реальность «в данной конкретной форме». Признав, что в том или ином историческом контексте эти закономерности могут меняться, Милюков сделал шаг в сторону от беспримесного исторического детерминизма, сохранив при этом свою убежденность в существовании «внутренних законов общественной эволюции» [Там же: 12–13].

Как историк и политик, он стоял на тех позициях, что эмпирические данные подтверждают гипотезу о существовании определенных закономерностей исторического процесса, притом что абстрактные идеалы всегда обретают реальную форму только в конкретных исторических обстоятельствах. Хотя Россия развивается, скорее, по образцу западноевропейских стран, в ее эволюции есть определенные особенности, благодаря которым она следует своим путем. Размышляя о многообразии этих путей развития, Милюков писал, что, «несмотря на схожесть целей и общее направление движения, условия, при которых в разных странах происходит прогресс, могут сильно отличаться друг от друга» [Milyoukov 1905: 19]. Его сравнение России и Запада (который он по большей части изображал как высшую ступень политической эволюции) имело образовательный характер: он писал, что «ближайшее знакомство с чужим национальным типом бывает на практике первым толчком, вызывающим перемены в сложившейся форме национального сознания»[49].

---

[49] Цит. по: [Селезнева 1999: 122].

Будучи позитивистом, Милюков верил, что эпистемологический прогресс состоит в накоплении знаний, увеличении способности объяснять и предсказывать социальные явления. Однако он просто предполагал, что историческое знание может объективно отображать прошлое, и его презентистские исторические сочинения сохраняли след политических устремлений и надежд, относившихся к ближайшему будущему России[50]. В частности, в своем описании российской государственности Милюков явно дает понять, что Россия движется в сторону конституционной демократии и социальных реформ[51]. В десятилетия, предшествовавшие революции 1905 года, Милюков с большой осторожностью говорил о том, что прогресс является лейтмотивом истории, и в своих «Лекциях по введению в курс российской истории (1894–1895)» он сказал студентам, что идея того, будто человечество может само творить собственную историю, является «золотой мечтой будущего, перенесенной в прошедшее» [Милюков 1895: 15; Stockdale 1996: 59].

Однако к 1905 году тон его высказываний с предостерегающего сменился на призывающий; выступая перед американской аудиторией, Милюков завершил свою речь следующими словами: «Если законы истории говорят о том, что Россия движется по пути прогресса, как мы пытались показать, политической реформы избежать невозможно» [Milyoukov 1905: 409].

6.2.2. Свобода как инструмент прогресса

В своих воспоминаниях Милюков едва касался тех связей, которые были у него в юности с радикальными студенческими организациями, заявляя, что был либералом еще со времен своей учебы в университете [Милюков 1955, 1: 133; Riha 1969: 38].

---

[50] Милюков писал, что своей главной целью видел объяснение настоящего с помощью методов изучения прошлого [Милюков 1895: 4; Stockdale 1996: 30].

[51] О том, как научная деятельность Милюкова и московской исторической школы в целом вписывалась в более общий историографический контекст того времени, см. [Bohn 1998].

Однако Стокдейл убедительно показала, что его взгляды в то время были весьма далеки от либеральных [Stockdale 1966: 37]. На самом деле, из-за того значения, которое он придавал социальной справедливости и историческим закономерностям, ограничивавшим, по его мнению, свободу личности, убеждения Милюкова были очень близки к марксистским. В то время его полемика с российскими марксистами сводилась, по сути, к вопросам тактики[52]. Милюков при этом утверждал, что марксизм не учитывает множества факторов, оказывающих воздействие на ход истории, и слишком большое значение придает экономическим причинам социальных явлений [Милюков 1896–1903, 2: 2]. Эта шаткость политических взглядов, характерная для молодого Милюкова, стала прелюдией к нескольким серьезным сдвигам в его мировоззрении, произошедшим примерно между 1890 и 1905 годами.

Милюков начал играть активную роль в российской политической жизни в конце 1880-х годов. Несмотря на то что он был способным и прилежным студентом, его разрыв отношений с бывшим наставником Ключевским в 1892 году (из-за отказа последнего присудить Милюкову докторскую степень за магистерскую диссертацию о Петре I) закрыл ему путь к продолжению научной карьеры в Московском университете, вследствие чего Милюков стал более активно заниматься политической и общественной деятельностью. Он проводит много публичных лекций и участвует в движении *University Extension*[53] (чтение университетских курсов для сторонних слушателей) в качестве одного из его организаторов. Все это он делал в соответствии со своими убежде-

---

[52] Милюков писал о том, что необходимо найти золотую середину между марксистским детерминизмом и народничеством, для которого важнейшим фактором, определявшим ход истории, была человеческая воля [Милюков 1896–1903, 2: 2–5].

[53] *University Extension* (англ.), или Обучение при университете (буквальный перевод — «расширение университета»), — движение за демократизацию высшего образования, возникшее во второй половине XIX века в Англии и США и распространившееся к концу века в других развитых странах. — *Примеч. ред.*

ниями, считая, что образование является долгом каждого гражданина, поскольку оно не только расширяет пространство личной свободы, но и учит использовать эту свободу правильно[54]. Милюков завел знакомства в радикальных кругах российского общества и начал читать публичные лекции об истории протестного движения в России, рассказывая о Радищеве, декабристах и Герцене, критикуя власть и правительство; при этом он не отвергал идеи о том, что для установления конституционного правления в России, возможно, необходимо будет устроить революцию[55].

Эти «подрывные» лекции вскоре вызвали подозрения у властей, которые приняли против Милюкова ряд карательных мер, таких как отстранение от преподавания, высылка и заключение в тюрьму. Между 1895 и 1905 годом, которые он назвал в своих воспоминаниях «годами скитаний», Милюков приобрел славу незаслуженно преследуемого видного ученого и общественного деятеля, что придало ему веса и авторитета в глазах российского общества. Кроме того, в этот период своей жизни он смог узнать много нового о столь интересующих его политических институтах и формах правления в других странах, познакомившись с ними во время своего продолжительного пребывания на Балканах (в основном в Болгарии), в Англии и Соединенных Штатах[56]. Изучив десятилетний опыт конституционного правления в Болгарии, в 1905 году он заметил, что старый аргумент, «будто Россия не готова к конституции, опровергается примером Болгарии» [Milyoukov 1905: 409]. Далее он утверждал, что опыт конституционализма «оказался очень ценным в плане полити-

---

[54] Милюков присутствовал на очередном летнем съезде профессоров и слушателей *University Extension* в Кембридже [Милюков 1955, 1: 156–161]. См. также [Kaplan 2017: 154–181].

[55] В статье «Державный маскарад» (1903) Милюков заявил: страна приближается к той развязке, когда не «понадобится больше ни вас [тех, «кто еще спит и грезит, когда все кругом проснулось и действует». — *Примеч. ред.*], ни г. Плеве, ни царских бумажных манифестов. И, право же, господа, поспешите: развязка не за горами» [Милюков 1903а: 323].

[56] Милюков в течение года читал лекции в Софийском высшем училище в Болгарии. Помимо этого, он побывал в Москве, Рязани, Санкт-Петербурге и Финляндии; какое-то время провел в тюрьме и ссылке.

ческого просвещения» болгарского народа; все эти накопленные за «годы скитаний» знания он потом пытался использовать в своей политической деятельности [Milyoukov 1905: 409][57].

Именно в Болгарии Милюков проникся идеями социального либерализма, поверив в возможность их реализации в России. Как видно, он был одним из «новых либералов», утверждавших, что в России существует естественная близость между концепциями позитивной и негативной свободы[58]. Заметные изменения в либеральной теории и практике, происходившие в Англии и во Франции, стали для него, по словам Стокдейл, еще одним веским доводом в пользу того, что он считал квинтэссенцией российского либерализма [Stockdale 1996: 113]. В своей программной статье «К очередным вопросам», опубликованной в 1903 году в журнале «Освобождение», он впервые сам назвал себя либералом [Милюков 1903б][59].

Хотя Милюков был влиятельным общественным деятелем и голосом оппозиции, имевшим связи с финской ветвью «Союза освобождения», с 1903 по 1905 год он находился за границей, вернувшись в Россию только в апреле 1905 года, и многие события освободительного движения произошли без его участия[60].

6.2.3. Социологический либерализм

Милюков разработал свое учение об относительности и о взаимозависимости либеральных ценностей в начале 1890-х годов, когда он отверг идеалистический постулат о метафизической или религиозной природе этики[61]. В предисловии ко второму тому

---

[57] См. также [Милюков 1904].

[58] См. третью главу.

[59] См. также третью главу этой книги и сноску 8 в [Stockdale 1996: 322].

[60] Так, он не присутствовал на учредительном съезде «Союза освобождения» в швейцарском Шаффхаузене.

[61] См., например, его публичную лекцию «Разложение славянофильства», прочитанную 22 января 1893 года в аудитории исторического музея [Милюков 1893].

«Очерков по истории русской культуры» он утверждал, что духовная культура является «продуктом человеческой общественности», поэтому постоянно эволюционирует [Милюков 1896–1903, 2: 2; Милюков 1993–1995, 2.1: 10]. Более того, он писал, что внешние обстоятельства и ролевые модели исполняют важную роль в том, какое поведение индивидов считается этичным, и в нравственном улучшении людей. Это утверждение перекликается с его последующим обвинением авторов «Вех» в том, что они ошибаются, ставя самосовершенствование выше институциональных реформ[62]. В общем, Милюков верил, что эмпирические меры по улучшению благосостояния населения должны способствовать повышению нравственности, и отмечал, что несправедливость и неравенство служат прямыми поводами к действию[63]. Итогом этого этического релятивизма и жажды деятельности стало мнение о том, что «правильный» поступок необязательно нравственно безупречен; так, в 1905 году Милюков говорил, что в борьбе за всеобщее избирательное право вопрос об избирательном праве для женщин можно временно отложить в сторону из тактических соображений[64].

Сходным образом Милюков оценивал и интеллектуальную культуру, утверждая, что институты власти, социальные ценности и даже «народный дух» исторически предопределены, должны эволюционировать в соответствии с законами истории [Милюков 1993–1995, 3: 23][65]. Его нетерпимость по отношению к самодержавию можно объяснить тем, что он, опираясь на эмпирические данные, подтверждавшие, что государства могут меняться с течением времени, оптимистически относился к возможности преобразования политического и общественного строя в России[66].

---

[62] См. четвертую главу.

[63] См., например, главу VII «The Crisis and the Urgency of Reform» в [Milyoukov 1905: 313–396].

[64] См. [Гессен 1937].

[65] См. также [Милюков 1896–1903, 3].

[66] Милюков высказал эту позицию в своей ранней работе «Юридическая школа в русской историографии» [Милюков 1886].

Проведенный им анализ русского национального характера, который Милюков нашел «аморфным» и «легко приспосабливающимся», убедил его в том, что русский народ восприимчив к политическим изменениям и новым обычаям [Milyoukov 1905: 29][67]. В то же самое время он считал русских людей априори расположенными к демократичности и социальной справедливости, которые ассоциировались у него с либерализмом [Milyoukov 1905: 22][68]. В 1905 году Милюков описывал российское общественное мнение как «ни в коей мере не поддерживающее частные интересы какого-либо лица или группы лиц... непредвзятое, абстрактно гуманистическое, преимущественно демократическое, поэтому по природе своей радикальное» [Milyoukov 1905: 407]. Отмечая заслуги самодержавия в том, что оно смогло сплотить народ в период его гражданского созревания, он считал, что теперь монархия мешает росту русской нации, которая «объединила усилия против общего врага» [Milyoukov 1905: 407]. Кроме того, в это время он называл особенно важными чертами либерализма практичность и прагматичность на сновании того, что «политика — это искусство возможного». Вера в это укрепляла его убежденность в том, что введение всеобщего избирательного права в итоге приведет к снижению социалистической риторики и деятельности [Milyoukov 1905: 167–168, 247–248][69].

Так, примерно в 1900 году Милюков создал то, что Стокдейл называет «эклектичным, но эмпирически и логически цельным социологическим учением» [Stockdale 1996: 52], то есть не столько философским, сколько социологическим либерализмом. Из его первых текстов в журнале «Освобождение» становится понятно, что для него личная свобода и равенство перед законом имели практическую ценность как «элементарные и необходимые предварительные условия» общественной жизни в цивилизован-

---

[67] См. также [Селезнева 1999: 122].

[68] Стокдейл пишет, что у Милюкова была «почти трансцендентная вера в демократию» [Stockdale 1996: 36], при этом Л. Манчестер отмечает его «презрение к массам» [Manchester 2010].

[69] См. вторую главу (раздел 2.2.3).

ном государстве. В программных статьях, которые Милюков писал в то время, говорится о структурной несовместимости развивающегося и становящегося все более сложным современного общества с политическими институтами самодержавия[70]. В 1902 году Милюков выразил эту точку зрения следующим образом:

> У нас, как и везде, представительные учреждения неизбежно примут особый оттенок, соответственно особенностям русской культурной и политической жизни. Но сами по себе свободные формы политической жизни так же мало национальны, как мало национально употребление азбуки или печатного станка, пара или электричества... Они становятся необходимыми, когда общественная жизнь усложняется настолько, что уже не может уместиться в рамках более примитивного общественного строя [Милюков 1902б; Павлов, Шелохаев 2001: 37–38].

Таким образом, Милюков считал, что при конституционном строе можно выделить негативные формы свободы, от которых зависят универсальные механизмы прогресса. По его мнению, перемен в обществе можно было добиться благодаря парламентским реформам, и он утверждал, что в правовом государстве общественное сознание может меняться фундаментальным образом. Однако, настаивая на том, что социальные ценности являются результатом исторических процессов, он не мог не признать того факта, что «новые ценности» не могут быть созданы благодаря одним лишь правовым реформам [Stockdale 1996: 182]. Несмотря на это, гарантия определенных базовых свобод была, по его мнению, практической необходимостью для укрепления демократического сознания, следовательно, и исторического прогресса.

«С 1905 по 1919 год, — пишет Д. Тредголд, — история Милюкова была частью истории его страны» [Treadgold 1962: 7]. По его

---

[70] Здесь он резко расходился во взглядах, например, со Струве, который считал стремление к свободе этическим императивом (см. вторую главу).

словам, Милюков превратился из историка в политика, но, как политик, он всегда стремился воспринимать происходящие события в их историческом контексте [Милюков 1955, 1: 2]. Занятия политикой пошатнули его уверенность в том, что свобода представляет собой универсальное явление, обусловленное закономерностями исторического процесса. В своих новых исследованиях, посвященных национальному вопросу, он скорректировал собственную позицию относительно русского национального характера, высказанную им раньше в «Очерках по истории русской культуры», особо отмечая важность общей истории или традиции и чувства солидарности в настоящем[71]. Как уже говорилось выше, он с возрастающим скептицизмом стал относиться к возможности сотрудничества с социалистами; впоследствии в своих воспоминаниях Милюков с оттенком сухой иронии писал: «Мои надежды на соглашение [между «либералами» и «революционерами»] — а вместе и на успех всего революционного движения — постепенно все более блекли» [Милюков 1955, 2: 259]. Предвидя крах монархии, случившийся в 1917 году, и сознавая последствия, к которым это может привести, Милюков приложил все усилия для того, чтобы его предотвратить, много говоря о необходимости существования России как сильного государства[72]. Эта позиция, безусловно, прямо противоречила его прежним взглядам, согласно которым увеличение пространства свободы означало движение в сторону прогресса.

Ранние исторические труды Милюкова и его политические статьи в журналах много говорят о том, как менялись со временем его взгляды на то, в какой степени исторический путь России уникален, а в какой он повторяет траекторию западных стран; кроме того, эти работы служат ценным дополнением к тем сочинениям, которые он написал в эмиграции. В конечном счете ко-

---

[71] См., например, [Милюков 1925], где содержатся материалы лекций, прочитанных им в предыдущие десятилетия.

[72] О роли Милюкова в годы Первой мировой войны и его деятельности в качестве министра иностранных дел Временного правительства см. [Rosenberg 1974].

лебания Милюкова в вопросе исторического пути России были отражением хаоса, происходившего в российской политической жизни. Можно сказать, что он был свидетелем того, как в российском обществе существовал прогресс сразу двух видов: один был ориентирован на «европейскую» модель, а другой был более прагматичным и неопределенным. В турбулентный период, предшествовавший революции 1917 года, Милюкову все время приходилось переосмысливать свое видение прогресса. Однако есть свидетельства в пользу того, что он никогда не отказывался от веры в то, что прогресс и свободы являются взаимодополняющими целями; в статье, посвященной Ковалевскому,

Милюков писал, что, хотя, согласно Ковалевскому, прогресс «не всегда есть прогресс в смысле поступательного движения вперед», он знал (как и сам Милюков): «С дальнейшим ходом нашего внутреннего развития свершится и тот внутренний закон, везде один и тот же, который определил собой политический рост передовых демократий современности» [Милюков 1917: 138, 143].

6.3. Заключение

В своей книге об истории позитивизма в Великобритании Т. Райт отмечал, что «Конт, стремясь к единству, в итоге пожертвовал принципом верификации» и что «ради достижения интеллектуального синтеза, необходимого для морали и социальной гармонии, он сознательно облегчил себе бремя доказывания» [Wright 1986: 20]. Внутреннее противоречие между оптимизмом, имманентно присутствующим в позитивистском подходе к истории, и необходимостью реалистично оценивать текущие события создало теоретическую проблему, решить которую не смогли ни Милюков, ни Ковалевский. Как ученые, они видели свою задачу в нахождении фундаментальных закономерностей исторического развития, которые могли бы объяснить наблюдаемые ими социальные явления с использованием естественнонаучных методов познания. Опираясь в своей академической деятельности на эмпирические, «научные», данные, они тем самым заявляли, что в основе истории лежит идея прогресса[73]. Как политики, исходя из своего универсалистского и позитивистского видения человеческой природы, свободы и исторического прогресса, они утверждали, что Россия более или менее следует эволюционным путем европейских стран. Однако их любовь к эмпирическим данным уводила их в другом направлении; они подчеркивали, что, помимо «законов» истории, существуют и другие факторы, влияющие на развитие того или иного конкретного государства. В 1937 году, рассуждая о том, почему в своих «Очерках по истории культуры России» он уделял больше внимания особенностям исторического развития Россия, а не сходству этих процессов с тем, что происходило в Европе, Милюков пишет о влиянии, оказанном на него его бывшим учителем Ключевским:

> В борьбе между двумя противоположными конструкциями русской истории, из которых одна выдвигала вперед сходство русского процесса с европейским, доводя его до тождества, а другая доказывала русское своеобразие, доводя его до полной несравнимости и исключительности, автор занимал примирительное положение. Он строил русский исторический процесс на синтезе обеих черт: сходства и своеобразия. Однако при этом черты своеобразия выделялись несколько более резко, нежели сходства. В этом сказалось, вероятно, влияние моего университетского учителя В. О. Ключевского — самого своеобразного из русских историков [Милюков 1993–1995, 1: 61; Emmons 1992: 73].

В своем анализе Революции 1905 года и ее последствий оба признавали (хотя Ковалевский в большей степени, чем Милюков), что мечты сторонников позитивистского либерализма о власти интеллектуалов не совпадали с демократическими желаниями народа. Сознавая эту проблему и чувствуя, что только просвещенное население добровольно изберет либераль-

---

[73] Джордж Стокинг — младший пишет аналогичным образом об англо-американских антропологах [Stocking 1998: 69].

ных лидеров, они постоянно говорили о важной роли образования[74]. Кроме того, они понимали, что экономическое развитие России по западному капиталистическому образцу с опорой на частную собственность может нанести огромный ущерб крестьянству и пошатнуть стабильность российского общества. Однако ни Ковалевский, ни Милюков окончательно не отказались от доктрины исторического детерминизма и не сомневались в том, что все катаклизмы, происходившие в России, были не более чем «временными трудностями и задержками на исторически предопределенном пути развития России» [Emmons 1999: 185]. Даже тогда, когда стало очевидным, что постепенная «европеизация» России не случится в ожидаемые ими сроки, они не сомневались в том, что рано или поздно эта трансформация обязательно произойдет[75].

Вера в то, что даже самые бессмысленные и хаотичные действия могут привести к рациональному результату, содержит в себе элемент самоуспокоения, на который трудно закрыть глаза[76]. В то время как либералы неоидеалистического толка с большим скепсисом относились к идее о том, что можно найти точную формулу, которая позволит увеличить количество свободы, равенства, прогресса и добра в мире, представление о том, что прогресс в определенных областях может сопровождаться регрессом в какой-то другой сфере, противоречило универсалистской и позитивистской эпистемологии Ковалевского и Милюкова. Если подход неоидеалистов, готовых признать конфликт между либеральными идеалами и конкретной исторической реальностью, можно считать динамическим, творческим и подлинно прогрессивным, позитивисты склонны были отрицать очевидное

---

[74] О том, что думали по этому поводу либеральные мыслители в других странах, см. [Kurzman 2008: 32].

[75] Дж. Чильяно в своей книге анализирует эту точку зрения, обращаясь к современной западной историографии [Cigliano 2002: 26–28].

[76] См. [Salvadori 2006]. И. Бе́рлин писал: «Одно из глубочайших человеческих желаний — найти единую модель, в которую бы симметрично укладывался весь опыт прошлого, настоящего и будущего, опыт действительный, возможный и несостоявшийся» [Бе́рлин 1992: 218].

и ссылаться на предопределенность хода истории. Либералы-неоидеалисты воспринимали прогресс как нравственный долг, исполняемый реальными людьми во имя общего блага в существующих исторических обстоятельствах; позитивисты по большей части утверждали, что прогресс продиктован законами истории и неизбежно приведет к созданию более совершенного общества. Парадоксальным образом чтение трудов российских либералов-позитивистов служит нам сегодня напоминанием о прихотях истории и том факте, что сами они, как политики и общественные деятели, ощутили на себе, что происходит, когда исторические события происходят как будто сами по себе. Даже после 1917 года они продолжали верить, что будущее России как либеральной страны реально и осязаемо.

В некрологе о смерти Ковалевского в 1916 году оппозиционный журналист Л. Пасвольский (1893–1953) писал:

> Он умер, когда тучи, до предела почерневшие и сгустившиеся, как раз начинали рассеиваться, когда лучи восходящего солнца снова начинали пробиваться наружу сквозь мрачные тени, когда повсюду безошибочно узнавались признаки прекрасной новой зари. Его великому телу недолго осталось ждать в земле того мига, когда солнце свободы, равенства и прогресса взойдет над политическим и социальным небосводом России [Pasvolsky 1916: 4].

Заключение

Эта книга представляет собой сравнительно-сопоставительный анализ истории либерализма, которая всегда была важнейшим предметом для исследования, но особенно является таковой сейчас, когда либеральные ценности и институты сдают свои позиции в тех странах, где они когда-то представлялись относительно надежными, а перспективы развития либеральных идей в таких государствах, как Россия и Китай, кажутся особенно призрачными. Концепция либерализма как постоянного компромисса между идеями, которые иногда конкурируют друг с другом, дает в руки исследователя удобный инструментарий для погружения в опыт российской либеральной традиции, понимания различных, существовавших в ней течений и их сопоставления со схожими учениями в других странах. Это исследование опирается на современные представления о множественности концепций либеральной свободы, и с помощью этого подхода я пытаюсь оценить, насколько российские либералы осознавали возможное противостояние между различными конкурирующими между собой ценностями и как они пытались разрешить этот конфликт. Учения мыслителей, о которых подробно рассказывается в этой книге, демонстрируют как сложность установления равновесия между сталкивающимися друг с другом идеалами, так и безусловную ценность попыток достижения такого компромисса (например, между позитивной и негативной свободой). По моему мнению, такой подход показывает, что в царской России мыслители подходили к конфликту ценностей с позиций подлинного либерализма; вместе с тем в их учениях прослеживаются отголоски нелиберальных представлений о том, что какой-то определенный набор свобод может быть универсальным и неоспоримым.

Применяемый здесь метод исследования демонстрирует тот факт, что границы между либерализмом и другими политическими доктринами бесповоротно размыты и что фундаментально либеральная приверженность одновременно позитивной и негативной свободе необязательно предполагает выбор в пользу какого-то одного конкретного политического устройства. Дж. Уолдрон писал: «Умеренный либерализм постепенно переходит в консерватизм; консерватор и социалист сходятся в своей заботе об обществе; социалист требует относиться к свободе более серьезно, чем это делают сами либералы, и т. д.» [Уолдрон 1998: 109]. Как было показано в разных главах этой книги, никогда не существовало какой-то консолидированной и четкой либеральной позиции ни по одному вопросу: ни по объему основных прав и свобод, таких как свобода слова, ни по роли государства в борьбе с социальным неравенством, ни по положению и роли национальных меньшинств в либеральном обществе, ни даже по революции. Либеральное решение проблемы соблюдения равновесия между различными видами свободы всегда зависит от условий места и времени.

Изучение либерализма показывает, что у его имманентной сложности, гибкости и многогранности есть важные практические последствия. С практической точки зрения более четкое понимание взаимодействия между различными либеральными ценностями в определенных исторических и культурных обстоятельствах снижает вероятность возникновения опасной и основанной на позитивистском мировоззрении риторики об исторической неизбежности победы либеральных идей. Речь здесь идет не только о научной стороне вопроса: либерализм по-прежнему представляет большой интерес для ученых и образованной части общества, потому что он претендует на распространение самых дорогих нашему сердцу ценностей и идеалов. Как минимум он важен в качестве доминирующей политической идеологии так называемого глобального Севера и главной темы споров о том, в каком направлении может произойти смена режима в нелиберальных странах. Большинство ученых согласны с тем, что существуют разные виды либерализма, однако идея о едином пути исторического прогресса, ставшая известной благодаря Гегелю и в разные годы являвшаяся частью политической доктрины США, до сих пор глубоко укоренена в нашей культуре[1]. На примере разных стран: от посткоммунистической России до Ирака и Афганистана — видно, что навязывание либерального режима в качестве обязательного средства обретения свободы может иметь печальные последствия для того общества, которое вынудили пойти по этому пути.

В то же время факты, изложенные в этой книге, четко показывают, что либерализм важен для России и других стран, потому что он не только предлагает осуществимые способы защиты всеобщих прав человека, но и дает людям возможность в полной мере осознать свой потенциал и добиться преуспевания. Я вовсе не хочу сказать, что либерализм — это единственный правильный путь; как я уже говорила выше, либерализм имеет общие черты с другими идеологиями и содержит в себе несколько глубоких и неразрешимых противоречий. Тем не менее, глядя на современные либеральные демократии, под которыми в общем понимаются государства с избираемой большинством голосов представительной властью, четко очерченными границами властных полномочий и независимой судебной системой, мы видим, что в этих обществах хорошо защищены основные права и свободы, которые ассоциируются с человеческим достоинством; все это доказывает если не идеальность, то полезность такого общественного устройства [Derbyshire, Derbyshire 1996: 24; Дербишайр, Дербишайр 2004].

С этой точки зрения на примере всего того, что происходило в России в начале XX века, становится понятным, какую важную роль в либеральной теории играют реальные политические

---

[1] Самым известным примером такого подхода, вероятно, является заявление Ф. Фукуямы о том, что либеральная демократия — это «конец истории» [Фукуяма 2015]. В 2000 году группа американских конгрессменов, придерживавшихся той же точки зрения, заявила, что «Соединенные Штаты являют собой модель будущего России» [Cohen 2001: 276].

процессы. В частности, можно сделать вывод о том, что лучшей альтернативой доктринерским и догматическим формам либерализма является учитывающий реалии окружающего мира прагматичный либерализм, основанный не только на уважении к позитивной и негативной свободе и другим важным правам и ценностям, но и на осознании возможности конфликта между ними. Если либералы-позитивисты с их безграничной верой в прогресс слишком охотно закрывали глаза на внутренние противоречия между различными либеральными ценностями, неоидеалисты мыслили чересчур абстрактно и преуменьшали важность негативной свободы для эмпирической личности. Однако, если либерализм признает, что конфликт ценностей является неотъемлемой частью человеческой жизни и что не существует идеального общества или устройства, которое станет финальной стадией развития прогресса, он может стать фундаментально антиутопической доктриной. С практической точки зрения вопрос, который должен волновать тех, кто пытается создать либеральное общество в конкретном историческом контексте, должен заключаться не в том, что такое либеральное общество, а в том, как в такое нестабильное время мы можем лучшим способом защитить и расширить пространство позитивной и негативной свободы в политической жизни общества. Пытаясь провести социальные реформы, либералы должны стремиться не к абсолютной цели, а к созданию правовых и общественных институтов, при которых могут сосуществовать различные ценности и идеалы. Компромисс между этими ценностями следует искать с опорой на исторический опыт и окружающие реалии.

Ценность этой книги не только в том, что она занимает место среди других современных исследований, демонстрирующих внутреннюю сложность и многогранность либерализма. История краха либерального движения в России важна и поучительна сама по себе. В своей работе, посвященной «исчезнувшим королевствам», историк Н. Дэвис заметил, что изучение истории слишком часто становится изучением успеха [Davis 2011]. В этой книге я пишу об этических дилеммах, занимавших центральное место в жизни российских либералов, и пытаюсь в какой-то мере воздать должное этому неоконченному проекту российской истории. Герои этого исследования, вынужденные уехать в эмиграцию вскоре после наступления советской власти, как правило, наблюдали за происходящими в их родной стране событиями из различных европейских столиц; по очевидным причинам в советское время изучение их наследия было сильно ограничено, а многие первичные источники оказались уничтожены. Однако история либерализма постоянно переписывается. Обращаясь к России начала XX века, мы восстанавливаем ее важнейшее (если не сказать недостающее) звено[2]. Показывая, как российские мыслители понимали либеральные ценности в контексте своего времени и пытались применить собственные идеи для улучшения российского общества (особенно в период с 1900 по 1914 год), мы начинаем лучше понимать, как эти усилия изменили их (и наше) представление о том, что такое либерализм.

Полемика в среде российских интеллектуалов по поводу различных теоретических и практических аспектов либерализма была частью более широкой картины мира того времени. Как писал В. И. Ленин, в 1905 году началась «эпоха буржуазно-демократических революций», окончившихся крахом многолетних деспотических режимов в Иране (1906 и 1909), Османской империи (1908), Португалии (1910), Мексике (1911) и Китае (1912) [Ленин 1967, 25: 269][3]. Все эти случаи ознаменовались поддержкой интеллектуальной элитой позитивистского либерализма и заключением вынужденных союзов между интеллигенцией, рабочими, капиталистами и частично армией. Однако всем этим новым режимам пришлось столкнуться с хаосом, неизбежно возникающим при процессах демократизации, и во многих случаях новой власти не удалось защитить те права и свободы, во имя которых вроде бы и совершалась революция. За исклю-

---

[2] См. исследование Х. Розенблатт, предпринявшей попытку найти «утерянную историю» либерализма во Франции, в Германии, Англии и Соединенных Штатах [Rosenblatt 2018].

[3] Об этой волне революций см. также [Kurzman 2008].

чением Португалии, остававшейся демократической страной до 1926 года, все эти либерально-демократические эксперименты быстро завершились провалом. На примере этих неудавшихся попыток хорошо видно, что для успеха либерализма необходимы определенные исторические условия.

Проблемы и сомнения, волновавшие российских либералов начала XX века, сохраняют свою актуальность и в другие исторические периоды. В постсоветской России сторонники либерализма вынуждены признавать, что либеральные идеи не пользуются большой поддержкой со стороны населения[4].

Идеи выдающихся мыслителей того времени по-прежнему так же важны и актуальны, как и век назад.

---

[4] В частности, «Яблоко», главная либеральная партия постсоветской России, по итогам выборов в Государственную думу в сентябре 2016 года не прошла в российский парламент, а ее лидер — Г. А. Явлинский — на президентских выборах 2018 года получил 1 % голосов. Подробнее о либеральных настроениях в посткоммунистическом российском обществе см. [Капустин, Клямкин 1994; Капустин 2000]. В статье, написанной в 2004 году в тюрьме, М. Б. Ходорковский (в РФ признан иностранным агентом) утверждал: «Путин, наверное, не либерал и не демократ, но все же он либеральнее и демократичнее 70 % населения нашей страны» [Ходорковский 2004]. URL: https://www.vedomosti.ru/newspaper/articles/2004/03/29/krizis-liberalizma-v-rossii (дата обращения: 29.02.2024). См. также недавние круглые столы, посвященные этой проблеме, с участием В. Т. Третьякова и др.: «Либерализм и Россия: вечный мезальянс?» // Что делать? Вып. № 290 от 03.04.2011; URL: https://www.youtube.com/watch?v=b4u9sSG_5Xo (дата обращения: 01.03.2024); «Кто дискредитирует либерализм в России?» // Что делать? Вып. № 346 от 24.02.2013; URL: https://www.youtube.com/watch?v=t6xX2-BivWg (дата обращения: 01.03.2024).

Библиография

Абрамов 1994 — Абрамов А. И. Кант в русской духовно-академической философии // Кант и философия в России / под ред. З. А. Каменского, В. А. Жучкова. М.: Наука, 1994. С. 81–113.

Абрамов 1998 — Абрамов А. И. Кантианство в русской философии // Вопросы философии. 1998. № 1. С. 59–60.

Аврех 1961 — Аврех И. Я. Вопрос о западном земстве и банкротство Столыпина // Исторические записки. 1961. Т. 70. С. 61–112.

Аврех 1968 — Аврех И. Я. Столыпин и Третья дума. М.: Наука, 1968.

Аксенов 1999 — Аксенов Г. П. Личность как основа либеральной идеи // Русский либерализм: исторические судьбы и перспективы: Материалы междунар. науч. конф., Москва, 27–29 мая 1998 г. / под. ред. В. В. Шелохаева и др. М.: РОССПЭН, 1999. С. 217–225.

Амелина 2004 — Амелина Е. М. Проблема общественного идеала в русской религиозной философии конца XIX — начала XX века. Калуга: Эйдос, 2004.

Анненков 1960 — Анненков П. В. Литературные воспоминания. М.: ГИХЛ, 1960.

Анненков 2005 — Анненков П. В. Письма к И. С. Тургеневу. Кн. 1. 1852–1874. М.: Наука, 2005.

Антоний 1909 — Антоний, архиепископ (А. П. Храповицкий). Открытое письмо авторам сборника «Вехи» // Слово. 1909. № 791. 10 (23) мая. С. 3. Перепечатано в: Бердяев Н. А. Духовный кризис интеллигенции: статьи по общественной и религиозной психологии (1907–1909). М.: Канон+, 1998. С. 345–348.

Антощенко 2010 — Антощенко А. В. Русский либерал-англофил П. Г. Виноградов. Петрозаводск: Петрозаводский государственный университет, 2010.

Арсеньев 1909а — В защиту интеллигенции: сборник статей / под. ред. К. К. Арсеньева и др. М.: Заря, 1909.

Арсеньев 1909б — Арсеньев К. К. Призыв к покаянию // Вестник Европы. 1909. № 5. С. 299–309.

Арсеньев 1995 — Арсеньев К. К. Призыв к покаянию // Невостребованные возможности русского духа / отв. ред. Власова В. Б. М.: ИФ РАН, 1995. С. 58–68.

Арсеньев и др. 1910 — Интеллигенция в России: сборник статей / под. ред. К. К. Арсеньева, Н. А. Гредескула, М. М. Ковалевского, И. И. Петрункевича, П. Н. Милюкова, Д. Н. Овсянико-Куликовского, М. А. Славинского, М. И. Туган-Барановского. С.-Петербург: Земля, 1910.

Балуев 1995 — Балуев Б. П. Либеральное народничество на рубеже XIX–XX веков. М.: Наука, 1995.

Бердяев 1901 — Бердяев Н. А. Борьба за идеализм // Мир Божий. 1901. № 6. С. 1–26. Перепечатано в: Бердяев Н. А. Sub specie aeternitatis. Опыты философские, социальные и литературные (1900–1906): сб. ст. СПб.: Издание М. В. Пирожкова, 1907. С. 5–34.

Бердяев 1902 — Бердяев Н. А. Этическая проблема в свете философского идеализма // Проблемы идеализма / под ред. П. И. Новгородцева. М.: Московское психологическое общество, 1902. С. 91–136.

Бердяев 1904а — Бердяев Н. А. Н. К. Михайловский и Б. Н. Чичерин. О рационализме, личности, демократизме и пр. // Новый путь. 1904. № 10. Перепечатано в: Бердяев Н. А. Sub specie aeternitatis. Опыты философские, социальные и литературные (1900–1906): сб. ст. СПб.: Издание М. В. Пирожкова, 1907. С. 198–213.

Бердяев 1904б — Бердяев Н. А. О новом русском идеализме // Вопросы философии и психологии. 1904. Т. XV. Кн. 75 (V). С. 683–724.

Бердяев 1905 — Бердяев Н. А. О новом религиозном сознании // Вопросы жизни. 1905. № 9. С. 147–188.

Бердяев 1906 — Бердяев Н. А. Демократия и мещанство // Московский еженедельник. 1901. № 11. С. 332–335. Перепечатано в: Бердяев Н. А. Sub specie aeternitatis. Опыты философские, социальные и литературные (1900–1906): сб. ст. СПб.: Издание М. В. Пирожкова, 1907. С. 412–418.

Бердяев 1907а — Бердяев Н. А. Sub specie aeternitatis. Опыты философские, социальные и литературные (1900–1906): сб. ст. СПб.: Издание М. В. Пирожкова, 1907.

Бердяев 1907б — Бердяев Н. А. Бунт и покорность в психологии масс // Московский еженедельник. 1907. 18 декабря. Перепечатано в: Бердяев Н. А. Духовный кризис интеллигенции. Статьи по общественной и религиозной психологии (1907–1909). М.: Канон+, 1998. С. 79–88.

Бердяев 1909 — Бердяев Н. А. Философская истина и интеллигентская правда // Вехи: сборник статей о русской интеллигенции. 2-е изд. М.: Тип. В. М. Саблина, 1909. С. 1–22.

Бердяев 1924 — Бердяев Н. А. Новое Средневековье. Размышление о судьбе России и Европы. Берлин: Обелиск, 1924.

Бердяев 1971 — Бердяев Н. А. Русская идея: Основные проблемы русской мысли XIX века и начала XX века. Paris: YMCA-Press, 1971.

Бердяев 1983 — Бердяев Н. А. Самопознание: опыт философской автобиографии. Paris: YMCA Press, 1983.

Бердяев 1998 — Бердяев Н. А. Духовный кризис интеллигенции: статьи по общественной и религиозной психологии (1907–1909). М.: Канон+, 1998.

Бердяев 2008 — Бердяев Н. А. Субъективизм и индивидуализм в общественной философии. Критический этюд о Н. К. Михайловском / вступ. ст., сост. и коммент. В. В. Сапова. М.: Астрель, 2008.

Бе́рлин 1992 — Бе́рлин И. Четыре эссе о свободе / пер. с англ. С. Векслер. London: Overseas Publications Interchange Ltd, 1992.

Бе́рлин 2017 — Бе́рлин И. Русские мыслители / пер. с англ. С. Александровского, В. Глушакова. М.: Энциклопедия-ру, 2017.

Бернштейн 1901 — Бернштейн Эд. Социальные проблемы / пер. с нем. П. С. Когана. М.: Тип. А. И. Мамонтова, 1901.

Бернштейн 1906 — Бернштейн Э. Условия возможности социализма и задачи социал-демократии / пер. с нем. С.-Петербург, 1906.

Биллингтон 2001 — Биллингтон Дж. Икона и топор. Опыт истолкования истории русской культуры. Россия в поисках себя. М.: Рудомино, 2001.

Боборыкин и др. 1909 — По вехам: сборник статей об интеллигенции и о «национальном лице». 2-е изд. / под ред. П. Д. Боборыкина и др. М.: Общественная польза, 1909.

Богачевская-Хомяк 1975 — Богачевская-Хомяк М. Философия, религия и общественность в России в конце XIX и начале XX вв. // Русская религиозно-философская мысль XX в.: сборник статей / под ред. Н. П. Полторацкого. Питтсбург, 1975. С. 54–57.

Брайс 1889–1890 — Брайс Дж. Американская Республика Джемса Брайса, автора книги «Священная Римская империя» и члена палаты депутатов от Абердина: в 3 ч. / пер. с англ. В. Н. Неведомского. М.: Тип. В. Ф. Рихтера, 1889–1890.

Будницкий 1999 — Будницкий О. В. Маклаков и Милюков: два взгляда на русский либерализм // Русский либерализм: исторические судьбы и перспективы: материалы междунар. науч. конф., Москва, 27–29 мая 1998 г. / под. ред. В. В. Шелохаева и др. М.: РОССПЭН, 1999. С. 416–428.

Булгаков 1896 — Булгаков С. Н. О закономерности социальных явлений // Вопросы философии и психологии. 1896. Т. VIII. Кн. 35 (V). С. 575–611.

Булгаков 1902 — Булгаков С. Н. Основные проблемы теории прогресса // Проблемы идеализма / под ред. П. И. Новгородцева. М.: Московское психологическое общество, 1902. С. 1–47.

Булгаков 1903а — Булгаков С. Н. От марксизма к идеализму: сб. ст. (1896–1903). С.-Петербург: Тип. т-ва «Общественная польза», 1903.

Булгаков 1903б — Булгаков С. Н. О социальном идеале // От марксизма к идеализму. Сб. ст. (1896–1903). С.-Петербург: Тип. т-ва «Общественная польза», 1903. С. 288–316.

Булгаков 1903в — Булгаков С. Н. Душевная драма Герцена // От марксизма к идеализму: сб. ст. (1896–1903). С.-Петербург: Тип. т-ва «Общественная польза», 1903. С. 161–194.

Булгаков 1905 — Булгаков С. Н. Религия человекобожества у Л. Фейербаха // Вопросы жизни. 1905. № 10. С. 236–279; № 12. С. 74–102.

Булгаков 1906 — Булгаков С. Н. Религия и политика: к вопросу об образовании политических партий // Полярная звезда. 1906. № 13 (12 марта). С. 118–127.

Булгаков 1909 — Булгаков С. Н. Героизм и подвижничество (Из размышлений о религиозной природе русской интеллигенции) // Вехи: сборник статей о русской интеллигенции. 2-е изд. М.: Тип. В. М. Саблина, 1909. С. 23–69.

Валицкий 2012 — Валицкий А. Философия права русского либерализма / пер. с англ. О. В. Овчинниковой и др. М.: Мысль, 2012.

Валицкий 2013 — Валицкий А. История русской мысли от Просвещения до марксизма. М.: «Канон+» РООИ «Реабилитация», 2013.

Валицкий 2019 — Валицкий А. В кругу консервативной утопии. Структура и метаморфозы русского славянофильства / пер. с польск. К. Душенко. М.: Новое литературное обозрение, 2019.

Василенко 1923 — Василенко М. П. Академік Богдан Олександрович Кістяковський // Зап. соціал.-екон. відділу. 1923. Т. 1. С. viii-xii.

Василенко 1994 — Василенко Н. П. Академик Б. А. Кистяковский / пер. с укр. и прим. В. В. Сапова // Социологические исследования. 1994. № 2. С. 139–154; № 4. С. 129–139; № 5. С. 135–140.

Вебер 2007а — Вебер М. К положению буржуазной демократии в России // О России: избр. / пер. А. Кустарева. М.: РОССПЭН, 2007. С. 14–55.

Вебер 2007б — Вебер М. Переход России к псевдоконституционализму // О России: избр. / пер. А. Кустарева. М.: РОССПЭН, 2007. С. 56–103.

Вехи 1909 — Вехи: сборник статей о русской интеллигенции. 2-е изд. М.: Тип. В. М. Саблина, 1909.

Винавер 1907 — Винавер М. М. Конфликты в Первой думе. Санкт-Петербург: Типолитография М. Л. Мипкова, 1907.

Виноградов 1898 — Виноградов П. Г. О прогрессе // Вопросы философии и психологии. 1898. Год IX. Кн. 42 (II). С. 254–313.

Виноградов 1999 — Виноградов В. В. Личность // История слов: около 1500 слов и выражений и более 5000 слов, с ними связанных / отв. ред. Н. Ю. Шведова. М., 1999.

Волобуев 1997–2000 — Второй съезд конституционно-демократической партии. 5–11 января 1906 года // Съезды и конференции конституционно-демократической партии 1905–1920 гг.: в 3 т. / под ред. О. В. Волобуева и др. М.: РОССПЭН, 1997–2000. Т. 1. С. 45–198.

Вронский 2000 — Вронский О. Г. Государственная власть России и крестьянская община в годы «великих потрясений» (1905–1917). Тула: Тульский полиграфист, 2000.

Гайденко 2001 — Гайденко П. П. В. Соловьев и философия Серебряного века. М.: Прогресс-Традиция, 2001.

Галай 1991 — Галай Ш. Конституционалисты-демократы и их критики // Вопросы истории. 1991. № 12. С. 3–13.

Гегель 1990 — Гегель Г. Философия права. М.: Мысль, 1990.

Гегель 2000 — Гегель Г. Лекции по философии истории / пер. А. М. Водена. СПб.: Наука, 2000.

Гейфман 1988 — Гейфман А. Кадеты и революционный террор, 1905–1907 // Грани. 1988. № 150. С. 163–215.

Гейфман 1997 — Гейфман А. Революционный террор в России, 1894–1917 / пер. с англ. Е. Дорман. М.: КРОН-ПРЕСС, 1997.

Гердер 1977 — Гердер И. Идеи к философии истории человечества / пер. А. В. Михайлова. М.: Наука, 1977.

Герцен 1931 — Герцен А. И. Письма из Франции и Италии: с того берега. М.: Гос. соц.-экон. изд-во, 1931.

Герцен, Огарев 1974 — Герцен А. И., Огарев Н. П. Голоса из России: в 4 т. М.: Наука, 1974.

Герценштейн 1906 — Герценштейн М. Я. Национализация земли // Аграрный вопрос: сб. статей. 2-е изд. / под ред. М. Я. Герценштейна и др. М.: Беседа, 1906. С. 79–119.

Гершензон 1909a — Гершензон М. О. Предисловие // Вехи: сборник статей о русской интеллигенции. 1-е изд. М.: Тип. В. М. Саблина, 1909. С. 1–2.

Гершензон 1909б — Гершензон М. О. Творческое самосознание // Вехи: сборник статей о русской интеллигенции. 2-е изд. М.: Тип. В. М. Саблина, 1909. С. 70–96.

Гершензон-Чегодаева 2000 — Гершензон-Чегодаева Н. М. Первые шаги жизненного пути: воспоминания дочери М. Гершензона. М.: Захаров, 2000.

Гессен 1937 — Гессен И. В. В двух веках: жизненный отчет. Берлин: Изд-во Шпеер и Шмидт, 1937.

Глушкова 2002 — Глушкова С. И. Проблема правового идеала в русском либерализме. Екатеринбург: Изд-во Гуманитарного университета, 2002.

Гоббс 2017 — Гоббс Т. Левиафан / пер. с англ. А. Гутермана., вступ. ст. А. Филиппова. М.: РИПОЛ классик, 2017.

Гоголевский 1996 — Гоголевский А. В. Очерки истории русского либерализма XIX — начала XX века. СПб.: Изд-во С.-Петерб. ун-та, 1996.

Грановский 1900 — Грановский Т. Н. О современном состоянии и значении всеобщей истории. Речь, произнесенная в торжественном собрании Императорского Московского университета 1852 года, 12 января // Грановский Т. Н. Сочинения. 4-е изд. М.: Т-во тип. А. И. Мамонтова, 1900. С. 13–30.

Грановский 2013 — Грановский Т. Н. Исторические характеристики. М.: Рукописные памятники Древней Руси, 2013.

Гумбольдт 2009 — Гумбольдт В. фон. О пределах государственной деятельности / пер. с нем. Челябинск: Социум, 2009.

Гурвич 1924 — Гурвич Г. Д. Профессор П. И. Новгородцев как философ права // Современные записки. 1924. № 20. С. 389–393.

Даль 1880–1882 — Даль В. И. Толковый словарь живого великорусского языка. 2-е изд.: в 4 т. СПб.: Изд-во Вольфа, 1880–1882.

Данилевский 2013 — Данилевский Р. Ю. Ф. Шиллер и Россия. СПб.: Пушкинский Дом, 2013.

Депенчук 1995 — Депенчук Л. Б. Кістяківський. Київ: Основи, 1995.

Дербишайр, Дербишайр 2004 — Дербишайр Дж. Д., Дербишайр Я. Политические системы мира: в 2 т. / пер. с англ. М.: РИПОЛ классик, 2004.

Дживилегов 1911 — Дживилегов А. К. Великая реформа: русское общество и крестьянский вопрос в прошлом и настоящем: в 6 т. М.: Т-во И. Д. Сытина, 1911.

Дмитриева 2007 — Дмитриева Н. А. Русское неокантианство: «Марбург» в России. Историко-философские очерки. М.: РОССПЭН, 2007.

Достоевский 1972–1990 — Достоевский Ф. М. Полн. собр. соч: в 30 т. Л.: Наука, 1972–1990.

Драгоманов, Антонович 1874–1875 — Исторические песни малорусского народа / с объясн. В. Антоновича и М. Драгоманова. Киев: Тип. М. П. Фрица, 1874–1875.

Дэй 1988 — Дэй Дж. Свобода и справедливость. М.: ИНИОН, 1988.

Евграфов 1974 — Евграфов В. Е. Гегель и философия в России. 30-е годы XIX в. — 20-е годы XX в. М.: Наука, 1974.

Жихарева 1935 — Жихарева А. П. А. С. Милюкова. Жизненный путь // Последние новости. 1935. № 5125. 5 апреля; № 5127. 7 апреля.

Зернов 1991 — Зернов Н. М. Русское религиозное возрождение XX в. / пер. с англ. Paris: YMCA-press, 1991.

Игнатов 1909а — Игнатов И. Интеллигенция на скамье подсудимых // Русские ведомости. 1909. № 69, 85.

Игнатов 1909б — Игнатов И. Интеллигенция на скамье подсудимых // В защиту интеллигенции: сб. ст. / под. ред. К. К. Арсеньева и др. М.: Заря, 1909. С. 78–100.

Изгоев 1907 — Изгоев А. С. Самодержавие и общественная жизнь // Русская мысль. 1907. Январь. Перепечатано в: Изгоев А. С. Русское общество и революция. М.: Русская мысль, 1910. С. 3–11.

Изгоев 1908а — Изгоев А. С. Ликвидация // Русская мысль. 1908. № 1. С. 119–142.

Изгоев 1908б — Изгоев А. С. Национальные и религиозные вопросы в современной России // Русская мысль. 1908. № 5. С. 122–137.

Изгоев 1909 — Изгоев А. С. Об интеллигентной молодежи (Заметки о ее быте и настроениях) // Вехи: сборник статей о русской интеллигенции. 1-е изд. М.: Тип. В. М. Саблина, 1909. С. 182–209.

Изгоев 1910 — Изгоев А. С. Русское общество и революция. М.: Русская мысль, 1910.

Илларионова 1999 — Илларионова Т. С. Власть и пресса в России. К истории правового регулирования отношений. (1700–1917): хрестоматия. М.: РАГС, 1999.

Иллерицкий 1959 — Иллерицкий В. Е. О государственной школе в русской историографии // Вопросы истории. 1959. № 5. С. 141–159.

Ильин 1923–1924 — Ильин И. А. Памяти П. И. Новгородцева // Русская мысль. 1923–1924. № 9–12. С. 369–374.

Итенберг, Шелохаев 2001 — Итенберг Б. С., Шелохаев В. В. Российские либералы: сб. ст. М.: РОССПЭН, 2001.

Кавелин 1897 — Кавелин К. Д. Взгляд на юридический быт древней России (1847) // Кавелин К. Д. Собр. соч.: в 4 т. СПб.: Глаголев, 1897. Т. 1. С. 5–66.

Казаков 1969 — Казаков А. П. Теория прогресса в русской социологии конца XIX в.: (П. Л. Лавров, Н. К. Михайловский, М. М. Ковалевский). Л.: Изд-во Ленингр. ун-та, 1969.

Каменский, Жучков 1994 — Каменский З. А., Жучков В. А. Кант и философия в России. М.: Наука, 1994.

Кант 1980 — Кант И. Трактаты и письма. М: Наука, 1980.

Кант 1994 — Кант И. О педагогике // Соч.: в 8 т. / под общ. ред. А. В. Гулыги. М.: Чоро, 1994. Т. 8. С. 399–462.

Кант 1997 — Кант И. Основоположения о метафизике нравов // Сочинения на немецком и русском языках: в 4 т. Т. 3. М.: Московский философский фонд, 1997.

Кант 2014 — Кант И. Метафизика нравов // Сочинения на немецком и русском языках: в ? т. Т. 5. М.: Канон-Плюс, 2014.

Кант 2023 — Кант И. Антропология с прагматической точки зрения / пер. Н. М. Соколова. М.: Юрайт, 2023.

Капустин 2000 — Капустин Б. Г. Идеология и политика в посткоммунистической России. М.: URSS, 2000.

Капустин, Клямкин 1994 — Капустин Б. Г., Клямкин И. М. Либеральные ценности в сознании россиян // Полис. Политические исследования. 1994. № 1. С. 68–92; № 2. С. 39–75.

Кара-Мурза 2007 — Кара-Мурза А. А. Российский либерализм: идеи и люди. М.: Новое издательство, 2007.

Келли 2002 — Келли А. Был ли Герцен либералом? / пер. с англ. С. Силаковой и Е. Канищевой // НЛО. 2002. № 6 (58). С. 87–99. URL: https://magazines.gorky.media/nlo/2002/6/byl-li-gerczen-liberalom.html (дата обращения: 05.02.2024).

Кизеветтер 1906 — Кизеветтер А. А. Нападки на Партию народной свободы и возражения на них. М.: Типография Г. Лисснера и Д. Собко, 1906.

Кизеветтер 1909 — Кизеветтер А. А. О сборнике «Вехи» // Русская мысль. 1905. № 5. С. 127–137.

Кизеветтер 1929 — Кизеветтер А. А. На рубеже двух столетий. (Воспоминания. 1881–1914). Прага: Orbis, 1929.

Киреевский 2006 — Киреевский И. В. Полн. собр. соч.: в 4 т. / под ред. А. Ф. Малышевского. Калуга: Гриф, 2006.

Кистяковский 1902 — Кистяковский Б. А. Русская социологическая школа и категория возможности при решении социально-этических проблем // Проблемы идеализма / под ред. П. И. Новгородцева. М.: Московское психологическое общество, 1902. С. 297–391.

Кистяковский 1905 — Кистяковский Б. А. Права человека и гражданина // Вопросы жизни. 1905. № 1. С. 112–146.

Кистяковский 1906 — Кистяковский Б. А. Государство правовое и социалистическое // Вопросы философии и психологии. 1906. Т. XVII. Кн. 85 (V). С. 469–507.

Кистяковский 1907 — Кистяковский Б. А. В защиту научно-философского идеализма // Вопросы философии и психологии. М., 1907. Т. XVIII. Кн. 86 (I). С. 51–109.

Кистяковский 1909а — Кистяковский Б. А. Предисловие // Зиммель Г. Социальная дифференциация: социол. и психол. исслед. М.: М. и С. Сабашниковы, 1909.

Кистяковский 1909б — Кистяковский Б. А. В защиту права (Интеллигенция и правосознание) // Вехи: сборник статей о русской интеллигенции. 1-е изд. М.: Тип. В. М. Саблина, 1909. С. 97–126.

Кистяковский 1911 — Кистяковский Б. А. Г. Еллинек как мыслитель и человек // Русская мысль. 1911. № 3. С. 77–86.

Кистяковский 1916а — Кистяковский Б. А. В защиту научно-философского идеализма // Социальные науки и право. Очерки по методологии социальных наук и общей теории права. М.: М. и С. Сабашниковы, 1916. С. 189–254.

Кистяковский 1916б — Кистяковский Б. А. Категории необходимости и справедливости при исследовании социальных явлений // Социальные науки и право. Очерки по методологии социальных наук и общей теории права. М.: М. и С. Сабашниковы, 1916. С. 120–188.

Кистяковский 1990 — Кистяковский Б. А. Государство правовое и социалистическое // Вопросы философии. 1990. № 6. С. 141–159.

Кистяковский 2002 — Кистяковский Б. А. Общество и индивид (Методологическое исследование) / пер. с нем. и предисл. Е. Довгань. М.: Дом интеллектуальной книги, 2002.

Китаев 2004 — Китаев В. А. Либеральная мысль в России (1860–1880). Саратов: Изд-во Саратовского университета, 2004.

Киянская и др. 2008 — Киянская О. И., Одесский М. П., Фельдман Д. М. Декабристы: Актуальные проблемы и новые подходы: сб. М.: РГГУ, 2008.

Ковалевский 1876 — Ковалевский М. М. Очерк истории распадения общинного землевладения в кантоне Ваадт. Лондон, 1876.

Ковалевский 1877 — Ковалевский М. М. История полицейской администрации в английских графствах с древнейших времен до смерти

Эдуарда III. К вопросу о возможности местного самоуправления в Англии. Прага: Типография В. Нагеля, 1877.

Ковалевский 1879 — Ковалевский М. М. Общинное землевладение, причины, ход и последствия его разложения. М.: Тип. Ф. Б. Миллера, 1879.

Ковалевский 1880а — Ковалевский М. М. Общественный строй Англии в конце Средних веков. М.: Тип. Ф. Б. Миллера, 1880.

Ковалевский 1880б — Ковалевский М. М. Историко-сравнительный метод в юриспруденции и приемы изучения истории права. М.: Типография Ф. Б. Миллера, 1880.

Ковалевский 1893 — Ковалевский М. М. Рабочий вопрос во Франции накануне революции // Русская мысль. 1893. № 2. С. 1–29.

Ковалевский 1895 — Ковалевский М. М. Мое научное и литературное скитальчество // Русская мысль. 1895. № 1. С. 61–80.

Ковалевский 1895–1897 — Ковалевский М. М. Происхождение современной демократии. М.: Т-во тип. А. И. Мамонтова, 1895–1897.

Ковалевский 1898–1903 — Ковалевский М. М. Экономический рост Европы до возникновения капиталистического хозяйства. М.: Изд. К. Т. Солдатенкова, 1898–1903.

Ковалевский 1903 — Ковалевский М. М. Теория заимствования Тарда // Вестник воспитания. 1903. № 9. С. 1–15.

Ковалевский 1905 — Ковалевский М. М. Характеристика Д. И. Каченовского в связи с личными о нем воспоминаниями // Памяти Д. И. Каченовского: Торжеств. засед. Юрид. о-ва при Имп. Харьк. ун-те 22 ноября 1903 г.: характеристики и воспоминания. Х.: Типолит. Н. В. Петрова, 1905. С. 21–42.

Ковалевский 1909 — Ковалевский М. М. Две жизни // Вестник Европы. 1909. № 6. С. 495–522; № 7. С. 5–23.

Ковалевский 1910а — Ковалевский М. М. Взаимоотношение свободы и общественной солидарности (Глава из истории прогресса) // Интеллигенция в России: сб. ст. / под ред. К. К. Арсеньева и др. С.-Петербург: Земля, 1910. С. 59–88.

Ковалевский 1910б — Ковалевский М. М. Московский университет в конце 70-х и начале 80-х годов прошлого века (Личные воспоминания) // Вестник Европы. 1910. № 5. С. 178–221.

Ковалевский 1910в — Ковалевский М. М. Спор о сельской общине в комиссии Государственного совета // Вестник Европы. 1910. № 1. С. 259–284; № 3. С. 259–272.

Ковалевский 1910г — Ковалевский М. М. Судьбы общинного землевладения в нашей верхней палате // Вестник Европы. 1910. № 6. С. 58–81.

Ковалевский 1910д — Ковалевский М. М. Социология: в 2 т. СПб.: Тип. М. М. Стасюлевича, 1910.

Ковалевский 1911 — Ковалевский М. М. Прошлое и настоящее крестьянского землеустройства // Вестник Европы. 1911. № 5. С. 234–264.

Ковалевский 1912 — Ковалевский М. М. Прогресс // Вестник Европы. 1912. № 2. С. 225–260.

Ковалевский 1913 — Ковалевский М. М. Современные французские социологи // Вестник Европы. 1913. № 7. С. 339–369.

Ковалевский 1930 — Ковалевский Е. П. Отрывки из воспоминаний профессора М. Ковалевского // Московский университет, 1755–1930: юбилейный сборник: издание Парижского и Пражского комитетов по ознаменованию 175-летия Московского университета / под ред. проф. В. Б. Ельяшевича, А. А. Кизеветтера и М. М. Новикова. Париж: Современные записки, 1930. С. 275–293.

Ковалевский 1939 — Ковалевский М. М. Очерк происхождения и развития семьи и собственности / пер. с фр. С. П. Моравского. М.: Соцэкгиз, 1939.

Ковалевский 2005 — Ковалевский М. М. Моя жизнь: Воспоминания. М.: РОССПЭН, 2005.

Колеров 1991 — Колеров М. А. Архивная история сборника «Вехи» // Вестн. Моск. ун-та. 1991. Сер. 8. История. № 4. С. 11–17.

Колеров 1993 — Колеров М. А. (Кудринский М. А.) Архивная история сборника «Проблемы идеализма» (1902) // Вопросы философии. 1993. № 4. С. 157–165.

Колеров 1996 — Колеров М. А. Не мир, но меч: Русская религиозно-философская печать от «Проблем идеализма» до «Вех» (1902–1909). СПб.: Алетейя, 1996.

Колеров 2002 — Колеров М. А. Сборник «Проблемы идеализма» (1902): история и контекст. М.: Три квадрата, 2002.

Кондорсэ 1936 — Кондорсэ Ж. А. Эскиз исторической картины прогресса человеческого разума / пер. И. А. Шапиро. М.: Соцэкгиз, 1936.

Кондратьев 1917 — Кондратьев Н. Д. Список трудов М. М. Ковалевского // М. М. Ковалевский. Ученый, государственный и общественный деятель и гражданин: сб. ст. / под ред. К. К. Арсеньева. Петроград: Артист. заведение Т-ва А. Ф. Маркс, 1917. С. 264–274.

Кони 1917 — Кони А. Ф. М. М. Ковалевский в Государственном совете // М. М. Ковалевский. Ученый, государственный и общественный деятель и гражданин: сб. ст. / под ред. К. К. Арсеньева. Петроград: Артист. заведение Т-ва А. Ф. Маркс, 1917. С. 69–86.

Констан 1993 — Констан Б. О свободе у древних в ее сравнении со свободой у современных людей // Полис. 1993. № 2. С. 97.

Котляревский 1905а — Котляревский С. А. Предпосылки демократии // Вопросы философии и психологии. 1905. Т. XVI. Кн. 77 (II). С. 104–127.

Котляревский 1905б — Котляревский С. А. Классовые интересы и государственные цели // Полярная звезда. 1905. № 1. С. 73–80.

Котляревский 1906 — Котляревский С. А. Политика и культура // Вопросы философии и психологии. 1906. Т. XVII. Кн. 84 (IV). С. 353–367.

Котляревский 1907 — Котляревский С. А. Конституционное государство. Опыт политико-морфологического обзора. С.-Петербург: Типография Альтшулера, 1907.

Котляревский 1915 — Котляревский С. А. Власть и право: Проблема правового государства. М.: Тип. «Мысль» Н. П. Меснянкин и Ко, 1915.

Котляревский 1917 — Котляревский С. А. М. М. Ковалевский и его научное наследие // М. М. Ковалевский. Ученый, государственный и общественный деятель и гражданин: сб. ст. / под ред. К. К. Арсеньева. Петроград: Артист. заведение Т-ва А. Ф. Маркс, 1917. С. 121–135.

Кузьмин-Караваев 1917 — Кузьмин-Караваев В. Д. М. М. Ковалевский в Первой думе // М. М. Ковалевский. Ученый, государственный и общественный деятель и гражданин: сб. ст. / под ред. К. К. Арсеньева. Петроград: Артист. заведение Т-ва А. Ф. Маркс, 1917. С. 87–93.

Куницын 1818 — Куницын А. П. О конституции // Сын отечества. 1818. № 13. Ч. 45. С. 202–211.

Куприц 1978 — Куприц Н. Я. Ковалевский. М.: Юридическая литература, 1978.

Лаптин 1971 — Лаптин П. Ф. Община в русской историографии последней трети XIX — начала XX в. Киев: Наукова думка, 1971.

Лемке 1904 — Лемке М. К. Очерки по истории русской цензуры и журналистики XIX в. СПб.: Труд, 1904.

Лемке 1923 — Лемке М. К. Политические процессы в России 1860-х гг. (по архивным документам). М., Петроград: Государственное издательство, 1923.

Ленин 1967 — Ленин В. И. О праве нации на самоопределение // Просвещение. 1914. № 4–6. Переиздано в: Ленин В. И. Полн. собр. соч. М.: Политиздат, 1967. Т. 25. С. 257–320.

Леонтович 1995 — Леонтович В. В. История либерализма в России (1762–1914) / пер. с нем. М.: Русский путь, 1995.

Литвинов 2006 — Литвинов А. Н. Молодой П. Новгородцев: Рождение концепции «возрожденного естественного права» в русской философии права (о времени, жизни и творчестве: 1896–1903) // Проблемы философии права: сб. ст. к 140-летию со дня рождения П. И. Новгородцева / под ред. А. Н. Литвинова. Луганск: РИО ЛГУВД, 2006. С. 34–71.

Локк 1985 — Локк Дж. Соч: в 3 т. М.: Мысль, 1985.

Локк 2020 — Локк Дж. Два трактата о правлении / пер. с англ. Е. С. Лагутина, Ю. В. Семенова. М., Челябинск: Социум, 2020.

Лосев 1990 — Лосев А. Ф. В. Соловьев и его время / под ред. Л. В. Блинникова. М.: Прогресс, 1990.

Лурье 1909а — Лурье С. В. О сборнике «Вехи» // Русская мысль. 1909. № 5. С. 137–146.

Лурье 1909б — Лурье С. В. Жизнь и идеи (Ответ С. Л. Франку) // Русская мысль. 1909. № 7. С. 162–169.

Лурье 1998 — Лурье С. В. О сборнике «Вехи» // Вехи: pro et contra / под ред. В. В. Сапова. СПб.: Изд-во Русского христианского гуманитарного института, 1998. С. 285–295.

Мадариага де 2002 — Мадариага И. де. Россия в эпоху Екатерины Великой / пер. с англ. Н. Л. Лужецкой. М.: НЛО, 2002.

Маклаков 1936 — Маклаков В. А. Власть и общественность на закате старой России: (Воспоминания современника): в 3 ч. Прил. к журн. «Иллюстрированная Россия». Париж: Журн. «Ил. Россия», 1936.

Маклаков 1939 — Маклаков В. А. Первая Государственная дума: (Воспоминания современника). Париж, 1939.

Маклаков 1939–1941 — Маклаков В. А. Вторая Государственная дума: воспоминания современника. Париж, 1939–1941.

Маклаков 1949 — Маклаков В. А. Аграрные беспорядки: Долбенковское дело (Московская судебная палата в г. Дмитровске, 30 июня 1905 г.) // Речи: судебные, думские и публичные лекции, 1904–1926. Париж: Издание юбилейного комитета, 1949. С. 36–41.

Маклаков 1954 — Маклаков В. А. Из воспоминаний. Нью-Йорк: Издательство им. Чехова, 1954.

Марасинова 2007 — Марасинова Е. Н. Вольность российского дворянства (Манифест Петра III и сословное законодательство Екатерины II) // Отечественная история. 2007. № 4. С. 21–33.

Маркс, Энгельс 1951 — Маркс К., Энгельс Ф. Переписка К. Маркса и Ф. Энгельса с русскими политическими деятелями. М.: Гос. изд-во полит. лит., 1951.

Медушевский 1998 — Медушевский А. Н. Демократия и авторитаризм: российский конституционализм в сравнительной перспективе. М.: РОССПЭН, 1998.

Мережковский 1914 — Мережковский Д. С. Не мир, но меч. К будущей критике христианства // Полн. собр. соч. Д. С. Мережковского: в 24 т. М.: Типография т-ва И. Д. Сытина, 1914. Т. 13.

Милль 1896 — Милль Д. С. Автобиография (История моей жизни и убеждений). М.: Изд-е магазина «Книжное дело», 1896.

Милль 1995 — Милль Д. С. О свободе // О свободе. Антология западноевропейской классической либеральной мысли / отв. ред. М. А. Абрамов. М.: Наука, 1995. С. 288–392.

Милюков 1886 — Милюков П. Н. Юридическая школа в русской историографии (Соловьев, Кавелин, Чичерин, Сергеевич) // Русская мысль. 1886. Кн. 6. С. 80–92.

Милюков 1893 — Милюков П. Н. Разложение славянофильства: Данилевский, Леонтьев, В. Соловьев. М.: Типолит. т-ва И. Н. Кушнерева, 1893.

Милюков 1895 — Милюков П. Н. Лекции по введению в курс русской истории (1894–1895). М.: 1895.

Милюков 1896–1903 — Милюков П. Н. Очерки по истории русской культуры: в 3 т. СПб.: Мир Божий, 1896–1903.

Милюков 1902а — Милюков П. Н. Из истории русской интеллигенции. СПб.: Знание, 1902.

Милюков 1902б — Милюков П. Н. От русских конституционалистов // Освобождение. 1902. № 1. 18 июня (1 июля). С. 7–12.

Милюков 1903а — Милюков П. Н. Державный маскарад // Освобождение. 1903. № 19. 19 марта (1 апреля). С. 321–323.

Милюков 1903б — Милюков П. Н. К очередным вопросам // Освобождение. 1903. № 17. 16 февраля (1 марта). С. 289–292.

Милюков 1904 — Милюков П. Н. Болгарская конституция (в 3 ч.) // Русское богатство. 1904. Август. С. 293–316; Сентябрь. С. 26–69; Октябрь. С. 28–59.

Милюков 1905 — Милюков П. Н. Вступительная речь на учредительном съезде к.-д. партии 14 октября 1905 года // Перепечатано в: Милюков П. Н. Год борьбы: публицистическая хроника, 1905–1906. С.-Петербург: Тип. т-ва «Общественная польза», 1907. С. 97–101.

Милюков 1906а — Милюков П. Н. Тактика к.-д. большинства в Думе по отношению к левым и правым // Речь. 1906. № 34. 29 марта (11 апреля). С. 1. Перепечатано в: Милюков П. Н. Год борьбы: публицистическая хроника, 1905–1906. С.-Петербург: Тип. т-ва «Общественная польза», 1907. С. 234–239.

Милюков 1906б — Милюков П. Н. Новое учреждение Государственной думы 20 февраля // Перепечатано в: Милюков П. Н. Год борьбы: публицистическая хроника, 1905–1906. С.-Петербург: Тип. т-ва «Общественная польза», 1907. С. 86–91.

Милюков 1907а — Милюков П. Н. Год борьбы: публицистическая хроника, 1905–1906. С.-Петербург: Тип. т-ва «Общественная польза», 1907.

Милюков 1907б — Милюков П. Н. У нас нет врагов слева // Речь. 1907. № 224. 22 сентября (5 октября). С. 2.

Милюков 1909 — Милюков П. Н. Наши политические партии в стране и Думе // Речь. 1909. № 324 (1204). 25 ноября (8 декабря). С. 2.

Милюков 1910 — Милюков П. Н. Интеллигенция и историческая традиция // Интеллигенция в России: сб. ст. / под ред. К. К. Арсеньева и др. С.-Петербург: Земля, 1910. С. 89–191.

Милюков 1917 — Милюков П. Н. М. М. Ковалевский как социолог и гражданин / М. М. Ковалевский. Ученый, государственный и общественный деятель и гражданин: сб. ст. / под ред. К. К. Арсеньева. Петроград: Артист. заведение т-ва А. Ф. Маркс, 1917. С. 137–143.

Милюков 1921 — Милюков П. Н. Три попытки: (К истории русского лжеконституционализма). Париж: Тип. франко-русской печати, 1921.

Милюков 1925 — Милюков П. Н. Национальный вопрос (Происхождение национальности и национальные вопросы в России). Прага: Свободная Россия, 1925.

Милюков 1930а — Милюков П. Н. Суд над кадетским «либерализмом» // Современные записки. 1930. № 41. С. 347–371.

Милюков 1930б — Милюков П. Н. Мои университетские годы // Московский университет, 1755–1930: юбилейный сборник: издание Парижского и Пражского комитетов по ознаменованию 175-летия Московского университета / под ред. В. Б. Ельяшевича, А. А. Кизеветтера, М. М. Новикова. Париж: Современные записки, 1930.

Милюков 1935 — Милюков П. Н. Либерализм, радикализм и революция (По поводу критики В. А. Мамлакова) // Современные записки. 1935. № 57. С. 285–315.

Милюков 1955 — Милюков П. Н. Воспоминания (1859–1917): в 2 т. / под ред. М. М. Карповича и Б. И. Элькина. Нью-Йорк: Издательство им. Чехова, 1955.

Милюков 1993–1995 — Милюков П. Н. Очерки по истории русской культуры: в 3 т. М.: Прогресс, 1993–1995.

Михайловский 1896–1897 — Сочинения Н. К. Михайловского: в 6 т. С.-Петербург: Русское богатство, 1896–1897. Т. 4.

Михельсон 2014 — Михельсон П. Л. Свобода совести и ограниченность западного представления о либеральности Соловьева // Соловьевские исследования. 2014. № 41. С. 25–46.

Муравьев 1914 — Письма М. Н. Муравьева к А. А. Зеленому, 1857–1862 // Голос минувшего. 1914. № 11. С. 212–234.

Муромцев 1883 — Муромцев С. А. Гражданские права Древнего Рима: лекции. М.: Т-во тип. А. И. Мамонтова, 1883.

Муханов, Набоков 1907 — Муханов А. А., Набоков В. Д. Первая Государственная дума: сб. ст. СПб., 1907.

Нечкина 1974 — Нечкина М. В. В. О. Ключевский: история жизни и творчества. М.: Наука, 1974.

Новая дума 1906 — Новая дума. Платформа Партии народной свободы. С.-Петербург: Типолитография Б. Авидона, 1906.

Новгородцев 1896 — Новгородцев П. И. Историческая школа юристов: ее происхождение и судьба. Опыт характеристики основ школы Савиньи в их последовательном развитии. М.: Университетская типография, 1896.

Новгородцев 1898 — Новгородцев П. И. Право естественное // Энциклопедический словарь: в 86 т. / под ред. И. Е. Андреевского и др. СПб.: Брокгауз и Ефрон, 1898. Т. 48. С. 885–890.

Новгородцев 1899 — Новгородцев П. И. Право и нравственность // Сборник по общественно-юридическим наукам / под. ред. проф. Ю. С. Гамбарова. СПб.: Попов, 1899. С. 113–136.

Новгородцев 1901а — Новгородцев П. И. Кант и Гегель в их учениях о праве и государстве. Два типических построения в области философии права. М.: Университетская типография, 1901.

Новгородцев 1901б — Новгородцев П. И. Нравственная проблема в философии Канта // Вопросы философии и психологии. 1901. Т. XII. Кн. 57 (II). С. 279–314.

Новгородцев 1901в — Новгородцев П. И. Идея права в философии Соловьева // Вопросы философии и психологии. 1901. Т. XII. Кн. 56 (I). С. 112–129.

Новгородцев 1902а — Новгородцев П. И. Проблемы идеализма: сб. ст. М.: Московское психологическое общество, 1902.

Новгородцев 1902б – Новгородцев П. И. Предисловие // Проблемы идеализма / под ред. П. И. Новгородцева. М.: Московское психологическое общество, 1902. С. 7–9.

Новгородцев 1902в — Новгородцев П. И. Мораль и познание // Вопросы философии и психологии. 1902. Т. XIII. Кн. 64 (II). С. 824–838.

Новгородцев 1902г — Новгородцев П. И. Нравственный идеализм в философии права (К вопросу о возрождении естественного права) // Проблемы идеализма / под ред. П. И. Новгородцева. М.: Московское психологическое общество, 1902. С. 236–296.

Новгородцев 1903 — Новгородцев П. И. К вопросу о современных философских исканиях (Ответ Л. И. Петражицкому) // Вопросы философии и психологии. 1903. Т. XIV. Кн. 66 (I). С. 121–145.

Новгородцев 1904a — Новгородцев П. И. Из лекции по истории философии права: учения нового времени, XVI–XVIII вв. М.: Книжное дело, 1904.

Новгородцев 1904б — Новгородцев П. И. Государство и право // Вопросы философии и психологии. 1904. Т. XV. Кн. 74 (IV). С. 397–450; Т. XV. Кн. 75 (V). С. 507–538.

Новгородцев 1905a — Новгородцев П. И. Кант как моралист // Вопросы философии и психологии. 1905. Т. XVI. Кн. 76 (I). С. 19–35.

Новгородцев 1905б — Новгородцев П. И. Два этюда: I. Перед завесой. II. Право на достойное человеческое существование // Полярная звезда. 1905. № 3. 30 декабря. С. 210–222.

Новгородцев 1905в — Новгородцев П. И. Современные отзвуки славянофильства // Вопросы жизни. 1905. № 6. С. 354–382.

Новгородцев 1907 — Новгородцев П. И. Профессор В. И. Герье о Первой Государственной думе // Русская мысль. 1907. № 28. С. 19–25.

Новгородцев 1909 — Новгородцев П. И. Кризис современного правосознания // Введение в философию права. Вып. 2. М.: Типолит. т-ва И. Н. Кушнерев и Ко, 1909.

Новгородцев 1921 — Новгородцев П. И. Об общественном идеале. 3-е изд. Берлин: Слово, 1921.

Новгородцев 1922 — Новгородцев П. И. Православная церковь в ее отношении к духовной жизни новой России // Русская мысль. 1922. № 1–2. С. 193–221.

Новгородцев 1923 — Новгородцев П. И. Существо русского православного сознания // Православие и культура: сборник религиозно-философских статей / под ред. В. В. Зеньковского. Берлин: Русская книга, 1923. С. 7–23.

Новгородцев 2000a — Новгородцев П. И. Кант и Гегель в их учениях о праве и государстве. СПБ.: Алетейя, 2000.

Новгородцев 2000б — Новгородцев П. И. Введение в философию права. Кризис современного правосознания. СПб.: Издательство «Лань», Санкт-Петербургский университет МВД России, 2000.

Новикова, Сиземская 2000 — Новикова Л. И., Сиземская И. Н. Три модели развития России. М.: Институт философии РАН, 2000.

Овсянико-Куликовский 1910 — Овсянико-Куликовский Д. И. Психология русской интеллигенции // Интеллигенция в России: сб. ст. / под ред. К. К. Арсеньева и др. С.-Петербург: Земля, 1910. С. 192–219.

Острогорский 2010 — Острогорский М. Я. Демократия и политические партии. М.: РОССПЭН, 2010.

Павлов, Канищева 1994–1999 — Павлов Д. Б., Канищева Н. И. Протоколы ЦК и заграничных групп конституционно-демократической партии, 1905 — середина 1930-х гг.: в 6 т. М.: Прогресс-Академия, 1994–1999.

Павлов, Шелохаев 2001 — Павлов Д. Б., Шелохаев В. В. Российские либералы: кадеты и октябристы (документы, воспоминания, публицистика). М.: РОССПЭН, 2001.

Пайпс 2001 — Пайпс Р. Струве. Биография: в 2 т. М.: Московская школа политических исследований, 2001.

Пайпс 2008 — Пайпс Р. Русский консерватизм и его критики: Исследование политической культуры / пер. с англ. М.: Новое издательство, 2008.

Парсамов 2016 — Парсамов В. С. Декабристы и русское общество, 1814–1825. М.: Алгоритм, 2016.

Патрушева 2011 — Патрушева Н. Г. Периодическая печать и цензура Российской империи, 1865–1905. Система административных взысканий. СПб.: Российская национальная библиотека, 2011.

Петрункевич 1910 — Петрункевич И. И. Интеллигенция и «Вехи» (Вместо предисловия) // Интеллигенция в России: сборник статей / под ред. К. К. Арсеньева и др. С.-Петербург: Земля, 1910. С. 3–15.

Петрункевич 1934 — Петрункевич И. И. Из записок общественного деятеля. Берлин: Архив русской революции. 1934. Т. 21.

Пирумова 1977 — Пирумова Н. М. Земское либеральное движение: социальные корни и эволюция до начала XX в. М.: Наука, 1977.

Плеханов 1898 — Плеханов Г. В. К вопросу о роли личности в истории // Научное обозрение. 1898. № 3–4.

Плеханов 1906 — Плеханов Г. В. К вопросу о развитии монистического взгляда на историю. 4-е изд. С.-Петербург: Тип. т-ва «Общественная польза», 1906.

Плеханов 1956–1958 — Плеханов Г. В. К вопросу о роли личности в истории // Избранные философские произведения: в 5 т. М.: Издательство социально-экономической литературы, 1956–1958. Т. 2. С. 300–334.

Погодин 1997 — Погодин С. Н. «Русская школа» историков: Н. И. Кареев, И. В. Лучицкий, М. М. Ковалевский. СПб.: СПбГТУ, 1997.

Полторацкий 1963 — Полторацкий Н. П. «Вехи» и русская интеллигенция // Мосты. 1963. № 10. С. 292–304.

Приленский 1995 — Приленский В. И. Опыт исследования мировоззрения ранних русских либералов. М.: ИФ РАН, 1995.

Проскурина 1998 — Проскурина В. Течение Гольфстрема: М. Гершензон, его жизнь и миф. СПб.: Алетейя, 1998.

Проскурина, Аллой 1992 — Проскурина В., Аллой В. К истории создания «Вех» // Минувшее: Исторический альманах / под ред. В. Аллоя. М.; СПб.: Atheneum: Феникс, 1992. № 11. С. 249–291.

Протоколы 1906 — Протоколы III съезда Партии народной свободы (конституционно-демократической). С.-Петербург: Тип. т-ва «Общественная польза», 1906.

Пустарнаков 2003 — Пустарнаков В. Ф. Университетская философия в России. Идеи. Персоналии. Основные центры. СПб.: РХГИ, 2003.

Пустарнаков, Худушина 1996 — Пустарнаков В. Ф., Худушина И. Ф. Либерализм в России. М: ИФ РАН, 1996.

Радищев 1949 — Радищев А. Н. Путешествие из Петербурга в Москву // Избранные философские сочинения / под ред. и с предисл. И. Я. Щипанова. М.: Госполитиздат, 1949. С. 37–199.

Радищев 1992 — Радищев А. Н. Путешествие из Петербурга в Москву. Вольность / под ред. В. А. Западова. СПБ.: Наука, 1992.

Руссо 1938 — Руссо Ж.-Ж. Об общественном договоре. Принципы политического права. М.: Соцэкгиз, 1938.

Руссо 2013 — Руссо Ж.-Ж. Рассуждение о политической экономии // Политические сочинения / отв. ред. И. А. Исаев. СПб.: Росток, 2013. С. 40–78.

Сапов 1998 — Сапов В. В. Вехи: pro et contra. СПб.: Изд-во Русского христианского гуманитарного института, 1998.

Сафронов 1960 — Сафронов Б. Г. М. М. Ковалевский как социолог. М.: Издательство МГУ, 1960.

Сверчков 1925 — Сверчков Д. Ф. Союз союзов // Красная летопись. 1925. № 3 (14). С. 149–162.

Селезнева 1999 — Селезнева Л. В. Российский либерализм и европейская политическая традиция: созвучия и диссонансы // Русский либерализм: исторические судьбы и перспективы: материалы междунар. науч. конф., Москва, 27–29 мая 1998 г. / под. ред. В. В. Шелохаева и др. М.: РОССПЭН, 1999. С. 121–129.

Синеокая 2008 — Синеокая Ю. В. Три образа Ницше в русской культуре. М.: ИФ РАН, 2008.

Смирнов 2001 — Смирнов В. П. Французский либерализм в прошлом и настоящем. М.: Изд-во МГУ, 2001.

Соколов 1904 — Соколов Н. М. Об идеях и идеалах русской интеллигенции. СПб.: Тип. М. М. Стасюлевича, 1904.

Соколовский 1887 — Соколовский П. А. О причинах распадения поземельной общины // Слово. 1887. № 10. С. 139–145.

Соловьев 1897 — Соловьев В. С. Оправдание добра. Нравственная философия. СПб.: Типография М. М. Стасюлевича, 1897.

Соловьев 2018 — Соловьев В. С. Оправдание добра. Нравственная философия. М.: Юрайт, 2018.

Соловьев, Радлов 1873–1877 — Соловьев В. С. Собр. соч. В. С. Соловьева / под ред. и с примеч. С. М. Соловьева и Э. Л. Радлова. СПб.: Книгоиздательское товарищество «Просвещение», 1873–1877. Т. 2.

Сорокин 1917 — Сорокин П. А. Теория факторов М. М. Ковалевского // М. М. Ковалевский. Ученый, государственный и общественный деятель и гражданин: сб. ст. / под ред. К. К. Арсеньева. Петроград: Артист. заведение т-ва А. Ф. Маркс, 1917. С. 180–195.

Стайтс 2004 — Стайтс Р. Женское освободительное движение в России: Феминизм, нигилизм и большевизм, 1860–1930 / пер. с англ. М.: РОССПЭН, 2004.

Строганов, Васильева 2001 — Строганов М. В., Васильева С. А. Радищев: исследования и комментарии: сб. науч. тр. Тверь: Твер. гос. ун-т, 2001.

Струве 1897 — Струве П. Б. Рецензия: П. Н. Милюков. Очерки по истории русской культуры // Новое слово. 1897. Кн. 1 (Октябрь). С. 89–94.

Струве 1901 — Струве П. Б. В чем же истинный национализм? // Вопросы философии и психологии. 1901. Т. XII. Кн. 59 (I). С. 493–528.

Струве 1902а — Струве П. Б. На разные темы: сб. ст. (1883–1901). СПб.: Типография А. Е. Колпинского, 1902.

Струве 1902б — Струве П. Б. К характеристике нашего философского развития // Проблемы идеализма / под ред. П. И. Новгородцева. М.: Московское психологическое общество, 1902. С. 72–90.

Струве 1902в — Струве П. Б. От редактора / Освобождение. 1902. № 1. 18 июня (1 июля). С. 1–7.

Струве 1902г — Струве П. Б. Либерализм и так называемые революционные направления // Освобождение. 1902. № 7. 18 сентября (1 октября). С. 104–105.

Струве 1903 — Струве П. Б. Германские выборы // Освобождение. 1903. № 1 (25). 18 июня (1 июля). С. 3–5.

Струве 1905а — Струве П. Б. Вопросы тактики // Освобождение. 1905. № 67. 18 марта (5 марта). С. 280.

Струве 1905б — Струве П. Б. Палач народа // Освобождение. 1905. № 64. 25 января (12 февраля). С. 233.

Струве 1905в — Струве П. Б. Заметки о современных делах // Освобождение. 1905. № 78/79. 18 октября (5 октября). С. 495–498.

Струве 1905г — Струве П. Б. Как найти себя? / Освобождение. 1905. № 71. 18 мая (31 мая). С. 337–343.

Струве 1906 — Струве П. Б. Заметки публициста: I. Coup d'etat 20 февраля. II. О бойкоте. III. Смертная казнь // Полярная звезда. 1906. № 12. С. 76–83.

Струве 1908а — Струве П. Б. Великая Россия. Из размышлений о проблеме русского могущества // Русская мысль. 1908. № 1. С. 143–157.

Струве 1908б — Струве П. Б. Отрывки о государстве и нации // Русская мысль. 1908. № 5. С. 187–193.

Струве 1908в — Струве П. Б. На разные темы // Русская мысль. 1908. № 2. С. 104–108.

Струве 1909а — Струве П. Б. Интеллигенция и революция // Вехи: сборник статей о русской интеллигенции. 1-е изд. М.: Тип. В. М. Саблина, 1909. С. 127–145.

Струве 1909б — Струве П. Б. Интеллигенция и национальное лицо // Слово. 1909. 10 марта.

Струве 1909в — Струве П. Б. Интеллигенция и национальное лицо // По вехам: сборник статей об интеллигенции и о «национальном лице». 2-е изд. / под ред. П. Д. Боборыкина и др. М.: «Общественная польза», 1909. С. 32–36.

Струве 1967 — Струве П. Б. Исторический смысл русской революции и национальные задачи // Из глубины: сборник статей о русской революции / под ред. С. А. Аскольдова. Париж: YMCA-Press, 1967. С. 285–306.

Струве 2008 — Струве П. Б. Предисловие // Бердяев Н. А. Субъективизм и индивидуализм в общественной философии / пред. П. Струве. М.: Астрель, 2008. С. 13–73.

Струве, Франк 1905а — Струве П. Б., Франк С. Л. Очерки философии культуры. 1. Что такое культура? // Полярная звезда. 1905. 22 декабря. № 2. С. 104–117.

Струве, Франк 19056 — Струве П. Б., Франк С. Л. Очерки философии культуры. 2. Культура и личность // Полярная звезда. 1905. 30 декабря. № 3. С. 170–184.

Тарасова 2005 — Тарасова В. А. Высшая духовная школа в России в конце XIX — начале XX вв. История императорских православных духовных академий. М.: Новый хронограф, 2005.

Тейлор 2013 — Тейлор Ч. Что не так с негативной свободой? / пер. с англ. С. Моисеева // Логос. 2013. № 2 (92). С. 187–207.

Токвиль 1992 — Токвиль А. де. Демократия в Америке / пер. с франц. М.: Прогресс, 1992.

Томсинов 2006 — Томсинов В. А. Сперанский. М.: Молодая гвардия, 2006.

Трубецкая 1953 — Трубецкая О. Н. Князь С. Н. Трубецкой: воспоминания сестры. Нью-Йорк: Изд-во им. Чехова, 1953.

Трубецкой 1901 — Трубецкой Е. Н. Философия права профессора Л. И. Петражицкого // Вопросы философии и психологии. 1901. Т. XII. Кн. 57 (II). С. 1–33.

Трубецкой 1902а — Трубецкой Е. Н. К характеристике учения Маркса и Энгельса о значении идей в истории // Проблемы идеализма / под ред. П. И. Новгородцева. М.: Московское психологическое общество, 1902. С. 48–71.

Трубецкой 19026 — Трубецкой С. Н. Чему учит история философии // Проблемы идеализма / под ред. П. И. Новгородцева. М.: Московское психологическое общество, 1902. С. 216–235.

Трубецкой 1909 — Трубецкой Е. Н. «Вехи» и их критики // Московский еженедельник. 1909. № 23. 13 (26) июня. С. 1–18.

Трубецкой 1913 — Трубецкой Е. Н. Мировоззрение В. С. Соловьева: в 2 т. М.: Т-во тип. А. И. Мамонтова, 1913.

Трубецкой 1921 — Трубсцкой Е. Н. Воспоминания. София: Российско-болгарское книгоиздательство, 1921.

Трудолюбов 2015 — Трудолюбов М. Люди за забором. Частное пространство, власть и собственность в России. М.: Новое издательство, 2015.

Туган-Барановский 1910 — Туган-Барановский М. И. Интеллигенция и социализм // Интеллигенция в России: сб. ст. / под ред. К. К. Арсеньева и др. С.-Петербург: Земля, 1910. С. 235–258.

Туган-Барановский 1917 — Туган-Барановский М. И. М. М. Ковалевский как человек // М. М. Ковалевский. Ученый, государственный и общественный деятель и гражданин: сб. ст. / под ред. К. К. Арсеньева. Петроград: Артист. заведение т-ва А. Ф. Маркс, 1917. С. 51–53.

Туманов 1989 — Туманов В. А. Декларация прав человека и гражданина, 1789 // Французская республика. Конституция и законодательные акты: сб. / пер. с фр. М.: Прогресс, 1989. С. 26–29.

Тургенев 1950 — Тургенев И. С. Отцы и дети. М.-Л.: Детгиз, 1950.

Тыркова-Вильямс 2007 — Тыркова-Вильямс А. В. На путях к свободе. М.: Московская школа политических исследований, 2007.

Уолдрон 1998 — Уолдрон Дж. Теоретические основания либерализма // Современный либерализм: Ролз, Бе́рлин, Дворкин, Кимлика, Сэндел, Тейлор, Уолдрон / пер. с англ. Л. Б. Макеевой. М.: Дом интеллектуальной книги, Прогресс-Традиция, 1998. С. 108–137.

Федотов 1945 — Федотов Г. П. Россия и свобода // Новый журнал. 1945. № 10. С. 189–213.

Федотов 1952 — Федотов Г. П. Россия и свобода // Г. П. Федотов. Новый град: сб. ст. / под ред. Ю. П. Иваска. Нью-Йорк: Издательство им. Чехова, 1952. С. 139–171.

Флоровский 1983 — Флоровский Г. В. Накануне // Пути русского богословия. 3-е изд. Paris: YMCA-Press, 1983. С. 452–499.

Флоровский 1998 — Флоровский Г. В. Памяти профессора П. И. Новгородцева (1929) // Из прошлого русской мысли. М.: Аграф, 1998. С. 210–222.

Франк 1905 — Франк С. Л. Политика и идеи (О программе «Полярной звезды») // Полярная звезда. 1905. № 1. С. 18–31.

Франк 1909 — Франк С. Л. Этика нигилизма (К характеристике нравственного мировоззрения русской интеллигенции) // Вехи: сборник статей о русской интеллигенции. 1-е изд. М.: Тип. В. М. Саблина, 1909. С. 146–181.

Франк 1910 — Франк С. Л. Капитализм и культура // Московский еженедельник. 1910. № 16. С. 38–42.

Франк 1956 — Франк С. Л. Биография П. Б. Струве. Нью-Йорк: Издательство им. Чехова, 1956.

Франк 1992а — Франк С. Л. Письма С. Л. Франка к Н. А. и П. Б. Струве (1901–1905). № 22. 5 мая 1905 года // Путь: Международный философский журнал. 1992. № 1. С. 263–311.

Франк 1992б — Франк С. Л. Духовные основы общества: введение в социальную философию / под ред. П. В. Алексеева. М.: Республика, 1992.

Фукс-Шаманская 2009 — Фукс-Шаманская Л. П. Ф. Шиллер и русский шиллеризм: рецепция творчества Ф. Шиллера в России, 1800–1820. М.: Спутник+, 2009.

Фукуяма 2015 — Фукуяма Ф. Конец истории и последний человек / пер. с англ. М. Б. Левина. М.: АСТ, 2015.

Хайек фон 2018 — Хайек Ф. А. фон. Конституция свободы / пер. Б. Пинскера. М.: Новое издательство, 2018.

Хестанов 2001 — Хестанов Р. З. А. Герцен: Импровизация против доктрины. М.: Дом интеллектуальной книги, 2001.

Ходорковский 2004 — Ходорковский М. Б. Кризис либерализма в России // Ведомости. № 1092. 29 марта 2004 года. URL: https://www.vedomosti.ru/newspaper/articles/2004/03/29/krizis-liberalizma-v-rossii (дата обращения: 29.02.2024).

Хомяков 1994 — Хомяков А. С. Соч.: в 2 т. М.: Московский философский фонд. Издательство «Медиум». Вопросы философии, 1994.

Хемпшир 2007 — Хемпшир С. Справедливость — это конфликт: душа и государство // Логос. 2007. № 5 (67). С. 91–110.

Черменский 1947 — Черменский Е. Д. Выборы в IV Государственную думу // Вопросы истории. 1947. № 4. С. 21–40.

Черменский 1970 — Черменский Е. Д. Буржуазия и царизм в Первой русской революции. 2-е изд. М.: Мысль, 1970.

Черменский 1976 — Черменский Е. Д. IV Государственная дума и свержение царизма в России. М.: Мысль, 1976.

Чернов 1910 — Чернов В. (Вечев Я.). Правовые идеи в русской литературе // «Вехи» как знамение времени: сб. ст. / под ред. Н. Авксентьева и др. М.: Звено, 1910. С. 174–260.

Чижевский 2007 — Чижевский Д. И. Гегель в России. СПб.: Наука, 2007.

Чичерин 1858 — Чичерин Б. Н. Обвинительный акт [заголовок, данный Герценом] // Колокол. 1858. 1 декабря. С. 4–7.

Чичерин 1897 — Чичерин Б. Н. О началах этики // Вопросы философии и психологии. 1897. Т. VIII. Кн. 39 (IV). С. 586–701.

Чичерин 1998 — Чичерин Б. Н. Философия права (1900). СПб.: Наука, 1998.

Чупров 1906 — Чупров А. А. Конституционно-демократическая партия и социализм. М.: Типография Г. Лисснера и Д. Собко, 1906.

Шаховской 1901 — Шаховской Д. И. «Союз освобождения» // Зарницы: Литературно-политический сборник. 1909. № 2. Ч. 2. С. 81–171.

Шацилло 1985 — Шацилло К. Ф. Русский либерализм накануне Революции 1905–1907 гг.: организация, программа, тактика. М.: Наука, 1985.

Шелохаев 1970 — Шелохаев В. В. Аграрная программа кадетов в Первой русской революции // Исторические записки. 1970. № 86. С. 172–230.

Шелохаев 1983 — Шелохаев В. В. Кадеты — главная партия либеральной буржуазии в борьбе с Революцией 1905–1907 гг. М.: Наука, 1983.

Шелохаев 1997–2000 — Шелохаев В. В. Съезды и конференции конституционно-демократической партии, 1905–1920. М.: РОССПЭН, 1997–2000.

Шелохаев 1999 — Шелохаев В. В. Русский либерализм: исторические судьбы и перспективы: материалы междунар. науч. конф. Москва, 27–29 мая 1998 г. М.: РОССПЭН, 1999.

Шелохаев 2010 — Шелохаев В. В. Российский либерализм середины XVIII — начала XX в.: энциклопедия. М.: РОССПЭН, 2010.

Шелохаев 2015 — Шелохаев В. В. Конституционно-демократическая партия в России и эмиграции. М.: РОССПЭН, 2015.

Шипов 2007 — Шипов Д. Н. Воспоминания и думы о пережитом. М.: РОССПЭН, 2007.

Шишкин, Акунин 2013 — Шишкин М., Акунин Б. «Чтоб он провалился, византийский орел с двумя головами» // Афиша. 2013. № 350. 29 июля — 11 августа. URL: https://daily.afisha.ru/archive/gorod/archive/akounin-vs-shishkin/ (дата обращения: 29.02.2024).

Шлюхтер 2007 — Шлюхтер А. Защита права Б. А. Кистяковского в контексте философских дискуссий начала XX в. в России // Сборник «Вехи» в контексте русской культуры / отв. ред. А. А. Тахо-Годи, Е. А. Тахо-Годи. М.: Наука, 2007. С. 125–132.

Шнейдер 2010 — Шнейдер К. И. Ранний русский либерализм: власть свободы или свобода власти? // Диалог со временем. 2010. № 33. С. 140–150.

Шнейдер 2012 — Шнейдер К. И. Между свободой и самодержавием: история раннего русского либерализма. Пермь: Перм. гос. нац. иссл. ун-т, 2012.

Штернберг 1909 — Штернберг Л. Я. Струве и новые богоискатели // Запросы жизни. 1909. № 4. С. 12–17.

Щедровицкий — Щедровицкий П. Г. От «Проблем идеализма» к «Вехам» // Очерки о Б. А. Кистяковском. URL: https://shchedrovitskiy.com/wp-content/uploads/kistyakovski-bogdan-aleksandrovich.pdf (дата обращения: 21.02.2024).

Щукин 2005 — Щукин Д. В. Деятельность фракции партии кадетов в III Государственной думе: автореф. дис. на соиск. учен. степ. канд. ист. наук. Воронеж: ВГУ, 2005.

Юшкевич 1910 — Юшкевич П. С. Новые веяния: очерки современных религиозных исканий. СПб.: Прометей, 1910.

Яковенко 2000 — Яковенко Б. В. О задачах философии в России (1910) // Мощь философии. СПб.: Наука, 2000. С. 653–660.

Aizlewood 2013 — Aizlewood R. Chaadaev and Vekhi // Landmarks Revisited: The Vekhi Symposium 100 Years On / Ed. by R. Aizlewood, R. Coates. Boston: Academic Studies Press, 2013. P. 171–191.

Arblaster 1984 — Arblaster A. The Rise and Decline of Western Liberalism. Oxford: Basil Blackwell, 1984.

Ascher 1988 — Ascher A. The Revolution of 1905: Russia in Disarray. Stanford: Stanford University Pres, 1988.

Ascher 1992 — Ascher A. The Revolution of 1905: Authority Restored. Stanford: Stanford University Press, 1992.

Ascher 2005 — Ascher A. Introduction // The Russian Revolution of 1905: Centenary Perspectives / Ed. by J. Smele, A. Heywood. Abingdon, Oxon: Routledge, 2005. P. 1–12.

Asquith 1902 — Asquith H. H. Introduction // Herbert Samuel. Liberalism: An Attempt to State the Principles and Proposals of Contemporary Liberalism in England. London: Richards, 1902. P. vii–xi.

Aviniery 1972 — Aviniery S. Hegel's Theory of the Modern State. Cambridge: Cambridge University Press, 1972.

Badredinov 2005 — Badredinov E. Problems of Modernization in Late Imperial Russia: Maksim M. Kovalevskii on Social and Economic Reform. Published PhD dissertation, Louisiana State University, 2005.

Baker et al. 1987–1994 — Baker K., Lucas C., Furet F., Ozouf M. The French Revolution and the Creation of Modern Political Culture. 4 vols. Oxford: Pergamon Press. 1987 1994.

Bakhurst, Kliger 2013 — Special Issue on Hegel in Russia / Ed. by D. Bakhurst, I. Kliger // Studies in East European Thought. 2013. Vol. 65. P. 155–285.

Balmuth 2000 — Balmuth D. The Russian Bulletin, 1863–1917: A Liberal Voice in Tsarist Russia. New York: Peter Lang, 2000.

Barran 2002 — Barran Th. Russia Reads Rousseau, 1762–1825. Evanston, IL: Northwestern University Press, 2002.

Baum, Nichols 2013 — Baum B., Nichols R. Isaiah Berlin and the Politics of Freedom: «Two Concepts of Liberty» 50 Years Later. New York: Routledge, 2013.

Bellamy 1992 — Bellamy R. Liberalism and Modern Society: A Historical Argument. University Park: Pennsylvania State University Press, 1992.

Benson 1987 — Benson P. External Freedom according to Kant // Columbia Law Review. 1987. Vol. 87. P. 559–579.

Berest 2011 — Berest J. The Emergence of Russian Liberalism: Alexander Kunitsyn in Context, 1783–1840. New York: Palgrave, 2011.

Berlin 1978 — Berlin I. Russian Thinkers / Ed. by Henry Hardy and Aileen Kelly. London: Penguin, 1978.

Berlin 2002 — Berlin I. Liberty: Incorporating Four Essays on Liberty / Ed. by H. Hardy. Oxford: Oxford University Press, 2002.

Bernstein 1896–1898 — Bernstein E. Probleme des Sozialismus. Series of articles published in Die Neue Zeit, 1896–1898.

Bernstein 1899 – Bernstein E. Die Voraussetzungen des Sozialismus und die Aufgaben der Sozialdemokratie. Stuttgart: Dietz Nachf, 1899.

Billington 1970 — Billington J. H. The Icon and the Axe: An Interpretive History of Russian Culture. New York: Vintage Books, 1970.

Bird 2006 — Bird R. The Russian Prospero: The Creative Universe of Viacheslav Ivanov. Madison: University of Wisconsin Press, 2006.

Bird 2010 — Bird R. Imagination and Ideology in the New Religious Consciousness // A History of Russian Philosophy, 1830–1930: Faith, Reason, and the Defense of Human Dignity / Ed. by G. Hamburg, R. Poole. Cambridge: Cambridge University Press, 2010. P. 266–284.

Bittner 1956 — Bittner K. Herder und A. N. Radiscev // Zeitschrift für Slavische Philologie. 1956. Vol. 25. P. 8–53.

Bobbio 1986 — Bobbio N. Liberalismo e democrazia. 2nd ed. Milano: Angeli, 1986.

Bohn 1998 — Bohn T. M. Russische Geschichtswissenschaft von 1880 bis 1905: Pavel N. Miljukov und die Moskauer Schule. Köln et al.: Böhlau Verlag, 1998.

Breuillard 1992 — Breuillard S. Russian Liberalism – Utopia or Realism? The Individual and the Citizen in the Political Thought of Milyukov // New Perspectives in Modern Russian History / Ed. by R. MacKean. Basingstoke: London, 1992. P. 99–116.

Bristol 1985 — Bristol E. Symbolism // Handbook of Russian Literature / Ed. by V. Terras. New Haven: Yale University Press, 1985. P. 460–464.

Brooks 1973 — Brooks J. Vekhi and the Vekhi Dispute // Survey. 1973. Vol. 19. P. 21–50.

Bruhford 1975 — Bruhford W. The German Tradition of Self-cultivation: "Bildung" from Humboldt to Thomas Mann. Cambridge: Cambridge University Press, 1975.

Bryce 1988 — Bryce J. The American Commonwealth, 3 vols. London: Macmillan, 1988.

Bushnell 1985 — Bushnell J. Mutiny amid Repression: Russian Soldiers in the Revolution of 1905–1906. Bloomington: Indiana University Press, 1985.

Byrnes 1995 — Byrnes R. F. V. O. Kliuchevskii: Historian of Russia. Bloomington: Indiana University Press, 1995.

Carter et al. 2007 — Carter I., Kramer M., Steiner H. Freedom: A Philosophical Anthology. Oxford: Blackwell, 2007.

Caygill 1995 — Caygill H. A Kant Dictionary. Oxford: Blackwell, 1995.

Chizhevskii 1934 — Chizhevskii D. Hegel in Russland. Doctoral thesis, Halle, 1934.

Christman 1991 — Christman J. Liberalism and Individual Positive Freedom // Ethics. 1991. Vol. 101. № 2. P. 343–359.

Christman 2005 — Christman J. Saving Positive Freedom // Political Theory. 2005. Vol. 33 (1). P. 79–88.

Cigliano 2002 — Cigliano G. Liberalismo e rivoluzione in Russia. Il 1905 nell'esperienza di M. M. Kovalevskij. Naples: Liguori Editore, 2002.

Clowes et al. 1991 — Clowes E., Kassow S., West J. Between Tsar and People: Educated Society and the Quest for Public Identity in Late Imperial Russia. Princeton: Princeton University Press, 1991.

Coates 2010 — Coates R. Religious Renaissance in the Silver Age // A History of Russian Thought / Ed. by W. Leatherbarrow, D. Offord. Cambridge: Cambridge University Press, 2010. P. 69–93.

Cohen 1997 — Cohen P. Freedom's Moment: An Essay on the French Idea of Liberty from Rousseau to Foucault. Chicago: University of Chicago Press, 1997.

Cohen 2001 — Cohen S. Failed Crusade: America and the Tragedy of Post-Communist Russia, 2nd ed. New York: Norton, 2001.

Conac et al. 1993 — Conac G., Debene M., Teboul G. La déclaration des droits de l'homme et du citoyen de 1789 histoire, analyse et commentaires. Paris: Economica, 1993.

Condorcet 2004 — Marquis de Condorcet. Tableau Historique des progrès de l'esprit humain: Projets, Esquisse, Fragments et Notes (1772–1794) / Ed. by J.-P. Schandeler et al. Paris: Institut national d'études démographiques, 2004.

Constan 1980 — Constan B. De la liberté des anciens (1819) reprinted in De la liberté chez les modernes: écrits politiques / Ed. by M. Gauchet. Paris: Le livre de poche, 1980. P. 490–515.

Copleston 2003 — Copleston F. A History of Philosophy, 11 vols. London: Continuum, 2003 (1956).

Cucciolla 2019 — Cucciolla R. Dimensions and Challenges of Russian Liberalism: Historical Drama and New Prospects. Switzerland: Springer, 2019.

Dahlmann 1993 — Dahlmann D. Bildung, Wissenschaft und Revolution. Die russische Intelligencija im Deutschen Reich um die Jahrhundertwende // Intellektuelle im Deutschen Kaiserreich / Ed. by G. Hübinger, W. Mommsen. Frankfurt am Main: Fischer Taschenbuch, 1993. P. 141–157.

Dahlmann 2000 — Dahlmann D. Parteileben in Provinzstädten. Die Konstitutionell-Demokratische Partei Russlands 1906–1914 // Jahrbücher für Geschichte Osteuropas. 2000. Vol. 48 (1). P. 5–16.

Davis 2011 — Davis N. Vanished Kingdoms: The History of Half-Forgotten Europe. London: Allen Lane, 2011.

Day 1987 — Day J. P. Liberty and Justice. London: Croom Helm, 1987.

De Ruggiero 1984 — De Ruggiero G. Storia del liberalismo europeo. Bari: Lateraza, 1984.

Derbyshire, Derbyshire 1996 — Derbyshire J., Derbyshire I. Political Systems of the World, 2nd ed. New York: St Martin's Press, 1996.

Draguniou 2011 — Draguniou D. Vladimir Nabokov and the Poetics of Liberalism. Evanston, IL: Northwestern University Press, 2011.

Dunn 1984 — Dunn J. Locke. Oxford: Oxford University Press, 1984.

Dworkin 2001 — Dworkin R. Do Liberal Values Conflict? // Legacy of Isaiah Berlin / Ed. by M. Lilla, R. Dworkin, R. Silvers, A. Kelly. New York: New York Review of Books, 2001. P. 73–90.

Edmondson 1984 — Edmondson L. Feminism in Russia: 1900–1917. London: Heinemann Educational Books Ltd, 1984.

Eklof, Frank 1990 — Eklof B., Frank S. The World of the Russian Peasant: Post-Emancipation Culture and Society. Boston: Unwin Hyman, 1990.

Elkin 1961 — Elkin B. The Russian Intelligentsia on the Eve of Revolution // The Russian Intelligentsia / Ed. by R. Pipes. New York: Columbia University Press, 1961. P. 32–46.

Emmons 1973 — Emmons T. The Beseda Circle, 1899–1905 // Slavic Review. 1973. Vol. 32. P. 461–490.

Emmons 1974 — Emmons T. The Statutes of the Union of Liberation // Russian Review. 1974. Vol. 33. P. 80–85.

Emmons 1983 — Emmons T. The Formation of Political Parties and the First National Elections in Russia. Cambridge, MA: Harvard University Press, 1983.

Emmons 1992 — Emmons T. Kliuchevskii's Pupils // California Slavic Studies. 1992. Vol. 14. P. 68–98.

Emmons 1999 — Emmons T. On the Problem of Russia's «Separate Path» in the Late Imperial historiography // Historiography of Imperial Russia. The

Profession and Writing of History in a Multinational State / Ed. by T. Sanders. New York: Routledge, 1999. P. 163–187.

Engelstein 1993 — Engelstein L. Combined Underdevelopment: Discipline and the Law in Imperial and Soviet Russia // The American Historical Review. 1993. Vol. 98. P. 338–353.

Engelstein 2009 — Engelstein L. Combined Underdevelopment: Discipline and the Law in Imperial and Soviet Russia // Slavophile Empire: Imperial Russia's Illiberal Path. Ithaca, NY: Cornell University Press, 2009. P. 13–32.

Enticott 2016 — Enticott P. The Russian Liberals and the Revolution of 1905. London & New York: Routledge, 2016.

Evtuhov 1997 — Evtuhov C. The Cross and the Sickle: Sergei Bulgakov and the Fate of Russian Religious Philosophy, 1890–1920. Ithaca, NY: Cornell University Press, 1997.

Fedyashin 2012 — Fedyashin A. Liberals under Autocracy: Modernization and Civil Society in Russia, 1866–1904. Madison, WI: University of Wisconsin Press, 2012.

Field 1973 — Field D. Kavelin and Russian Liberalism // Slavic Review. 1973. Vol. 32. Issue 1. P. 59–78.

Field 1976 — Field D. The End of Serfdom: Nobility and Bureaucracy in Russia, 1856–1861. Cambridge, MA: Harvard University Press, 1976.

Fisher 1928 — Fisher H. The Collected Papers of Paul Vinogradoff: With a Memoir by the Right Hon. H. A. L. Fisher. Oxford: Clarendon Press, 1928.

Fischer 1958 — Fischer G. Russian Liberalism: From Gentry to Intelligentsia. Cambridge, MA: Harvard University Press, 1958.

Flikke 1994 — Flikke G. Democracy or Theocracy: Frank, Struve, Berdjaev, Bulgakov, and the 1905 Russian Revolution. Oslo: Meddelelser, 1994.

Flikschuh 2007 — Flikschuh K. Freedom: Contemporary Liberal Perspectives. Cambridge: Polity, 2007.

Foner 1999 — Foner E. The Story of American Freedom. New York: Norton, 1999.

Foucault 1984 — Foucault M. What Is Enlightenment? // The Foucault Reader / Ed. by P. Rabinow. New York: Pantheon Books, 1984. P. 32–50.

Freeze 1969 — Freeze G. L. A National Liberation Movement and the Shift in Russian Liberalism, 1901–1903 // Slavic Review. 1969. Vol. 28 (1). P. 81–91.

Frierson 2003 — Frierson P. Freedom and Anthropology in Kant's Moral Philosophy. Cambridge: Cambridge University Press, 2003.

Fukuyama 1992 – Fukuyama F. The End of History and the Last Man. New York: Free Press, 1992.

Galai 1965 — Galai S. The Impact of the Russo-Japanese War on the Russian Liberals, 1904–1905 // Government and Opposition. 1965. Vol. I. P. 85–109.

Galai 1973 — Galai S. The Liberation Movement in Russia, 1900–1905. Cambridge: Cambridge University Press, 1973.

Galai 1976 — Galai S. The Role of the Union of Unions in the Revolution of 1905 // Jahrbücher für Geschichte Osteuropas. 1976. Vol. 26. P. 512–525.

Galai 1992 — Galai S. The Kadet Quest for the Masses // New Perspectives in Modern Russian History / Ed. by. R. MacKean. Basingstoke: London, 1992. P. 80–98.

Galai 2004 — Galai S. The True Nature of Octobrism // Kritika: Explorations in Russian and Eurasian History. 2004. Vol. 5. P. 137–147.

Galai 2005 — Galai S. Kadet domination of the First Duma and its limits // The Russian Revolution of 1905: Centenary Perspectives / Ed. by J. Smele, A. Heywood. Abingdon, Oxon: Routledge, 2005. P. 196–217.

Gallie 1956 — Gallie W. B. Essentially Contested Concepts // Proceedings of the Aristotelian Society. March 12, 1956. Vol. 56. P. 167–198.

Gaus et al. 2015 — Gaus G., Courtland Sh., Schmidtz D. Liberalism / Ed. by E. Zalta // The Stanford Encyclopedia of Philosophy, ed. Edward Zalta, 2015. URL: http://plato.stanford.edu/entries/liberalism/ (дата обращения: 19.01.2024).

Geifman 1988 — Geifman A. The Kadets and Terrorism, 1905–1907 // Jahrbücher für Geschichte Osteuropas. 1988. Vol. 36. P. 248–267.

Geifman 1993 — Geifman A. Thou Shalt Kill: Revolutionary Terrorism in Russia, 1884–1917. Princeton: Princeton University Press, 1993.

Gibbs 1976 — Gibbs B. Freedom and Liberation. London: Chatto & Windus, 1976.

Gorbatov 2006 — Gorbatov I. Catherine the Great and the French philosophers of the Enlightenment Montesquieu, Voltaire, Rousseau, Diderot and Grimm. Bethesda: Academica Press, 2006.

Graham 1992 — Graham G. Liberalism and Democracy // Journal of Applied Philosophy. 1992. Vol. 9. P. 149–160.

Gray 1980 — Gray J. On Negative and Positive Liberty // Political Studies. 1980. Vol. 28. P. 507–526.

Gray 1984 — Gray J. Introduction // Conceptions of Liberty in Political Philosophy / Ed. by Z. Pelczynski, J. Gray. London: The Athlone Press, 1984. P. 1–16.

Gray 1986 — Gray J. Liberalism. Minneapolis: University of Minnesota Press, 1986.

Gray 1989 — Gray J. Liberalisms: Essays in Political Philosophy. London: Routledge, 1989.

Gray 1996 — Gray J. Mill on Liberty: A Defence. 2nd ed. London: Routledge, 1996.

Gray 2000 — Gray J. Two Faces of Liberalism. New York: New Press, 2000.

Green 1911 — Green T. H. Lecture on Liberal Legislation and Freedom of Contract (1881) // Works of Thomas Hill Green / Ed. by R. Nettleship, 3 vols. London: Longmans and Green, 1911. Vol. 3. P. 365–386.

Grillaert 2008 — Grillaert N. What the God-Seekers found in Nietzsche: The Reception of Nietzsche's Übermensch by the Philosophers of the Russian Religious Renaissance. Amsterdam: Rodopi, 2008.

Guyer 2000 — Guyer P. Kantian Foundations for Liberalism // Kant on Freedom, Law, and Happiness. Cambridge: Cambridge University Press, 2000. P. 235–261.

Hamburg 1984 — Hamburg G. Politics of the Russian Nobility, 1881–1905. New Brunswick, NJ: Rutgers University Press, 1984.

Hamburg 1992 — Hamburg G. M. Boris Chicherin and Early Russian Liberalism: 1828–1866. Stanford: Stanford University Press, 1992.

Hamburg 1998 — Hamburg G. M. Introduction: An Eccentric Vision: The Political Philosophy of B. N. Chicherin // Liberty, Equality and the Market: Essays by B. N. Chicherin. New Haven: Yale University Press, 1998.

Hamburg 2010 — Hamburg G. M. Boris Chicherin and Human Dignity in History // A History of Russian Philosophy, 1830–1930: Faith, Reason, and the Defense of Human Dignity / Ed. by Hamburg G., Poole R. Cambridge: Cambridge University Press, 2010. P. 111–130.

Hamburg 2016 — Hamburg G. Russia's Path Toward Enlightenment: Faith, Politics, and Reason, 1500–1801. New Haven: Yale University Press, 2016.

Hamburg, Poole 2010 — Hamburg G., Poole R. A History of Russian Philosophy, 1830–1930: Faith, Reason, and the Defense of Human Dignity. Cambridge: Cambridge University Press, 2010.

Hampshire 1991 - Hampshire S. Justice Is Strife // Proceedings and Addresses of the American Philosophical Association. 1991. Vol. 65. P. 19–27.

Harder 1969 — Harder H. B. Schiller in Russland: Materialien zu einer Wirkungsgeschichte 1789–1814. Gehlen: Bad Homburg, 1969.

Harrison 1959 — Harrison R. E. S. Beesly and Karl Marx // International Review of Social History. 1959. Vol. 4. P. 22–58.

Hayek 1960 — Hayek F. The Constitution of Liberty. London: Routledge & Kegan Paul, 1960.

Hegel 1996 — Hegel G. W. F. Vorlesungen über die Philosophie der Welt-geschichte / Ed. Karl Heinz Ilting et al. Hamburg: Meiner, 1996.

Hegel 2004 – Hegel G.W. F. – Grundlinien der Philosophie des Rechts, oder, Naturrecht und Staatswissenschaft im Grundrisse. Frankfurt am Main: Suhrkamp, 2004.

Herder 1989 — Herder J. Ideen zur Philosophie der Geschichte der Men-schheit / Ed. by M. Bollacher. Frankfurt am Main: Deutscher Klassiker-Verlag, 1989.

Heuman 1979 — Heuman S. A Socialist Conception of Human Rights: A Model from Prerevolutionary Russia // Human Rights: Cultural and Ideo-logical Perspectives / Ed. by A. Pollis, P. Schwab. New York: Praeger Publish-ers, 1979. P. 44–59.

Heuman 1998 — Heuman S. Kistiakovsky: The Struggle for National and Constitutional Rights in the Last Years of Tsarism. Cambridge, MA: Harvard Series in Ukrainian Studies, 1998.

Hill, Gaddy 2012 — Hill F., Gaddy C. G. Putin and the Uses of History // The National Interest. 4 January 2012. URL: https://nationalinterest.org/arti-cle/putin-the-uses-history-6276?nopaging=1 (дата обращения: 01.03.2024).

Hobbes 1904 — Hobbes T. Leviathan, or, The Matter, Forme, & Power of a Common-wealth Ecclesiasticall and Civill / Ed. by A. Waller. Cambridge: Cambridge University Press, 1904.

Hobhouse 1922 — Hobhouse L. T. The Elements of Social Justice. London: Allen & Unwin, 1922.

Hobhouse 1993 — Hobhouse L. T. The Metaphysical Theory of the State: A Criticism. London: Routledge / Thoemmes Press, 1993.

Holmes 1984 — Holmes S. Benjamin Constant and the Making of Modern Liberalism. New Haven: Yale University Press, 1984.

Holowinsky 1990 — Holowinsky Y. Promoting Russian Liberalism in America // Russian Review. 1990. Vol. 49. P. 167–174.

Horowitz 1999 — Horowitz B. Unity and Disunity in Landmarks: The Rivalry between Petr Struve and Mikhail Gershenzon // Studies in East Eu-ropean Thought. 1999. Vol. 51. P. 61–78.

Hosking 1973 — Hosking G. The Russian Constitutional Experiment: Government and Duma, 1907–1914. Cambridge: Cambridge University Press, 1973.

Höllwerth 2007 — Höllwerth A. Das sakrale eurasische Imperium des Aleksandr Dugin: Eine Diskursanalyse zum postsowjetischen russischen Rechtsextremismus. Stuttgart: Ibidem, 2007.

Hughes 1959 — Hughes H. S. Consciousness and Society: The Reorientation of European Social Thought, 1890–1930. London: MacGibbon & Kee, 1959.

Hughes 1998 — Hughes L. Russia in the Age of Peter the Great. New Haven: Yale University Press, 1998.

Humphrey 2007 — Humphrey C. Alternative Freedoms // Proceedings of the American Philosophical Society. 2007. Vol. 151. P. 1–10.

Jennings 1969 — Jennings J. Constant's Idea of Modern Liberty // The Cambridge Companion to Constant / Ed. by H. Rosenblatt. Cambridge: Cambridge University Press, 1969. P. 69–91.

Kant 1803 – Kant I. Über Pädagogik / Ed. Friedrich Theodor Rink. Königsberg: Nicolovius, 1803.

Kant 1991 — Kant I. The Metaphysics of Morals / Ed. and trans. by M. Gregor. Cambridge: Cambridge University Press, 1991.

Kant 1997 – Kant I. Groundwork of the Metaphysics of Morals / Ed. and trans. Mary Gregor. Cambridge: Cambridge University Press, 1997.

Kant 2006 — Kant I. Anthropology from a Pragmatic Point of View / Ed. and trans. by R. Louden. Cambridge: Cambridge University Pres, 2006.

Kaplan 2017 — Kaplan V. Historians and Historical Societies in the Public Life of Imperial Russia. Bloomington: Indiana University Press, 2017.

Karpovich 1955 — Karpovich M. Two Types of Russian Liberalism: Maklakov and Miliukov // Continuity and Change in Russian and Soviet Thought / Ed. by E. Simmons. Cambridge, MA: Harvard University Press, 1955. P. 129–143.

Kassow 1991 — Kassow S. D. Russia's Unrealized Civil Society // Between Tsar and People: Educated Society and the Quest for Public Identity in Late Imperial Russia / Ed. by E. Clowes et al. Princeton: Princeton University Press, 1991. P. 367–371.

Keck 1977 — Keck T. The Marburg School and Ethical Socialism // Social Science Journal. 1977. Vol. 14. P. 105–119.

Keep 1968 — Keep J. 1917: The Tyranny of Paris over Petrograd // Soviet Studies. 1968. Vol. 20. P. 22–35.

Kelly 1998 — Kelly A. Toward Another Shore: Russian Thinkers Between Necessity and Chance. New Haven: Yale University Press, 1998.

Kelly 1999 — Kelly A. Views from the Other Shore: Essays on Herzen, Chekhov, and Bakhtin. New Haven: Yale University Press, 1999.

Kelly 2016 — Kelly A. The Discovery of Chance: The Life and Thought of Alexander Herzen. Cambridge, MA: Harvard University Press, 2016.

Kharkhordin 2018 — Kharkhordin O. Republicanism in Russia: Community Before and After Communism. Cambridge, MA: Harvard University Press, 2018.

Kindersley 1962 — Kindersley R. The First Russian Revisionists: A Study of «Legal Marxism» in Russia. Oxford: Clarendon Press, 1962.

Kingston-Mann 1999 — Kingston-Mann E. In Search of the True West: Culture, Economics, and Problems of Russian Development. Princeton: Princeton University Press, 1999.

Kistiakowski 1899 — Kistiakowski T. Gesellschaft und Einzelwesen: Eine methodologische Studie. Berlin: Liebmann, 1899.

Kolakowski 1968 — Kolakowski L. The Alienation of Reason: A History of Positivist Thought Trans. Norbert Guterman. Garden City, NY: Doubleday, 1968.

Kolakowski 2005 — Kolakowski L. Main Currents of Marxism: The Founders, the Golden Age, the Breakdown / Trans. by P. Falla, 2nd ed. London: Norton, 2005.

Kovalevsky 1877 — Kovalevsky M. Umriss einer Geschichte der Zerstückelung der Feldgemeinschaft im Kanton Waadt. Zurich: Schmidt, 1877.

Kovalevsky 1888 — Kovalevsky M. The Origin and Growth of Village Communities in Russia // Archaeological Review. 1888. Vol. I. P. 266–273.

Kovalevsky 1890 — Kovalevsky M. Tableau des origines et de l'évolution de la famille et de la propriété. Stockholm: Samson & Wallin, 1890.

Kovalevsky 1891 — Kovalevsky M. Modern Customs and Ancient Laws of Russia: Being the Ilchester Lectures for 1889–90. London: David Nutt, 1891.

Kovalevsky 1912 — Kovalevsky M. The Upper House in Russia // Russian Review. 1912. Vol. 1. P. 60–70.

Kovalewsky 1893 — Kovalewsky M. Coutume contemporaine et loi ancienne. Droit coutumier ossétien, éclairé par l'histoire compare. Paris: Larose, 1893.

Kovalewsky 1895 — Kovalewsky M. Le passage historique de la propriété collective à la propriètè individuelle // Annales de l'Institut International de Sociologie. 1895. Vol. 2. P. 175–230.

Kovalewsky 1904 — Kovalewsky M. Psychologie et sociologie // Annales de l'Institut International de Sociologie. 1904. P. 247–273.

Kovalewsky 1906 — Kovalewsky M. La crise russe: Notes et impressions d'un témoin. Paris: Girard et Brière, 1906.

Kröner 1998 — Kröner A. The debate between Miliukov and Maklakov on the chances for Russian liberalism. Published doctoral thesis, University of Amsterdam, 1998.

Kurzman 2008 — Kurzman C. Democracy Denied, 1905–1915: Intellectuals and the Fate of Democracy. Cambridge, MA: Harvard University Press, 2008.

Lane 1976 — Lane A. M. Nietzsche in Russian thought,1890–1917. Doctoral thesis, University of Wisconsin, 1976.

Lane 2003 — Lane M. Positivism: Reactions and Developments // The Cambridge History of Twentieth-Century Political Thought / Ed. by T. Ball, R. Bellamy. Cambridge: Cambridge University Press, 2003. P. 321–342.

Lang 1959 — Lang D. M. The First Russian Radical: Alexander Radishchev, 1749–1802. London: Allen & Unwin, 1959.

Laserson 1957 — Laserson M. The American Impact on Russia: Diplomatic and Ideological, 1784–1917, 2nd ed. New York: Macmillan, 1957.

Lazar 2009 — Lazar N. States of Emergency in Liberal Democracies. Cambridge: Cambridge University Press, 2009.

Lecky 1896 — Lecky W. Democracy and Liberty, 2 vols. London: Longmans and Green, 1896.

Leonhard 2001 — Leonhard J. Liberalismus: Zur historischen Semantik eines europäischen Deutungsmusters. Munich: Oldenbourg Verlag, 2001.

Leontovisch — Leontovisch V. Geschichte des Liberalismus in Russland, 1762–1914, 2nd ed.. Frankfurt am Main: Klostermann, 1974. Republished in English as The History of Liberalism in Russia. Pittsburgh: University of Pittsburgh Press, 2012.

Levin 1940 — Levin Al. The Second Duma: A Study of the Social-Democratic Party and the Russian Constitutional Experiment. New Haven: Yale University Press, 1940.

Levin 1962 — Levin Al. The Russian Voter in the Elections to the Third Duma // Slavic Review. 1962. Vol. 21. P. 660–677.

Levin 1973 — Levin Al. The Third Duma, Election and Profile. Hamden, CT: Archon Books, 1973.

Levin 1968 — Levin Ar. The life and work of Mikhail Osipovich Gershenzon (1869–1925): a study in the history of the Russian Silver Age. Doctoral thesis, University of California, Berkeley, 1968.

Lilla 2012 — Lilla M. Republicans for Revolution // New York Review of Books. 2012. Vol. 59. P. 12–16.

Linden, van der 1988 —Linden H., van der. Kantian Ethics and Socialism. Indianapolis: Hackett Publishing Company, 1988.

Lindenmeyr 2011 — Lindenmeyr A. «Primordial and Gelatinous»? Civil Society in Imperial Russia // Kritika: Explorations in Russian and Eurasian History. 2011. Vol. 12. P. 705–720.

Locke 1959 — Locke J. An Essay Concerning Human Understanding / Ed. Alexander Campbell Fraser, 2 vols. New York: Dover Publications, 1959.

Locke 1988 — Locke J. Two Treatises of Government / Ed. Peter Laslett. Cambridge: Cambridge University Press, 1988.

Losurdo 2005 — Losurdo D. Controstoria del liberalism. Rome: Laterza, 2005.

Lukes 2003 — Lukes S. Epilogue: The grand dichotomy of the twentieth century // The Cambridge History of Twentieth-Century Political Thought / Ed. by T. Ball, R. Bellamy. Cambridge: Cambridge University Press, 2003. P. 602–626.

Macey 1987 — Macey D. Government and Peasant in Russia, 1861–1906: The Prehistory of the Stolypin Reforms. Dekalb: Northern Illinois University Press, 1987.

Madariaga, de 1981— de Madariaga I. Russia in the Age of Catherine the Great. New Haven: Yale University Press, 1981.

Madariaga, de 1984 — de Madariaga I. Portrait of an Eighteenth-Century Russian Statesman: Prince Dmitry Mikhaylovich Golitsyn // Slavonic and East European Review. 1984. Vol. 62. Pp. 36–60.

Malia 1960 — Malia M. What Is the Intelligentsia? // Daedalus. 1960. Vol. 89. P. 441–458.

Malia 1961 — Malia M. Alexander Herzen and the Birth of Russian Socialism, 1812–1855. Cambridge, MA: Harvard University Press, 1961.

Malia 1999 — Malia M. Russia under Western Eyes: From the Bronze Horseman to the Lenin Mausoleum. Cambridge, MA: Harvard University Press, 1999.

Manchester 2010 — Manchester L. «Contradictions at the Heart of Russian Liberalism»: Pavel Miliukov's Views of Peter the Great and the Role of Personality in History as an Academic, a Politician, and an Émigré // Russian History. 2010. Vol. 37. P. 102–132.

Manent 1988 — Manent P. Histoire intellectuelle du libéralisme: dix leçons. Paris: Calman-Lévy, 1988.

Manning 1982a — Manning R. The Crisis of the Old Order in Russia: Gentry and Government. Princeton: Princeton University Press, 1982.

Manning 1982b — Manning R. The Zemstvo and Politics, 1864–1914 // The Zemstvo in Russia: An Experiment in Local Self-Government / Ed. by T. Emmons, W. Vucinich. Cambridge: Cambridge University Press, 1982. P. 133–175.

Mantena 2010 — Mantena K. Alibis of Empire: Henry Maine and the Ends of Liberal Imperialism. Princeton: Princeton University Press, 2010.

McConnell 1964a — McConnell A. Rousseau and Radishchev // The Slavic and East European Journal. 1964. Vol. 3. P. 253–272.

McConnell 1964b — McConnell A. A Russian philosophe, Alexander Radishchev, 1749–1802. The Hague: Nijhoff, 1964.

McKenzie 1982 — McKenzie K. Zemstvo Organization and Role within the Administrative Structure // The Zemstvo in Russia: An Experiment in Local Self-Government / Ed. by T. Emmons, W. Vucinich. Cambridge: Cambridge University Press, 1982. P. 31–78.

Medushevsky 2006 — Medushevsky A. Russian Constitutionalism: Historical and Contemporary Development. London: Routledge, 2006.

Mendel 1961 — Mendel A. Dilemmas of Progress in Tsarist Russia: Legal Marxism and Legal Populism. Cambridge, MA: Harvard University Press, 1961.

Merquior 1991 — Merquior J. G. Liberalism Old and New. Boston: Twayne Publishers, 1991.

Michelson 2007 — Michelson P. «The first and most sacred right»: religious freedom and the liberation of the Russian nation, 1825–1905. Doctoral thesis, University of Wisconsin-Madison, 2007.

Milyoukov 1905 — Miliyoukov P. Russia and Its Crisis: Crane Lecturers for 1903. Chicago: University of Chicago Press, 1905.

Miliukov 1908 — Miliukov P. Constitutional Government for Russia. New York: The Civic Forum, 1908.

Miliukov 1922 — Miliukov P. Russia to-day and to-morrow. New York: Macmillan, 1922.

Mill 1924 — Mill J. Autobiography of John Stuart Mill / Preface by J. Coss. New York: Columbia University Press, 1924.

Mill 1989 — Mill J. On Liberty and Other Writings / Ed. by S. Collini. Cambridge: Cambridge University Press, 1989.

Miller 1983 — Miller D. Constraints on Freedom // Ethics. 1983. Vol. 94 (1). P. 66–86.

Milne 1968 — Milne A. J. M. Freedom and Rights. London: Allen & Unwin, 1968.

Mokievsky 1890 — Mokievsky P. K. Philosophy in Russia // Mind. 1890. Vol. 15. P. 155–160.

Morson 1993 — Morson G. S. Prosaic Bakhtin: Landmarks, Anti-intelligentsialism, and the Russian Counter-Tradition // Common Knowledge. 1993. Vol. 2. P. 35–74.

Mustel 1995 — Mustel Ch. Rousseau dans le monde russe et soviétique. Montmorency: Musée Jean-Jacques Rousseau, 1995.

Neal, Paris 1990 — Neal P., Paris D. Liberalism and the Communitarian Critique: A Guide for the Perplexed // Canadian Journal of Political Science. 1990. Vol. 23. Issue 3. P. 419–439.

Nemeth 1988 — Nemeth T. Kant in Russia: The Initial Phase // Studies in Soviet Thought. 1988. Vol. 36. P. 79–110.

Nethercott 2007 — Nethercott F. Russian Legal Culture Before and After Communism: Criminal Justice, Politics, and the Public Sphere. London: Routledge, 2007.

Nethercott 2010 — Nethercott F. Russian Liberalism and the Philosophy of Law // A History of Russian Philosophy, 1830–1930: Faith, Reason, and the Defense of Human Dignity / Ed. by G. Hamburg, R. Poole. Cambridge: Cambridge University Press, 2010. P. 248–265.

Novikova, Sizemskaia 1994 — Novikova L. I., Sizemskaia I. N. Liberal Traditions in the Cultural-Historical Experience of Russia // Russian Studies in Philosophy. 1994. Vol. 33. P. 6–25.

Nozick 1974 — Nozick R. Anarchy, State, and Utopia. Oxford: Blackwell, 1974.

Nussbaum 1999 — Nussbaum M. Sex and Social Justice. Oxford: Oxford University Press, 1999.

Oberländer 1965 — Oberländer G. Die Vechi-Diskussion (1909–1912). Published PhD dissertation, University of Cologne, 1965.

Offord 1985 — Offord D. Portraits of Early Russian Liberals: A Study of the Thought of T. N. Granovsky, V. P. Botkin, P. V. Annenkov, A. V. Druzhinin, and K. D. Kavelin. Cambridge: Cambridge University Press, 1985.

Offord 1998 — Offord D. *Lichnost'*: Notions of Individual Identity // Constructing Russian Culture in the Age of Revolution, 1881–1940 / Ed. by C. Kelly, D. Shepherd. Oxford: Oxford University Press, 1998. P. 13–25.

Offord 2010 — Offord D. Alexander Herzen // A History of Russian Philosophy, 1830–1930: Faith, Reason, and the Defense of Human Dignity / Ed. by Hamburg G., Poole R. Cambridge: Cambridge University Press, 2010. P. 52–68.

Okin 1994 — Okin S. Political Liberalism, Justice and Gender // Ethics. 1994. Vol. 105. P. 23–43.

Ollig 1998 — Ollig H.-L. Neo-Kantianism / Trans. by J. Michael and N. Walker // Routledge Encyclopedia of Philosophy / Ed. by E. Craig et al. London: Routledge, 1998. Vol. 6. P. 776–792.

Ostrogorkii — Ostrogorkii,M. Ja. La démocratie et l'organisation des parties politiques. Paris: Calmann-Lévy, 1903.

Ozouf 1984–1992 — Ozouf M. Liberté, Égalité, Fraternité // Les lieux de mémoire / Ed. by P. Nora. 7 vols. Paris: Gallimard, 1984–92. Part III. Vol. 3. P. 583–629.

Ozouf 1988 — Ozouf M. "Liberté", "Egalité", and "Fraternité" // Dictionnaire critique de la Révolution française / Ed. by F. Furet, M. Ozouf. Paris: Flammarion, 1988. P. 696–710, 731–751, 763–775.

Pasvolsky 1916 — Pasvolsky L. M. M. Kovalevsky // The Russian Review. 1916. Vol. 1. P. 1–14.

Pearson 1986 — Pearson R. Vtoroi vserossiiskii s"ezd Konstitutsionno-demokraticheskoi partii, 5–11 yanvarya 1906 g. / Ed. by R. Pearson. White Plains, NY: Kraus International, 1986.

Petrovich-Belkin et al. 2018 — Petrovich-Belkin O., Kurylev K., Smolik N., Stanis D. Russian Liberals and the Conceptual Foundations of Russian Foreign Policy in the Early Twentieth Century // Revolutionary Russia. 2018. Vol. 31 (1). P. 46–66.

Pfaff 2011 — Pfaff W. How Much «Progress» Have We Made? // New York Review of Books. 2011. Vol. 58. P. 69–71.

Pinchuk 1974 — Pinchuk B-C. The Octobrists in the Third Duma, 1907–1912. Seattle: University of Washington Press, 1974.

Pinker 2011 — Pinker S. The Better Angels of Our Nature: The Decline of Violence in History and Its Causes. London: Allen Lane, 2011.

Pipes 1970 — Pipes R. Struve: Liberal on the Left, 1870–1905. Cambridge, MA: Harvard University Press, 1970.

Pipes 1980 — Pipes R. Struve: Liberal on the Right, 1905–1944. Cambridge, MA: Harvard University Press, 1980.

Pipes 2005 — Pipes R. Russian Conservatism and Its Critics: A Study in Political Culture. New Haven: Yale University Press, 2005.

Pitts 2011 — Pitts J. Free for All // Times Literary Supplement. 23 September 2011. P. 8–9.

Plant 1983 — Plant R. Hegel. 2-nd ed. Oxford: Blackwell, 1983.

Planty-Bonjour 1974 — Planty-Bonjour G. Hegel et la pensée philosophique en Russie, 1830–1917. The Hague: Nijhoff, 1974.

Poltoratzky 1967 — Poltoratzky N. P. The Vekhi Dispute and the Significance of Vekhi // Canadian Slavonic Papers. 1967. Vol. 9. P. 86–106.

Poole 1996a — Poole R. Review: Kant i filosofiia v Rossii // Slavic Review. 1996. Vol. 55. Issue 1. P. 161–165.

Poole 1996b — Poole R. A. The Moscow Psychological Society and the neo-idealist development of Russian liberalism, 1885–1922. Doctoral thesis, University of Notre Dame, 1996.

Poole 1999 — Poole R. A. The Neo-Idealist Reception of Kant in the Moscow Psychological Society // Journal of the History of Ideas. 1999. Vol. 60 (2). P. 319–343.

Poole 2000–2001 — Poole R. A. Utopianism, Idealism, Liberalism: Russian Confrontations with Vladimir Solovëv // Modern Greek Studies Yearbook. 2000–2001. Vols. 16–17. P. 43–87.

Poole 2003 — Poole R. Introduction // Problems of Idealism. Essays in Russian Social Philosophy. New Haven: Yale University Press, 2003.

Poole 2006a — Poole R. A. Isaiah Berlin and Andrzej Walicki as Intellectual Historians and Liberal Philosophers: A Comment on G. M. Hamburg's «Closed Societies, Open Minds» // Dialogue and Universalism. 2006. Vol. 16. P. 73–79.

Poole 2006b — Poole R. A. Sergei Kotliarevskii and the Rule of Law in Russian Liberal Theory // Dialogue and Universalism. 2016. Vol. 16. P. 81–104.

Poole 2008 — Poole R. Kantian Foundations of Russian Liberal Theory: Human Dignity, Justice, and the Rule of Law. Presentation at conference «The Weimar Moment: Liberalism, Political Theology and Law», University of Wisconsin, 25 October 2008. URL: http://law.wisc.edu/ils/weimarprogram. html (дата обращения: 05.02.2024).

Poole 2010 — Poole R. A. Vladimir Solovëv's Philosophical Anthropology: Autonomy, Dignity, Perfectibility // A History of Russian Philosophy, 1830–1930: Faith, Reason, and the Defense of Human Dignity / Ed. by Hamburg G., Poole R. Cambridge: Cambridge University Press, 2010. P. 131–149.

Poole 2012 — Poole R. Religious Toleration, Freedom of Conscience, and Russian Liberalism // Kritika: Explorations in Russian and Eurasian History. 2012. Vol. 13 (3). P. 611–634.

Poole 2015 — Poole R. Nineteenth-Century Russian Liberalism: Ideals and Realities // Kritika: Explorations in Russian and Eurasian History. 2015. Vol. 16. P. 157–181.

Poole, Werth 2018 — Religious Freedom in Russia / Ed. by R. Poole, P. Werth. Pittsburgh: University of Pittsburgh Press, 2018.

Putnam 1965 — Putnam G. Russian Liberalism Challenged from Within: Bulgakov and Berdyayev in 1904–5 // Slavonic and East European Review. 1965. Vol. 43. P. 335–353.

Putnam 1967 — Putnam G. Struve's View of the Russian Revolution of 1905 // Slavonic and East European Review. 1967. Vol. 45. P. 457–473.

Putnam 1977 — Putnam G. Russian Alternatives to Marxism: Christian Socialism and Idealistic Liberalism in Twentieth-Century Russia. Knoxville: University of Tennessee Press, 1977.

Quagliariello 1995 — Quagliariello G. Contributo alla biografia di Ostrogorski // Ricerche di storia politica. 1995. Vol. 10. P. 7–30.

Rabow-Edling 2019 — Rabow-Edling S. Liberalism in Pre-revolutionary Russia: State, Nation, Empire. New York: Routledge, 2019.

Radvanyi 2012 — Radvanyi J. Continuité de façade en Russie // Le Monde diplomatique. 2012. № 697. P. 1, 17.

Raeff 1957 — Raeff M. Michael Speransky, Statesman of Imperial Russia, 1772–1839. The Hague: Nijhoff, 1957.

Raeff 1958 — Raeff M. Review: Geschichte des Liberalismus in Russland by Victor Leontovitsch and Russian Liberalism by George Fischer // Russian Review. 1958. Vol. 17. P. 307–310.

Raeff 1959 — Raeff M. Some Reflections on Russian Liberalism // Russian Review. 1959. Vol. 18. P. 225–226.

Raeff 1966 — Raeff M. The Decembrist Movement. Englewood Cliffs, NJ: Prentice-Hall, 1966.

Raeff 1983 — Raeff M. The Well-Ordered Police State: Social and Institutional Change through Law in the Germanies and Russia, 1600–1800. New Haven: Yale University Press, 1983.

Raeff 1990 — Raeff M. Enticements and Rifts: Georges Florovsky as Historian of the Life of the Mind and the Life of the Church in Russia. Modern Greek Studies Yearbook. 1990. Vol. 6. P. 187–244.

Ramer 1982 — Ramer S. Vasilii Popugaev, the Free Society of Lovers of Literature, Sciences and the Arts, and the Enlightenment Tradition in Russia // Canadian–American Slavic Studies. 1982. Vol. 16. P. 491–512.

Rampton 2013 — Rampton V. Individual Freedom and Social Justice: Bogdan Kistiakovskii's Defense of the Law // Landmarks Revisited: The Vekhi Symposium One Hundred Years On / Ed. by R. Coates, R. Aizlewood. Brighton, MA: Academic Studies Press, 2013. P. 128–145.

Rampton 2014 — Rampton V. Religious Thought and Russian Liberal Institutions: The Case of Pavel Ivanovich Novgorodtsev // Thinking Orthodox in Modern Russia: Culture, History, Context / Ed. by P. Michelson, J. Kornblatt. Madison, WI: University of Wisconsin Press, 2014. P. 235–252.

Rampton 2016 — Rampton V. The Impossibility of Conservatism? Insights from Russian History // The Monist. 2016. Vol. 99. P. 372–386.

Rawls 1985 — Rawls J. Justice as Fairness: Political not Metaphysical // Philosophy and Public Affairs. 1985. Vol. 14. P. 223–251.

Raz 1986 — Raz J. The Morality of Freedom. Oxford: Clarendon Press, 1986.

Read 1979 — Read C. Religion, Revolution and the Russian Intelligentsia, 1900–1912: The Vekhi Debate and Its Intellectual Background. London: Macmillan, 1979.

Rees 1977 — Rees J. The Thesis of the Two Mills // Political Studies. 1977. Vol. 25. P. 369–382.

Roosevelt 1986 — Roosevelt P. Apostle of Russian Liberalism: Timofei Granovsky. Newtonville, MA: Oriental Research Partners, 1986.

Riasanovsky 1984 — Riasanovsky N. V. A History of Russia. 4th ed. Oxford: Oxford University Press, 1984.

Riha 1969 — Riha T. A Russian European: Paul Miliukov in Russian Politics. Notre Dame, IN: University of Notre Dame Press, 1969.

Rosenberg 1974 — Rosenberg W. Liberals in the Russian Revolution: The Constitutional Democratic Party, 1917–1921. Princeton: Princeton University Press, 1974.

Rosenblatt 2018 — Rosenblatt H. The Lost History of Liberalism: From Ancient Rome to the Twenty-First Century. Princeton: Princeton University Press, 2018.

Rosenblum 1987 — Rosenblum N. Another Liberalism: Romanticism and the Reconstruction of Liberal Thought. Cambridge, MA: Harvard University Press, 1987.

Rosenthal 1977 — Rosenthal B. The Transmutation of the Symbolist Ethos: Mystical Anarchism and the Revolution of 1905 // Slavic Review. 1977. Vol. 36. P. 608–627.

Rosenthal 1986 — Rosenthal B. Nietzsche in Russia. Princeton: Princeton University Press, 1986.

Rosenthal 1995 — Rosenthal B. Neo-Kantianism in Russian Thought. Studies in East European Thought. 1995. Vol. 47. № 3/4. P. 151–292.

Rosenthal 2002 — Rosenthal B. New Myth, New World: From Nietzsche to Stalinism. University Park: Pennsylvania State University Press, 2002.

Rosenthal 2010 — Rosenthal B. Religious Humanism in the Russian Silver Age // A History of Russian Philosophy, 1830–1930: Faith, Reason, and the Defense of Human Dignity / Ed. by G. Hamburg, R. Poole. Cambridge: Cambridge University Press, 2010. P. 227–247.

Rosenthal, Bohachevsky-Chomiak 1982 — Rosenthal B., Bohachevsky-Chomiak M. A Revolution of the Spirit: Crisis of Value in Russia, 1890–1918 / Trans. by M. Schwartz. Newtonville, MA: Oriental Research Partners, 1982.

Rousseau 1969 — Rousseau J. J. Du Contrat Social (1762) // Œuvres completes / Ed. Bernard Gagnebin et al., 3 vols. Paris: Gallimard, 1969. Vol. 3. P. 351–470.

Rousseau 2002 — Rousseau J. J. Discours sur l'économie politique / Ed. Bruno Bernardi. Paris: Librairie philosophique Vrin, 2002.

Ruthchild 2010 — Rutchild R. Equality & Revolution: Women's Rights in the Russian Empire, 1905–1917. Pittsburgh: University of Pittsburgh Press, 2010.

Ruud 1982 — Ruud C. Fighting Words: Imperial Censorship and the Russian Press, 1804–1906. Toronto: University of Toronto Press, 1982.

Ryan 2007 — Ryan A. Liberalism // A Companion to Contemporary Political Philosophy / Ed. by R. Goodin, Ph. Pettit. 2 vols. Malden, MA and Oxford: Blackwell Publishing, 2007. Vol. 1. P. 360–382.

Salvadori 2006 — Salvadori M. L. L'idea di progresso: possiamo farne a meno? Rome: Donzelli, 2006.

Sauvigny de Bertier, de 1970 — G. de Bertier de Sauvigny. Liberalism, Nationalism, and Socialism: The Birth of Three Words // The Review of Politics. 1970. Vol. 32. P. 147–166.

Scally 1975 — Scally R. The Origins of the Lloyd George Coalition: The Politics of SocialImperialism, 1900–1918. Princeton: Princeton University Press, 1975.

Scanlan 1968 — Scanlan J. P. John Stuart Mill in Russia: A Bibliography // The Mill News Letter. 1968. Vol. 4. P. 2–11.

Schapiro 1955 — Schapiro L. The «Vekhi» Group and the Mystique of Revolution // Slavonic and East European Review. 1955. Vol. 34.

Schapiro 1987 — Schapiro L. The «Vekhi» Group and the Mystique of Revolution // Russian Studies / Ed. by E. Dahrendorf. New York: Viking Penguin. 1987. P. 68–92.

Scherrer 1973 — Scherrer J. Die Petersburger religiös-philosophischen Vereinigungen. Die Entwicklung des religiösen Selbstverständnisses ihrer Intelligencija-Mitglieder (1901–1917). Berlin and Wiesbaden: Harrassowitz, 1973.

Schlüchter 2008 — Schlüchter A. Recht und Moral: Argumente und Debatten «zur Verteidigung des Rechts» an der Wende vom 19. zum 20. Jahrhundert in Russland. Zurich: Pano Verlag, 2008.

Schnädelbach 1983 — Schnädelbach H. Philosophie in Deutschland, 1831–1933. Frankfurt am Main: Suhrkamp, 1983.

Seigel 2005 — Seigel J. The Idea of the Self: Thought and Experience in Western Europe since the Seventeenth Century. Cambridge: Cambridge University Press, 2005.

Semyonov 2012 — Semyonov A. Russian Liberalism and the Problem of Imperial Diversity // Liberal Imperialism in Europe / Ed. by M. Fitzpatrick. New York: Palgrave Macmillan, 2012. P. 67–89.

Shklar 1989 — Shklar J. The Liberalism of Fear // Liberalism and the Moral Life / Ed. by N. Rosenblum. Cambridge: Harvard University Press, 1989. P. 21–38.

Shlapentokh 1996 — Shlapentokh D. The French Revolution in Russian Intellectual Life. Westport, CO: Praeger, 1996.

Shneider 2006 — Shneider K. Was There an «Early Russian Liberalism»? Perspectives from Russian and Anglo-American Historiography // Kritika: Explorations in Russian and Eurasian History. 2006. Vol. 7(4). P. 825–841.

Siljak 2001 — Siljak A. Between East and West: Hegel and the Origins of the Russian Dilemma // Journal of the History of Ideas. 2001. Vol. 62 (2). P. 335–358.

Simmons 1992 — Simmons A. J. The Lockean Theory of Rights. Princeton: Princeton University Press, 1992.

Simon 1963 — Simon W. European Positivism in the Nineteenth Century: An Essay in Intellectual History. Ithaca, NY: Cornell University Press, 1963.

Simpson, Weiner 1989 — J. Simpson, E. Weiner. The Oxford English Dictionary. 2nd ed., 20 vols. Oxford: Clarendon Press, 1989.

Smith 1958 — Smith N. The Constitutional-Democratic Movement in Russia, 1902–1906. Doctoral thesis, University of Illinois, 1958.

Steiner 1994 — Steiner H. An Essay on Rights. Oxford: Blackwell, 1994.

Stites 1978 — Stites R. The Women's Liberation Movement in Russia: Feminism, Nihilism, and Bolshevism, 1860–1930. Princeton: Princeton University Press, 1978.

Stockdale 1995 — Stockdale M. K. Politics, Morality and Violence: Kadet Liberals and the Question of Terror, 1902–1911 // Russian History. 1995. Vol. 22. P. 455–480.

Stockdale 1996 — Stockdale M. Paul Miliukov and the Quest for a Liberal Russia, 1880–1918. Ithaca, NY: Cornell University Press, 1996.

Stockdale 2016 — Stockdale M. K. Mobilizing the Russian Nation. Patriotism and Citizenship in the First World War. Cambridge: Cambridge University Press, 2016.

Stocking 1998 — Stocking G. Rousseau Redux, or Historical Reflections on the Ambivalence of Anthropology to the Idea of Progress // Progress: Fact or Illusion? / Ed. by L. Marx and B. Mazlish. Ann Arbor: University of Michigan Press, 1998. P. 65–81.

Suslov 2011 — Suslov M. Slavophilism is True Liberalism: The Political Utopia of S. F. Sharapov (1855–1911) // Russian History. 2011. Vol. 38. P. 281–314.

Swoboda 2010 — Swoboda P. J. Semën Frank's expressivist humanism // A History of Russian Philosophy, 1830–1930: Faith, Reason, and the Defense of Human Dignity / Ed. by G. Hamburg, R. Poole. Cambridge: Cambridge University Press, 2010. P. 205–223.

Taylor 1975 — Taylor C. Hegel. Cambridge: Cambridge University Press, 1975.

Taylor 1979 — Taylor C. What's Wrong with Negative Liberty // The Idea of Freedom: Essays in Honour of Isaiah Berlin / Ed. by A. Ryan. Oxford: Oxford University Press, 1979. P. 175–193.

Taylor 1984 — Taylor C. Kant's Theory of Freedom // Conceptions of Liberty in Political Philosophy / Ed. by Z. Pelczynski, J. Gray. London: Athlone Press, 1984. P. 100–122.

Taylor 1989 — Taylor C. Sources of the Self: The Making of the Modern Identity. Cambridge: Cambridge University Press, 1989.

Taylor 2002 — Taylor R. The Idea of Freedom in Asia and Africa. Stanford: Stanford University Press, 2002.

Teich, Porter 1990 — Teich M., Porter R. Fin de Siècle and Its Legacy. Cambridge: Cambridge University Press, 1990.

Thurston 1976 — Thurston G. J. Alexis De Tocqueville in Russia // Journal of the History of Ideas. 1976. Vol. 37. P. 289–306.

Timberlake 1972 — Timberlake C. Introduction: The Concept of Liberalism in Russia // Essays on Russian Liberalism. Columbia: University of Missouri, 1972. P. 1–17.

Tocqueville – de Tocqueville A. Democracy in America / Ed. J. P. Mayer and Max Lerner, trans. George Lawrence. New York: Harper & Row, 1966.

Todorov 2009 — Todorov T. In Defence of the Enlightenment / Trans. by G. Walker. London: Atlantic Books, 2009.

Treadgold 1951 — Treadgold D. The Constitutional Democrats and the Russian Liberal Tradition // American Slavic and East European Review. 1951. Vol. 10. P. 85–94.

Treadgold 1962 — Treadgold D. Introduction // Paul Miliukov. Russia and its crisis. 2nd ed. New York: Collier Books, 1962.

Trigos 2009 — Trigos L. A. The Decembrist Myth in Russian Culture. Palgrave Macmillan: New York, 2009.

Trudolyubov 2018 — Trudolyubov M. The Tragedy of Property: Private Life, Ownership and the Russian State / Trans. by A. Tait. Cambridge: Polity, 2018.

Tyrkova-Williams 1953 — Tyrkova-Williams A. The Cadet Party // Russian Review. 1953. Vol. 12. P. 173–186.

Valliere 2000 — Valliere P. Modern Russian Theology. Bukharev, Soloviev, Bulgakov: Orthodox Theology in a New Key. Edinburgh: T&T Clark, 2000.

Valliere 2006 — Valliere P. Vladimir Soloviev (1853–1900) // The Teachings of Modern Christianity: On Law, Politics, and Human Nature / Ed. by J. Witte, A. Frank, 2 vols. New York: Columbia University Press, 2006. Vol. 1. P. 533–575.

Venturi 1964 — Venturi F. Roots of Revolution: A History of the Populist and Socialist Movements in Nineteenth-Century Russia. New York: Knopf, 1964.

Vinogradoff 1892 — Vinogradoff P. Preface // Villainage in England: Essays in English Mediaeval History. Oxford: Clarendon Press, 1892. P. v–x.

Vinogradov 1924 — Vinogradov P. Review: Thoughts and Reminiscences of D. N. Shipov // Slavonic Review. 1924. Vol. 2. P. 641–644.

Vogeler 1984 — Vogeler M. Frederic Harrison: The Vocations of a Positivist. Oxford: Clarendon Press, 1984.

Volin 1970 — Volin L. A Century of Russian Agriculture: From Alexander II to Khrushchev. Cambridge, MA: Harvard University Press, 1970.

Vucinich 1976a — Vucinich A. A Sociological Synthesis: B. A. Kistiakovskii // Social Thought in Tsarist Russia: The Quest for a General Science of Society, 1861–1917. Chicago: University of Chicago Press, 1976. P. 125–152.

Vucinich 1976b — Vucinich A. Comparative History and Sociology: M. M. Kovalevskii // Social Thought in Tsarist Russia: The Quest for a General Science of Society, 1861–1917. Chicago: University of Chicago Press, 1976. P. 153–169.

Waldron 1987 — Waldron J. The Theoretical Foundations of Liberalism // The Philosophical Quarterly. 1987. Vol. 37. P. 27–50.

Walicki 1975 — Walicki A. The Slavophile Controversy: History of a Conservative Utopia in Nineteenth-Century Russian Thought / Trans. by H. Andrews-Rusiecka. Oxford: Clarendon Press, 1975.

Walicki 1979 — Walicki A. Russian Thought from the Enlightenment to Marxism / Trans. by H. Andrews-Rusiecka. Stanford: Stanford University Press, 1979.

Walicki 1984 — Walicki A. The Marxian Conception of Freedom // Conceptions of Liberty in Political Philosophy / Ed. by Z. Pelczynski and J. Gray. London: The Athlone Press, 1984. P. 217–242.

Walicki 1987 — Walicki A. Legal Philosophies of Russian Liberalism. Oxford: Clarendon Press, 1987.

Walicki 1992 — Walicki A. Legal Philosophies of Russian Liberalism, 2nd ed. Notre Dame, IN: University of Notre Dame Press, 1992.

Walicki 2010 — Walicki A. Milestones and Russian intellectual history // Studies in East European Thought. 2010. Vol. 62. P. 101–107.

Wall 2015 — Wall S. The Cambridge Companion to Liberalism. Cambridge: Cambridge University Press, 2015.

Wartenweiler 1999 — Wartenweiler D. Civil Society and Academic Debate in Russia, 1905–1914. Oxford: Oxford University Press, 1999.

Weidlé 1949 — Weidlé W. La Russie absente et présente. Paris: Gallimard, 1949.

Weigle 2000 — Weigle M. Russia's Liberal Project: State-Society Relations in the Transition from Communism. University Park: Pennsylvania State University Press, 2000.

Weill 1979 — Weill C. Les étudiants russes en Allemagne, 1900–1914 // Cahiers du Monde russe et soviétique. 1979. Vol. 20. P. 203–225.

Wempe 2004 — Wempe B. Green's Theory of Positive Freedom: From Metaphysics to Political Theory. Exeter: Imprint Academic, 2004.

Werth 2014 — Werth P. The Tsar's Foreign Faiths: Toleration and the Fate of Religious Freedom in Imperial Russia. Oxford: Oxford University Press, 2014.

West 1998 — West D. Beyond Social Justice and Social Democracy: Positive Freedom and Cultural Rights // Social Justice from Hume to Walzer / Ed. by D. Boucher and P. Kelly. New York: Routledge, 1998. P. 235–254.

White 1996 — White J. Karl Marx and the Intellectual Origins of Dialectical Materialism. London: Macmillan, 1996.

White 2016 — White J. Rosa Luxemburg and Maxim Kovalevsky // Rosa Luxemburg: A Permanent Challenge for Political Economy / Ed. by J. Dellheim and F. Wolf. London: Palgrave Macmillan, 2016. P. 93–121.

Wierzbicka 1997 — Wierzbicka A. Understanding Cultures through Their Key Words: English, Russian, Polish, German, and Japanese. Oxford: Oxford University Press, 1997.

Willey 1978 — Willey Th. Back to Kant: The Revival of Kantianism in German Social and Historical Thought, 1860–1914. Detroit: Wayne State University Press, 1978.

Williams 2001 — Williams B. Liberalism and Loss // Legacy of Isaiah Berlin / Ed. by M. Lilla, R. Dworkin, R. Silvers, A. Kelly. New York: New York Review of Books, 2001. P. 91–103.

Wissenburg 2006 — Wissenburg M. Liberalism // Political Theory and the Ecological Challenge / Ed. by A. Dobson and R. Eckersley. Cambridge: Cambridge University Press, 2006. P. 20–34.

Wohl 1979 — Wohl R. The Generation of 1914. Cambridge, MA: Harvard University Press, 1979.

Wolfe 2009 — Wolfe A. The Future of Liberalism. New York: Knopf, 2009.

Wood 1972 — Wood E. Mind and Politics: An Approach to the Meaning of Liberal and Socialist Individualism. Berkeley: University of California Press, 1972.

Worms 1916 — Worms R. Maxime Kovalewsky // Revue internationale de sociologie. 1916. Vol. 24. P. 257–263.

Wright 1986 — Wright T. The Religion of Humanity: The Impact of Comtean Positivism on Victorian Britain. Cambridge: Cambridge University Press, 1986.

Yolton 1970 — Yolton J. Locke and the Compass of Human Understanding: A Selective Commentary on the «Essay». Cambridge: Cambridge University Press, 1970.

Zernov 1963 — Zernov N. The Russian Religious Renaissance of the Twentieth Century. London: Darton, Longman and Todd, 1963.

Zimmerman 1967 — Zimmerman J. Between revolution and reaction: The Russian Constitutional Democratic Party, October, 1905 to June, 1907. Unpublished doctoral thesis, Columbia University, 1967.

Zimmerman 1972 — Zimmerman J. Kadets and the Duma, 1905–1907 // Essays on Russian Liberalism / Ed. by C. Timberlake. Columbia: University of Missouri, 1972. P. 119–138.

Zimmerman 1976 — Zimmerman J. E. The Political Views of the Vekhi Authors // Canadian-American Slavic Studies. 1976. Vol. 10. P. 307–327.

Предметно-именной указатель

«Союз освобождения» 118–121
Сперанский Михаил Михайло-
вич 64
Стасюлевич Михаил Матвее-
вич 223
Стахович Михаил Александро-
вич 117
Столыпин Петр Аркадьевич 135,
136, 138, 140–142, 225
Струве Петр Бернгардович 9, 35,
60, 80, 98, 100–104, 118–121,
123, 125, 131, 133, 140, 141, 147,
152, 153, 155, 156, 158–170, 181,
184, 204, 212
национализм 140, 141, 165, 166
Освобождение, журнал 118,
235, 237
теория культуры 164
Сэндел Майкл 18

Тард Габриель 218
теизм 193
Тейлор Чарльз 18, 25, 30, 31
Токвиль Алексис де 36, 38, 40,
41, 202
Толстой Лев Николаевич 96, 212
трансцедентальный идеализм 183
Трубецкой Евгений Николаевич
73, 97, 98, 101, 145, 207
Трубецкой Сергей Николаевич
97, 98, 123, 153
трудовики 134
Тургенев Иван Сергеевич 11, 19
Тыркова-Вильямс Ариадна
121, 140

Украина 179, 187
утопизм 13, 21, 43, 247
в Вехах, журнале 156

у Герцена 42
у Новгородцева 192, 250, 206, 208
у Соловьева 82, 84

Фейербах Людвиг 75
Финляндия 127, 135, 141
Фихте Иоганн 27, 103
Флоровский Георгий Васильевич
94, 95, 191
Франк Семен Людвигович 9, 80,
95, 98, 100–102, 104, 123, 147,
152, 154, 156, 158, 160–169, 181,
193, 204
Франция 35, 62, 79, 118, 126, 189,
191, 199, 215, 221, 223, 235
Французская революция 17,
33–35, 38, 39, 63
Фрейд Зигмунд 92, 93
Фуко Мишель 178
Фукуяма Фрэнсис 246

Ходорковский Михаил Борисо-
вич 249
Хомяков Алексей Степанович
Хомяков Николай Алексеевич
66, 94, 117
христианство 58, 117; см. также
религия и неоидеализм

Цешковский Август 74

Чаадаев Петр Яковлевич 147
Чернышевский Николай Гаври-
лович 43, 44, 79
Чикагский университет 212
Чичерин Борис Николаевич 11,
19, 25, 51, 70–73, 76, 82, 97
Чупров Александр Александро-
вич 131

Оглавление

Научное издание

Ванесса Рэмптон
ЛИБЕРАЛЬНЫЕ ИДЕИ В ЦАРСКОЙ РОССИИ
От Екатерины Великой и до революции

Директор издательства *И. В. Немировский*
Ответственный редактор *И. Белецкий*
Куратор серии *В. Кучерявенко*
Заведующая редакцией *М. Ермакова*

Дизайн *И. Граве*
Редактор *М. Маркушина*
Корректоры *Н. Занозина, И. Манлыбаева*
Верстка *Е. Падалки*

Подписано в печать 02.04.2024.
Формат издания 60 × 90 $^1/_{16}$. Усл. печ. л. 19,5.
Тираж 200 экз.

Academic Studies Press
1577 Beacon Street, Brookline, MA 02446 USA
https://www.academicstudiespress.com

ООО «Библиороссика».
198207, г. Санкт-Петербург, а/я № 8

Эксклюзивные дистрибьюторы:
ООО «Караван»
ООО «КНИЖНЫЙ КЛУБ 36.6»
http://www.club366.ru
Тел./факс: 8(495)9264544
e-mail: club366@club366.ru

Книги издательства можно купить
в интернет-магазине: www.bibliorossicapress.com
e-mail: sales@bibliorossicapress.ru

12+

*Знак информационной продукции согласно
Федеральному закону от 29.12.2010 № 436-ФЗ*

www.ingramcontent.com/pod-product-compliance
Lightning Source LLC
Chambersburg PA
CBHW071957260326
41914CB00004B/835